海工装备类应用型本科优质人才培养路径研究与实践

主　编　邹采荣

哈尔滨工程大学出版社
Harbin Engineering University Press

内容简介

在海工装备类应用型人才培养过程中,地方本科院校普遍存在着人才培养目标定位不够准确、人才培养模式不够成熟、教育资源配置不够完善、人才培养过程不够规范四大问题。本书提出了"理论理念指引方向——培养模式确定路线——跨界合作提供保障——国际标准及时纠偏"的地方本科海工装备类应用型优质人才培养路径,系统地解决了以上问题。本书主要从海工装备类教育培养模式、海工装备类课程教学方法、海工装备类专业德智体美劳全面教育和海工装备类专业产学研合作四个方面系统介绍了地方本科海工装备类应用型优质人才培养路径。

本书可供应用型本科院校海工装备类专业教学工作者参考。

图书在版编目(CIP)数据

海工装备类应用型本科优质人才培养路径研究与实践/邹采荣主编 . — 哈尔滨 : 哈尔滨工程大学出版社,2022.3
ISBN 978-7-5661-3436-3

Ⅰ.①海… Ⅱ.①邹… Ⅲ.①地方高校—海洋工程—人才培养—研究 Ⅳ.①G649.2

中国版本图书馆 CIP 数据核字(2022)第 041859 号

海工装备类应用型本科优质人才培养路径研究与实践
HAIGONG ZHUANGBEI LEI YINGYONGXING BENKE YOUZHI RENCAI PEIYANG LUJING YANJIU YU SHIJIAN

选题策划　史大伟　薛　力
责任编辑　张　彦　王雨石
封面设计　付　娜

出版发行　哈尔滨工程大学出版社
社　　址　哈尔滨市南岗区南通大街 145 号
邮政编码　150001
发行电话　0451-82519328
传　　真　0451-82519699
经　　销　新华书店
印　　刷　北京中石油彩色印刷有限责任公司
开　　本　787 mm×1 092 mm 1/16
印　　张　14.25
字　　数　370 千字
版　　次　2022 年 3 月第 1 版
印　　次　2022 年 3 月第 1 次印刷
定　　价　77.00 元
http://www.hrbeupress.com
E-mail:heupress@hrbeu.edu.cn

编 委 会

前　言

中华民族，向海图强。我国海工产业不断发展，船型已由"三大船型"向"五大船型"转变，造船业新承接和手持订单量及完工交付量连续多年居世界首位，新技术在船舶制造领域不断得到应用。目前，海工装备类应用型优质人才培养严重滞后于产业的发展，人才培养质量难以适应行业新形势的要求，主要原因在于海工装备类应用型人才培养过程中，地方本科院校普遍存在着人才培养目标定位不够准确、人才培养模式不够成熟、教育资源配置不够完善、人才培养过程不够规范四大问题。

针对以上问题，我们提出了"理论理念指引方向——培养模式确定路线——跨界合作提供保障——国际标准及时纠偏"的地方本科海工装备类应用型优质人才培养路径。理论理念层面，丰富和发展了"职业带理论"，提出了"五层三维六级职业带模型"，解决了应用型人才培养目标定位和培养途径缺乏理论依据的问题；构建了"产业需求先导，国际标准融入，四方合作共培，五育齐头并举，六类资源支撑，多维考核评价"的应用型人才培养模式，解决了人才培养模式未能紧跟产业发展的问题；基于应用型人才培养"跨界理念"和"协同理论"，实践了"政校行企联动，产学研用协同"的专业"跨界"建设模式，解决了新升格院校专业建设存在的人、财、物等软硬件资源配置不完善问题；基于ISO9000国际标准及国家海事局质量管理体系，制定了《应用型人才培养教学质量监控与评价体系》，对应用型人才培养全过程、全部门、全方位和全员进行监控，确保应用型优质人才培养目标的实现，解决了应用型人才培养过程不够规范的问题。

本书围绕海工装备类教育培养模式、海工装备类课程教学方法、海工装备类专业德智体美劳全面教育和海工装备类专业产学研合作四个方面，在理论层面和实践层面系统地探讨了"基于职业带理论的地方应用型本科院校海工装备类优质人才培养路径的研究与实践"的主要成果，对于促进地方院校海工装备类应用型人才的培养具有重要的理论价值和现实意义，形成了良好的示范效应。

本书在出版过程中，得到了同事们、同行们的大力支持和帮助，在此一并表示诚挚的感谢。

希望本书的出版，能够给同行以启发，并能够为提高海工装备类应用型人才的培养尽一份绵薄之力。由于编者水平有限，本书难免存在不足之处，恳请各位同人批评指正。

编委会

2022年3月

目　　录

一、海工装备类教育培养模式

随着我国海工装备行业的发展，应用型人才的供需矛盾日益突出，通过研究发现，在应用型人才培养过程中，地方本科院校普遍存在着人才培养目标定位不够准确、人才培养模式不够成熟、教育资源配置不够完善、人才培养过程不够规范四大问题。针对这些问题，我们提出了"理论理念指引方向——培养模式确定路线——跨界合作提供保障——国际标准及时纠偏"的地方本科海工装备类应用型优质人才培养路径，从而系统地解决了以上问题。实践证明，项目成果不仅提升了优质人才培养质量，而且推动了学科建设进度。

人才目标定位：粤港澳大湾区建设是广东省改革开放、经济发展的一个重要引擎，湾区建设，交通先行。同时随着粤港澳大湾区建设的不断推进，大量的交通类创新型人才将在大湾区内实现创业、就业，这些人才都将是粤港澳大湾区交通建设发展的主力军。培养能够适应粤港澳大湾区发展的交通人才是目前交通类院校的首要任务。通过理论理念指引方向，解读政策，分析、预测发展现状及趋势，对交通类院校培养人才和学生就业、创业具有一定的指导作用。

人才培养模式：在新工科背景下，为培养具备良好的实践能力和创新能力的复合型工科人才，针对海工装备类专业学生，提出并实施了"四维融合"教学模式，由专业导师、思政导师、实验导师、企业导师和校外专家组建的"复合导师团队"，将思政教育、科研创新、校企合作、创新创业和专业学习进行融合，取得了良好的教学效果。

探索了基于"平台+基地"应用型本科院校工程类专业实践性教学人才培养模式的改革研究。通过实践教学模式的运用及对毕业生的跟踪调查，对该培养模式进行评价与改进。

本书整理分析当前航海院校各具特色的创新创业教育人才培养方案和总的实施情况，探讨体育社团与创新、创业、教育、育人目标的契合关系，构建了"赛事+课程+个性行动"的"三位一体"的航海院校体育社团"双创"型人才培养的实践模式，旨在为丰富航海院校创新创业教育人才培养模式的基本理论和实践路径提供参考。

教育资源配置：珠江航运辐射广东省、广西壮族自治区、云南省、贵州省、湖南省、江西省，集聚于珠江口水域，融内河与海上、国际与国内、内地与港澳航运于一体，肩负着我国华南地区经济发展的基础性交通保障。在世界经济发展形势波动、高新智能技术全面应用、粤港澳大湾区建设等背景下，珠江航运人才建设面临新挑战。我们以习近平新时代中国特色社会主义思想为指导，认清客观形势与任务，坚定航运人才科学发展的使命，完善教育资源配置，为跨界合作提供保障，统筹规划、创新模式，高效服务于珠江航运和华南经济发展。

互联网时代下，大学生突破了时空和社会限制，开阔了视野，增强了求知欲，丰富了大学生活和交流方式。同时，影响大学生健康成长的不利因子也产生了，给高校学生管理服务工作带来了新的挑战。作为新时代的高校学生工作者应辩证地看待互联网带来的影响，从科学的角度对大学生互联网使用的不利因子进行研究，与时俱进，勇于创新高校学风、教风、校风管理服务机制与途径，不断提升高校学生工作者的管理服务水平。

在工业4.0的未来，数字化越来越日常化，技术将是互动、学习和获取知识的重要组成部分。教育和职业、生活等各个领域将会迎来新的要求和新的挑战，那么我们的高等教育也应与之相适应。增强现实（Augmented Reality,AR）技术是人们好奇的新技术之一，AR在未来将为教育提供重要的贡献。本书从AR的概念、软硬件应用程序、现有教育中的应用来分析AR在高等教育中的融合应用。

人才培养过程：发展与广东省航运实力相匹配的航运软实力，增强国际竞争力，离不开高端航运服务的建设，而高端航运服务人才是重要支撑。高校是培养人才的第一线，本书立足广东省高校，分析现状，找出航运特色高校在培养高端航运服务人才的过程中存在的问题，依据国际标准及时纠偏，并提出相应的对策建议，依此探索广东省高校培养高端航运服务人才的路径，促进航运服务产业链的完善，提高高端航运服务人才的培养水平及质量。

基于职业带理论的地方应用型本科海工装备类优质人才培养路径的研究与实践

邹采荣　郭海龙　陈爱国　童军杰

摘　要:随着我国海工装备行业的发展,应用型人才的供需矛盾日益突出,通过研究发现,在应用型人才培养过程中,地方本科院校普遍存在着人才培养目标定位不够准确、人才培养模式不够成熟、教育资源配置不够完善、人才培养过程不够规范四大问题。针对这些问题,提出了"理论理念指引方向——培养模式确定路线——跨界合作提供保障——国际标准及时纠偏"的地方本科海工装备类应用型优质人才培养路径,系统地解决了以上问题。实践证明,项目成果不但提升了优质人才培养质量,而且推动了学科建设进度。

关键词:职业带理论;应用型本科;海工装备;优质人才;培养路径

中华民族,向海图强。2020年全球新船成交量为7 500万～9 000万载重吨,造船完工量约1亿载重吨,2020年底手持订单量约1.7亿载重吨,我国造船业新承接订单量、手持订单量和完工交付量三大指标连续多年居世界首位。[1]随着行业快速发展,应用型优质人才短缺已成为制约海工装备产业发展的瓶颈之一。

在应用型人才培养中,地方本科院校普遍存在着人才培养目标定位不够准确、人才培养模式不够成熟、教育资源配置不够完善、人才培养过程不够规范四大问题,并导致出现了专业人才培养目标和企业岗位对接度不够高、专业服务区域经济发展和产业转型升级作用不够强、校内外各类教学资源开发不够充分、学生学习兴趣不够高、对新技术和新工艺等掌握不够好、优质人才培养质量不够高、学生就业情况不良的现象。[2-6]为此,项目组依托1项省级教学成果培育项目、6项省级课题、1项市级课题、4项校级课题、1个省优势重点学科、2个省级2个厅级工程中心等载体,对以上问题进行了系统研究和总结。形成了"理论理念指引方向——培养模式确定路线——跨界合作提供保障——国际标准及时纠偏"的地方本科海工装备类应用型优质人才培养路径。

1　理论理念层面

丰富和发展了"职业带理论",提出"五层三维六级"职业带理论模型,解决了应用型本科人才培养目标定位缺乏理论依据的问题。

遵循地方本科院校普适的升格发展脉络,在"三层二维职业带"理论的基础上[7],提出了"五层三维六级"工科类专业应用型人才培养职业带理论模型[8],解决了地方本科院校不断发展过程中存在的"中专目标进大专,大专目标进本科"的痼疾。

如图1所示,"五层"指的是将人才根据其特点,划分为"技能型、技术技能型、技术型、工程技术型和工程型"五个层次,其中中专主要面向技能型,拓展技术技能型,大专主要面向技术技能型，拓展技术型，应用本科根据专业属性主要面向技术型、工程技术型和工程型，从而将原有理论的"技能型、技术型、工程型"三层拓展为五层，更加适合当前应用型本科的办学定位；"三维"是指根据心理学原理，将描述人才的维度从原有的"知识和技能"两个维度拓展为"知识、技能和素质"三个维度；"六级"是指根据毕业生从"实习生"发展为"技术专家或高管人才"的岗位晋升历程，将职业生涯划分为六个级别，技术主流通道为"实习生—助理技术员—技术员—助理工程师—工程师—高级工程师"，管理主流通道为"实习生—班组长—部门主管—部门经理—技术总监—总经理"，应用型本科人才的培养目标主要定位为学生毕业后3~5年所经历的主要岗位，大致级别为3~4级，侧重于4级水平。不同级别相应的知识、技能和素质要求如表2所示。

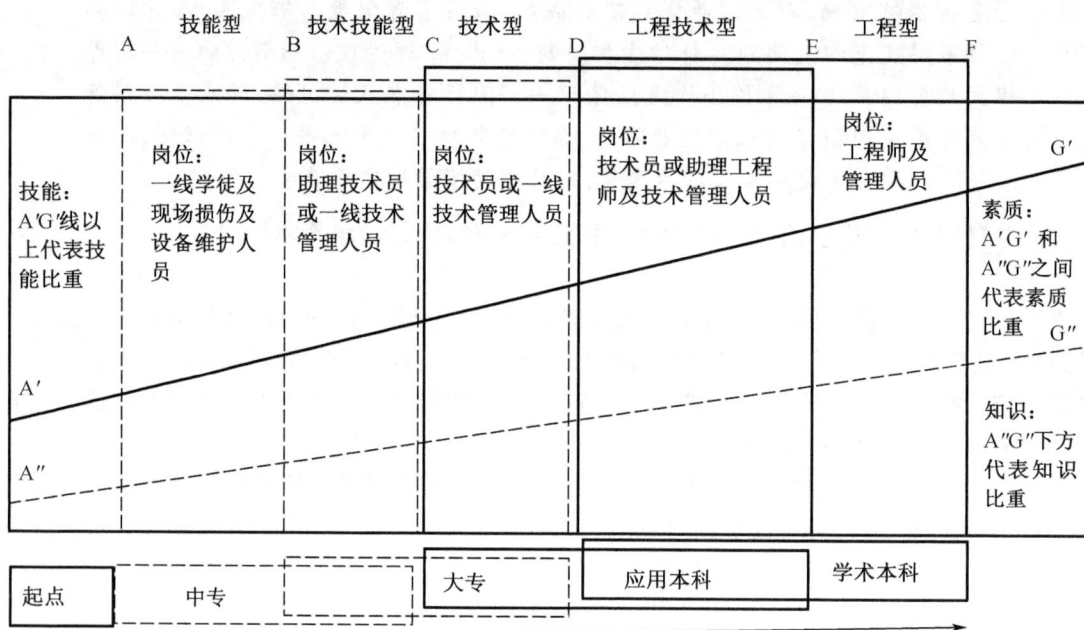

图1 "五层三维六级"职业带理论模型

表2 不同级别相应的知识、技能和素质要求

级别	知识	技能	素质
第6级	掌握某个工作学习领域以及交叉领域最先进的前沿知识	具有最先进的技能和方法，包括综合和评价，解决在研究和/或创新中的关键问题，扩展和重新定义已有知识和专业化实践	能够站在工作或学习（包括研究）的前沿，表现出高度的权威性、创新性、自主性、学术性和职业操守，能持续不断地形成新的理念和方法
第5级	掌握某个工作或学习领域中的高度专业化知识，包括某些可作为原创思维和/或研究基础的前沿知识；对某个领域和交叉领域的知识形成批判性认识	具有在研究和/或创新中，为发展新知识、新工艺以及整合不同领域知识所需的解决问题的专业化技能	能够应对和改变复杂、不可预测、需要新策略方法的工作或学习环境，承担促进专业知识和实践发展和/或评估团队战略绩效的职责

续表

级别	知识	技能	素质
第4级	掌握某个工作或学习领域所需要的高层次知识，对理论和原理进行批判性理解	具有在某个专业的工作或学习领域中，创新性地解决复杂和不可预测问题的高级技能	能够在不可预测的工作或学习环境中，管理负责的技术或专业项目，承担管理个人和团队专业发展及做出决策的职责
第3级	掌握某个工作或学习领域所需要的综合、专业、理论知识，并了解知识应用的范围	具有创新性地解决抽象问题的综合的认知和实践技能	能够在不可预测的工作或学习环境中，履行管理和指导的职责，评估和改进自己及他人工作或学习的表现
第2级	掌握某个工作或学习领域所需要的事实性和理论性知识	具有在某个工作或学习领域中，选择和应用相应的信息、工具和方法，解决具体问题和完成相应任务所需要的技能	能够在变化但可预测的环境中，基于工作或学习的指引进行自我管理，监督他人的常规工作，承担评价和改进工作或学习的有限职责
第1级	掌握工作或学习所需要的基础知识	具有应用相关信息和简单工具，完成常规任务的基本技能	能够在他们的指导下，在一定程度上自主地完成学习或工作任务

"五层三维六级"职业带理论可用来进一步准确定位中专、大专和应用型本科人才培养目标，以及各层次人才的知识、技能、素质的比重和难度要求。基于此，便可根据学生毕业后3~5年目标岗位的职业能力（知识、技能、素质）等级要求，来构建分级培养的课程体系，即遵循了"能力核心，分级培养"的理念。

2 人才培养实践层面

提出"产业需求先导，国际标准融入，四方合作共培，五育齐头并举，六类资源支撑，多维考核评价"的应用型人才培养模式，如图2所示，解决了人才培养模式不够成熟的问题。

2.1 产业需求先导

紧紧围绕珠三角海工装备产业发展的技术需求、人才需求，通过建立由行业企业和院校专家组成的专业教学指导委员会，来设置和规划海工装备类专业建设目标及应用型人才培养目标。

2.2 国际标准融入

在课程体系建设中，引入《1978年海员培训、发证和值班标准国际公约》（简称"STCW公约"）要求的职业能力模块，建设模块化课程，按照职业能力模块的等级要求，实现人才的分级系统培养，如图2所示。

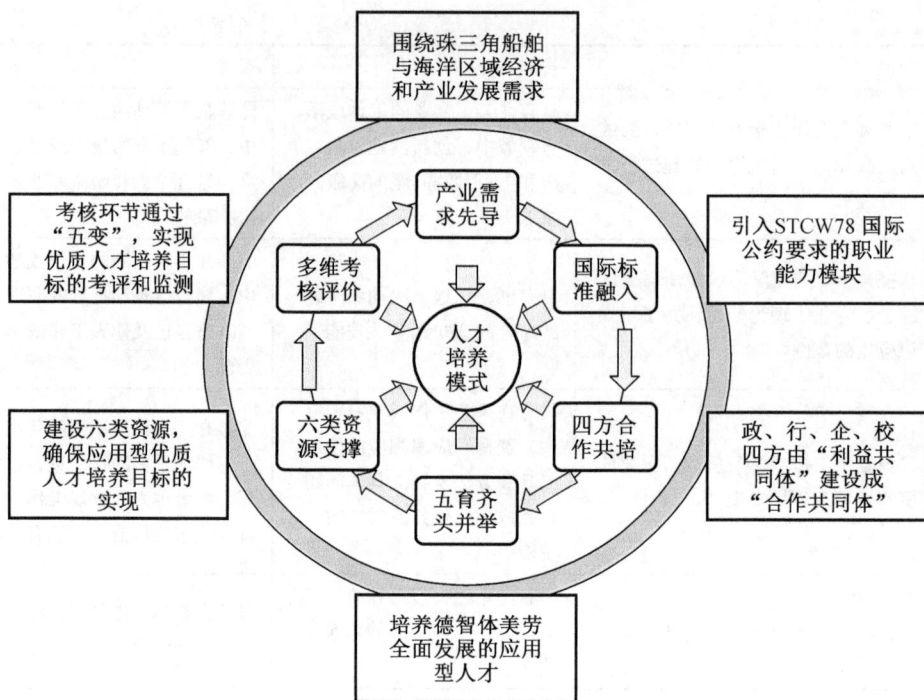

图2　应用型人才培养模式

2.3　四方合作共培

有别于研究型人才的培养，在海工装备类专业人才培养过程中，积极争取政府、行业、企业的支持和参与，在政府主管部门管理下，多方共同参与人才培养的全过程，如培养目标的制定、培养方案的论证、培养质量的评价以及实习就业的合作等。

2.4　五育齐头并举

培养德智体美劳全面发展的应用型人才，如图3所示，德育方面，针对海工装备类专业的国防特色及纪律要求，实施了"半军事化"管理，并在三全育人环节，推行"四进四导"，举办了"活力在基层""灯塔计划"等育人活动，实现立德树人；智育方面，主要是通过第一和第二课堂，实现应用型人才职业能力的培养；体育方面，按照航海人才对学生体质要求，构建了"常规体育、保健体育、航海体育"三大模块，实施"合格+特长"体育模式；美育方面，形成了"思政+"的美育模式，将思政元素通过美育课堂和活动进行"浸润"式培养；劳育方面，弘扬劳模精神，形成了"广航劳动实践方案+广航劳动教育教材+劳动教育课程+生产实践劳动活动"系列成果。

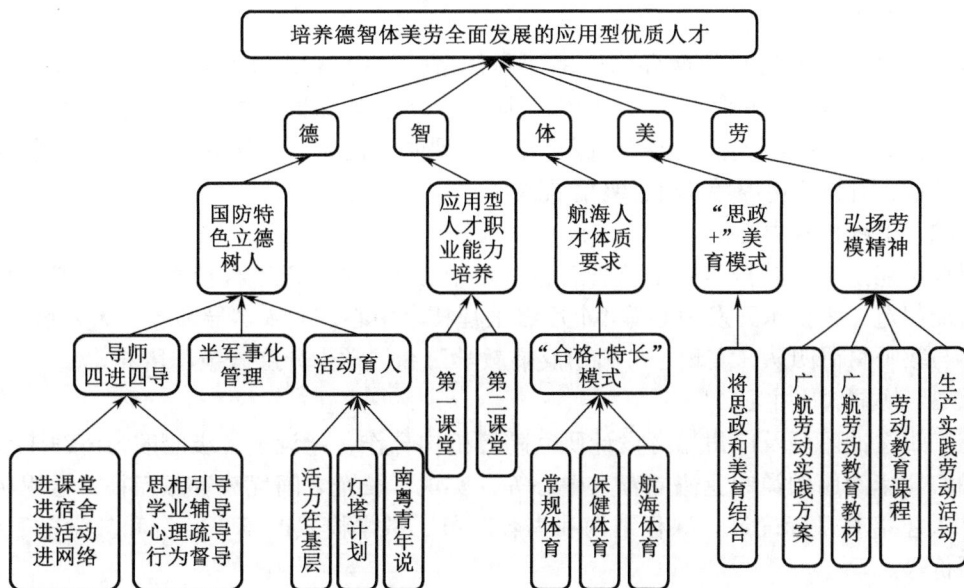

图3　五育齐头并举培养全面发展的人

2.5　六类资源支撑

通过课程课堂、工程技术中心、协同育人中心、实验实训中心、创新创业基地、优质教学团队六类资源建设，确保应用型优质人才培养目标的实现，如图4所示。

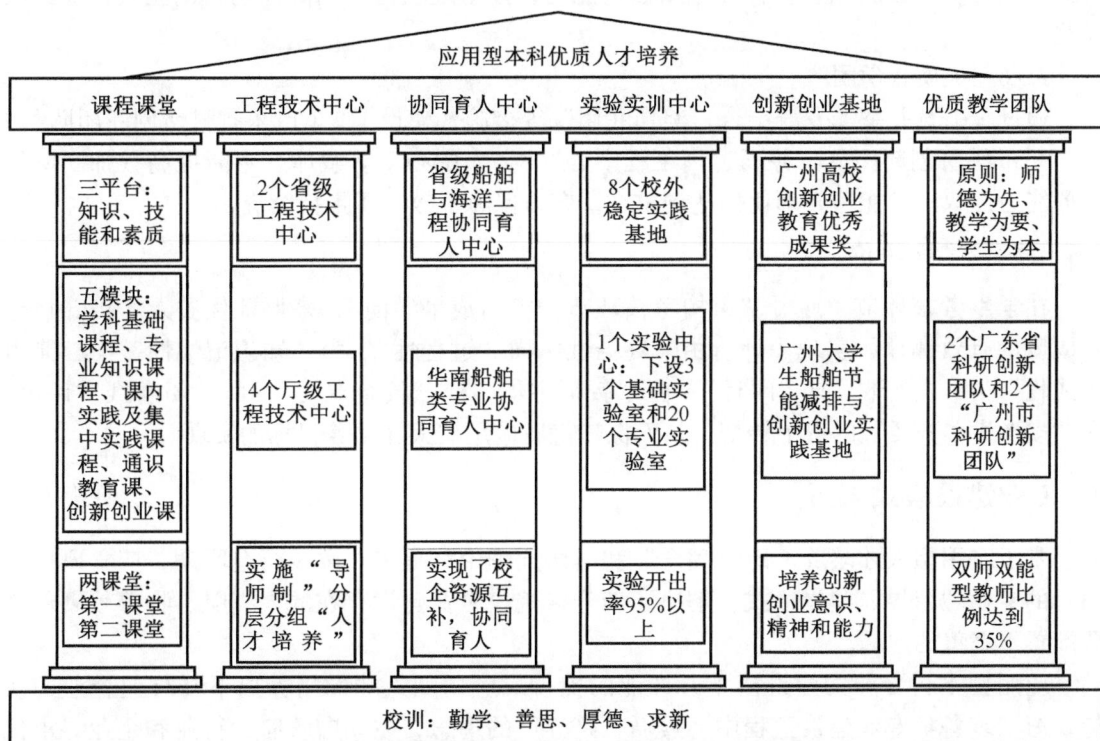

图4　六类资源支撑确保优质人才培养目标的实现

2.5.1 课程课堂

构建了"三平台五模块两课堂"的课程体系,"三平台"主要指知识、技能和素质,"五模块"主要指学科基础课程、专业知识课程、课内实践及集中实践课程、通识教育课、创新创业课,"两课堂"主要指第一课堂和第二课堂,出版了《游艇装饰设计》等12种国家规划教材,开设了电路等5门省级精品课程。

2.5.2 工程技术中心

建设了船舶节能减排与安全监管工程技术中心等2个省级工程技术中心和船舶与海洋工程智能制造工程技术开发中心等4个厅级工程技术中心,实施"导师制"人才培养模式,学生参与教师科研团队,实现了"科研反哺教学"和"学生分层分级"培养。

2.5.3 协同育人中心

与广州文冲船厂及广州船海设计研究院等机构合作,建设了省级船舶与海洋工程协同育人中心、华南船舶类专业协同育人中心等,实现了校企之间优势资源互补,全程协同育人,如人才培养目标确定、课程结构和内容改革、教学模式改革、师资和教学资源建设、人才评价等。

2.5.4 实验实训中心

建设有1个实验中心(下设3个基础实验室和20个专业实验室)及8个校外稳定实践基地,实验开出率95%以上,保障学生工程实践能力的培养。

2.5.5 创新创业基地

建设有广州大学生船舶节能减排与新能源创新创业实践基地等,培养了在校大学生的创新创业意识、创新创业精神和创新创业能力,该基地获得广州高校创新创业教育优秀成果奖。

2.5.6 优质教学团队

通过"引育并举、专兼结合、奖罚并用"等措施,建设了2个广东省科研创新团队和2个广州市科研创新团队,并通过"工程中心""育人中心"等载体,不断提高教师团队的业务能力,双师双能型教师比例达到35%,有力保障了教学质量持续提高。

2.6 多维考核评价

在学生考核环节,通过"重构考核环节,突出成果导向",来保证优质人才培养目标达成度的有效测评,实现了评价由"终结性"向"过程性"、由"知识记忆性"向"能力形成性"、由"开环"向"闭环"、由"教师主体"向"校企双元",由"闭卷纸质评价"向"多形式多介质"的五个转变,从而保障优质应用型人才培养目标的实现。

3 专业建设模式层面

基于应用型人才培养"跨界理念"和"协同理论"提出"政校行企联动,产学研用协同"的专业"跨界"建设模式,解决了新升格院校专业建设存在的人、财、物等软硬件资源配置不完善的问题。

应用型本科专业的建设离不开产业的支持,应用型人才的培养离不开行业企业的扶持,海工装备类专业建设过程中,遵循"跨界"的理念,主动向政府、行业和企业寻求优质资源,实现了"政校行企联动,产学研用协同"的专业建设局面,从而实现资源优化配置快速化。通过该模式，从省市政府及广州海事局等获得经费和政策支持，从广东省船舶工业等多个协会和行业获得信息和技术资源，从广州文冲船厂有限责任公司等多个企业获得物质、技术和人力资源，有效地解决了新建本科院校新专业建设中存在的资金问题、教师问题和软硬件设备建设问题。同时通过"产学研用"模式，通过和行业企业合作，共建各级工程中心、育人中心、教师团队等载体，共同承担各级各类项目，不仅提升了教师的业务能力，也提升了参与学生的科研能力，如合作开发了"挖泥船疏浚系统"等一批高质量成果，为应用型优质学生的培养提供保障。

4 质量监控与评价方面

基于ISO9000国际标准质量管理体系以及国家海事局质量管理体系，建立了《应用型人才教学质量监控与评价体系》，对整个教学过程进行规范化管理，解决了应用型人才培养不够规范的问题。

为了充分保障应用型优质人才培养目标的实现，引入了ISO9000国际标准质量管理体系以及国家海事局质量管理体系，建立了《应用型人才教学质量监控与评价体系》标准1套，包括各类《质量手册》《程序文件》28份和《支持性文件》12份，涉及学校所有受控部门、人员和教学环节，通过质量目标设定、质量承诺管理、培养过程监控、质量记录控制、质量管理程序和质量审核程序等环节，实现人才培养全方位、全过程的管理，确保应用型优质人才培养目标的实现。

5 实践效果

本成果在教学中全面应用，与2017年相比，2020年学生平均成绩提升16.8%，教学满意度上升11.3%，专业满意度上升35.6%，体质合格率上升7.55%，学生课外比赛获奖率提升86.5%，专利授权率提升21.2%，就业率名列全省前茅，为99.45%，就业对口率提升65.4%，均高于全省平均，就业满意度提升29.3%，平均薪酬提升37.5%，企业满意度提升46.8%，招聘回头率100%，考研率提升67.2%，公务员考取率提升86.5%，招生分数上升12.6%，报到率提升8.9%。优质人才培养质量明显进步。

学科专业建设取得重大进展，船舶与海洋工程学科被建成广东省"冲、补、强"重点学科，新增1个省级协同育人中心、2个教育厅工程中心、2个省级和2个市级科研创新团队，新建船舶流体力学省一流本科等省级课程5门，陈爱国等2人获省级荣誉，教师近四年共获教研项目54项，科研经费增加73.8%，专利增加65.5%，国家自然科学基金取得突破，总数占全校的2/3，专业服务区域经济和产业转型能力明显增强。

6 结语

我国造船业新承接和手持订单量及完工交付量连续多年居世界首位。海工产业不断发展，船型已由"三大船型"向"五大船型"转变，且智能制造技术逐步应用。应用型本科院校只有不断地进行教学改革，提高人才培养质量，才能适应产业的快速转型升级，并满足行业企业的用人需要。

参考文献：

[1] 符妃.我国海洋工程装备发展现状及对策研究[J].中国设备工程，2020（13）：213-214.

[2] 高彩云.校企合作视域下创业教育模式探究：评《校企合作新探索：地方高校应用型本科人才培养模式的研究与实践》[J].中国教育学刊，2020（09）：135.

[3] 赵敬，于泽汇.基于"产学研合作教育"视角的应用型本科人才培养模式构建[J].中国成人教育，2016（9）：52-55.

[4] 贾宝柱，纪然，林叶锦，等.船舶与海洋工程学科及专业建设的思考与建议[J].航海教育研究，2020，37（4）：9-13.

[5] 孙洪源，国佳，高博，等."按需培养"的船舶与海洋工程专业人才培养模式探究与实践[J].科教文汇（上旬刊），2020（5）：72-74.

[6] 向祖权，刘志会，袁萍.船舶与海洋工程专业"卓越工程师"人才培养模式初探[J].教育教学论坛，2015（34）：102-103.

[7] 贺新，周鹏鹏.基于"职业带"理论构建专本衔接的应用型人才培养模式：以化工技术类专业为例[J].职教通讯，2016（17）：20-23.

[8] 郭海龙，张永栋，张胜宾.中高职衔接汽车专业"双创"人才标准化培养路径的研究与实践[J].职业教育（中旬刊），2019，18（6）：30-34.

基于复合导师制的海工装备类专业"四维融合"人才培养模式教学实践

邹采荣　童军杰　招乐辉

摘　要:在新工科背景下,为培养具备良好的实践能力和创新能力的复合型工科人才,针对海工装备类专业学生,提出并实施了"四维融合"教学模式,由专业导师、思政导师、实验导师、企业导师和校外专家组建的"复合导师团队",将思政教育、科研创新、校企合作、创新创业和专业学习进行融合,取得了良好的教学效果。

关键词:四维融合;复合导师;创新创业

1　引言

在新工科背景下,广州航海学院作为华南地区唯一一所独立建制的海事本科院校,以培养具备良好的实践能力和创新能力的复合型工科人才为目标。针对海工装备类专业学生,不断完善人才培养结构,坚持"立德树人、学以致用、服务强校、特色发展"的办学理念,秉持"勤学、善思、厚德、求新"的校训,提出并实施了"四维融合"教学模式,由专业导师、思政导师、实验导师、企业导师和校外专家组建的"复合导师团队",将思政教育、科研创新、实践教学和第二课堂进行融合,立足广州市,面向华南,服务广州市国际航运中心建设和区域经济发展,积极为粤港澳大湾区和海洋强国建设贡献力量,努力建设特色鲜明的高水平应用型大学,努力培养掌握基础理论知识、实践能力强、创新创业思维活跃、综合素质高、满足行业需求的高级应用型人才,取得了良好的教学效果。

2　基于复合导师制的"四维融合"人才培养模式

2.1　当前教学过程中存在的教学问题

（1）存在专业教育与思政教育"两张皮"问题,思政教育难以融入专业学习全过程,未能形成育人合力,学校未能真正了解到学生的真实需求。[1]

（2）部分教师"沉于"教学而忽略科研,部分教师"沉于"科研而忽视教学[2],学生只重课程分数不重科研能力培养。

（3）工科学生培养过程中"重理论轻实践"、学校实践教学比重偏低、实践教学资源不足。

（4）"第二课堂"活动与专业素养、大学生创新创业能力以及就业竞争力的培养关联度不高。

2.2　实施过程

导师制起源于英国的牛津大学,以导师制为人才培养的主线,培养学生全方位的能力，本科生享受着研究生教学待遇，取得了良好的教学效果。[3]2020年，英国QS世界大学排名第四，2022年，英国QS世界大学排名第二。[4]近年来，国内各高校都在探索研究生教育以外的高等教育也能建立一种新型的教育教学制度——导师制，[5-10]以更好地贯彻全员育人、全过程育人、全方位育人的现代教育理念，更好地适应素质教育的要求和人才培养目标的转变。这种制度要求在教师和学生之间建立一种"导学"关系，针对学生的个性差异，因材施教，指导学生的思想、学习与生活。对于高等教育，本科教育是重中之重，2018年6月21日，教育部在新时代全国高等学校本科教育工作会议中明确提出，坚持"以本为本"，促进"四个回归"，加快建设高质量本科教育，全方位提高人才素质。2018年10月出台的《教育部关于加快建设高水平本科教育全面提高人才培养能力的意见》（以下简称《意见》）再次强调"本科教育是提高高等教育质量的最重要基础。办好我国高校，办出世界一流大学，人才培养是本，本科教育是根"。[11]"21世纪是海洋的世纪，向海则兴，背海则衰。"发展海洋事业已成为全世界的一种广泛共识，海事高校是涉海人才培养的主力军，是海洋科技成果的重要创新源，在海洋高质量发展中发挥着不可替代的重要作用。[12]培养政治过硬、思想过硬、业务过硬的，以综合能力提升为导向的涉海人才培养在海洋尖端人才紧缺的大背景下显得尤为重要。基于复合导师制的"四维融合"人才培养的模式如图1所示。

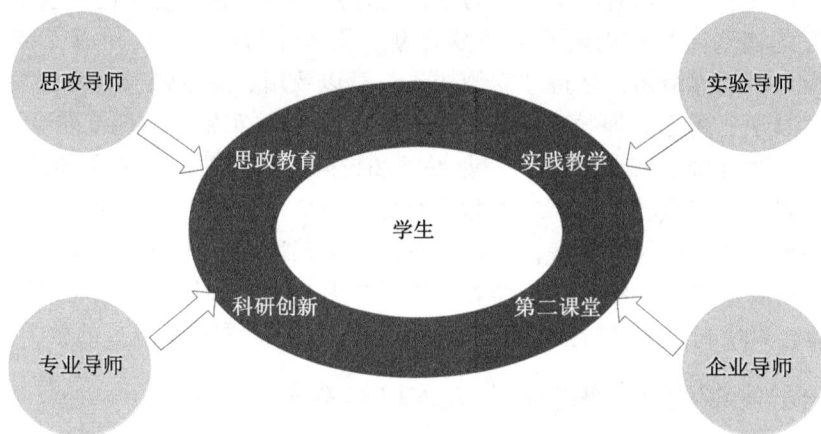

图1　基于复合导师制的"四维融合"人才培养的模式

如图1所示，为了学生高效学习，由思政导师、专业导师、实验导师和企业导师组成的"复合导师团队"，将思政教育、科研创新、第二课堂和实践教学进行深度融合。

（1）思政教育与专业学习深度融合，夯实学生思想根基

坚持"思想引航、聚力专业"，以德技双培为目标，将思政教育、国防教育融入专业课程培养全过程，针对涉海类专业学生，实行半军事化教育，实现专业能力与思想政治素养共同提高，培养学生的意志品质。

"立德树人，铸就教育之魂"，深度融合思政建设与专业学习，还用多层次思政教育模式，由院长书记开展第一堂思政课、辅导员开展理论知识进班级、专业课教师开展课程思政，分层次开展党的十九大精神、全国两会精神、习近平新时代中国特色社会主义思想、习近平系列讲话学习，帮助学生全面了解习近平治国理政新理念新思想新战略，坚定"四

个自信"，树立正确的思想观念和价值追求。将思政课对学生价值观的引领和思想素质的培养渗透在专业课知识传授和专业能力培养的全过程。

（2）科研创新与人才培养深度融合，培养学生科研素养

深度融合科研创新与人才培养，以科研平台、科研项目、科研团队打造多层次的科研训练载体，引导学生以科研平台为依托，申报大创项目；以兴趣为引导从事导师的科研子项目；组建学生科研团队等多层次科研训练载体，激发学生的科研兴趣，提升学生的科研素养。

依托省级优势重点学科船舶与海洋工程学科和省级科研平台广东省船舶节能减排与安全监管工程技术开发中心，引导学生进行科研创新训练，申报国家大学生创新项目；通过导师团队的科研项目，如国家自然科学基金、省自然科学基金和广州市科技计划，通过将科研项目分解为子项目，引导并带领学生进行科研攻关；引导学生组建学生科研创新团队，由导师指导高年级学生，进而由高年级学生指导低年级学生，实现"传帮带"，激发学生的科研兴趣，增强了学生的成就感和获得感。

（3）实践教学与校企合作深度融合，提升学生就业能力

践行"理论学习"与"生产实践"相结合的办学思路，建设校企合作实训基地、大学生创新创业训练基地、开放实验室和毕业实习等多渠道实践教学平台，历练学生实践能力和就业能力。与企业签订"订单式"合作协议，与广州文冲船厂有限公司、广新海事重工股份有限公司、欧科空调制冷设备有限公司等大型骨干企业共建大学生实践基地10余个。输送学生到企业开展生产实习实训，由思政导师、专业导师、实验导师和企业导师联合辅导并考核，确保实践教学质量，提升学生就业能力。发挥高校教师的理论优势和企业导师的实践优势，缩短了企业的人才培训周期，实现"毕业即就业，就业即上岗，上岗即顶岗"的零距离培养目标。

（4）第二课堂与创新创业深度融合，助推学生创新创业

构建了以新能源科技大赛、节能减排大赛、数学建模大赛和船模设计大赛等第二课堂学科竞赛体系，广泛开展学科竞赛和创新创业训练，以学科竞赛和项目落地为抓手，促进创新创业成果转化。

培育多元化的第二课堂竞赛文化，组织开展创新创业经验进班级巡讲、科技文化节、创新创业作品展等多种第二课堂活动，以学科竞赛、科研立项和项目落地为抓手，促进创新创业活动成果转化。

2.3 实施效果

项目开展以来，"复合导师团队"针对涉海类专业学生将从思政教育、科研创新、第二课堂和实践教学进行深度融合，取得了较好的教学效果。

（1）坚持"思想引航、心灵启迪"，帮助青年学生全面了解习近平治国理政新理念新思想新战略，坚定"四个自信"，树立正确的思想观念和价值追求。近五年来，涉海类专业学生获广东省发文表彰4人次。两名同学捐献了造血干细胞，挽救了2名白血病患者的生命。

（2）学生获批国家级大学生创新创业项目10项，广东省大学生科技计划项目12项，获批专利30项，撰写科研论文15篇，6名学生考上研究生继续进行深造。

（3）学生就业率为90%，主要就业单位为中广核新能源公司、广船国际、文冲造船厂、上海市安装工程集团有限公司和广东火电集团有限公司，入职后迅速成为业务骨干。

（4）近五年学生共获得包括教育部高教司主办的国家级技能竞赛奖项12项，省级奖项16项。有3人被录取为"青创100"广东大学生创新创业引领计划学员。

基于复合导师制的"四维融合"人才培养模式路线如图2所示。

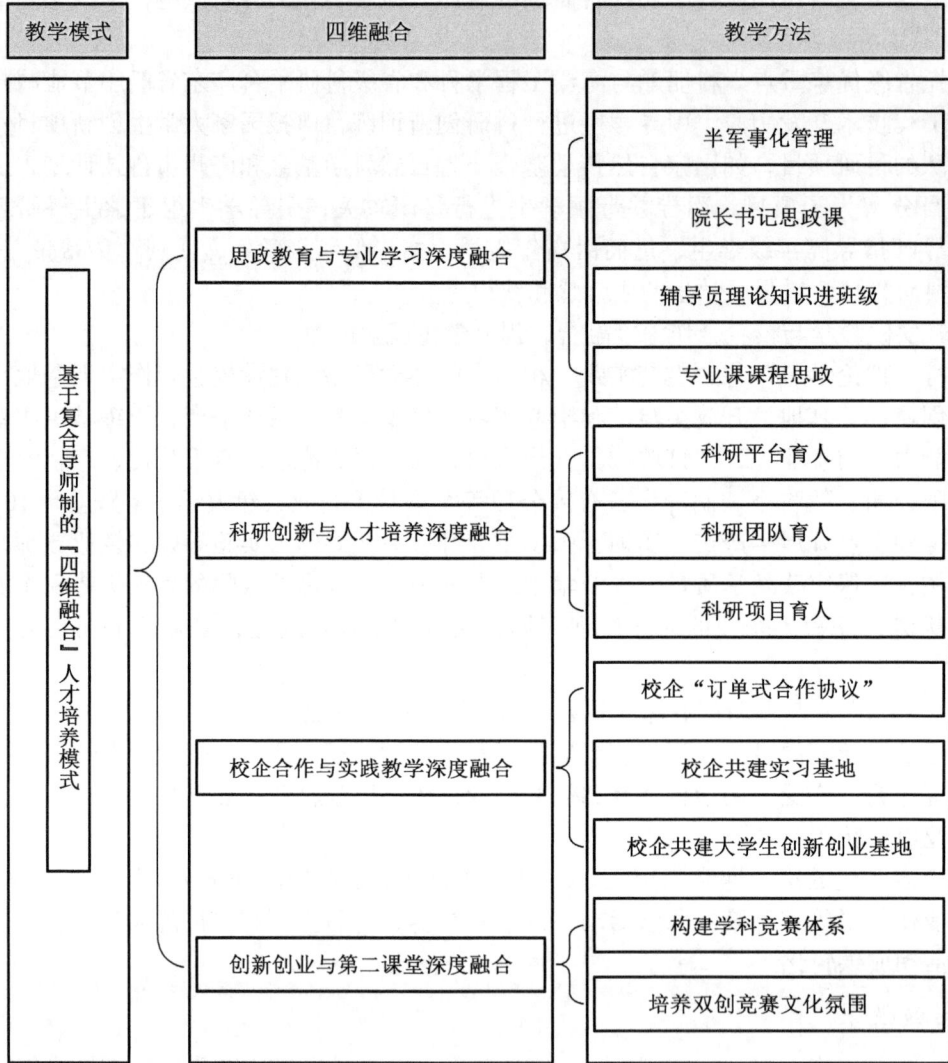

图2 基于复合导师制的"四维融合"人才培养模式路线

3 总结

（1）在新工科背景下，针对涉海类专业学生，提出并实施了"四维融合"教学模式，培养具备良好的实践能力和创新能力的复合型工科人才。

（2）由思政导师、专业导师、实验导师和企业导师组建的"复合导师团队"，将思政教育、科研创新、实践教学和第二课堂进行融合，并分别展开多层次教学。

（3）近五年来，基于复合导师制的"四维融合"人才培养模式取得了较好的教学效果。

参考文献：

[1] 王建华.关于一流本科专业建设的思考：兼评"双万计划"[J].重庆高教研究，2019（7）：124.

[2] 林蕙青.一流大学要办好一流本科教育[N].人民日报，2016-5-17（13）.

[3] 何梅.牛津大学人才培养的历史传统与现代走向[D].重庆：西南师范大学，2005.

[4] QS world university rankings [EB/OL].（2021-06-08）[2022-02-24].https：//www.topuniversities.com/university-rankings/world-university-rankings.

[5] 周芸，卢锐."三全育人"背景下高职院校学生党员教育培养导师制的构建[J].武汉船舶职业技术学院学报，2021，20（4）：20-22.

[6] 耿悦杰，陈建，张甜."3+3"本科生导师制育人模式研究：以北京科技大学为例[J].北京科技大学学报（社会科学版），2021，37（06）：645-651.

[7] 樊琦.高职院校三导师制解析：以百万扩招为例[J].现代职业教育，2021（52）：210-211.

[8] 袁咏平.职业教育导师制对学生综合素质提升途径探析[J].广东水利电力职业技术学院学报，2021，19（4）：63-66.

[9] 陈诚，李卓尔.公共管理专业本科导师制实施困境及优化路径[J].科技视界，2021（35）：14-15.

[10] 张牧寒.导师制团队学习法：论我国高校继续教育工作者专业能力培养模式[J].高等继续教育学报，2021，34（5）：7-11.

[11] 胡建华.建设一流本科教育首先需要更新教育理念[J].苏州大学学报（教育科学版），2018，6（4）：3.

[12] 吴海龙，赵亚婷，宋可心，等.师生发展共同体视阈下涉海专业本科生导师制探析[J].科学咨询（科技·管理），2021（7）：235-236.

凝聚内力 开拓新时代珠江航运人才能力建设

邹采荣

珠江航运辐射广东省、广西壮族自治区、云南省、贵州省、湖南省、江西省，集聚于珠江口水域，融内河与海上、国际与国内、内地与港澳航运于一体，肩负着我国华南地区经济发展的基础性交通保障。在世界经济发展形势波动、高新智能技术全面应用、粤港澳大湾区建设等背景下，珠江航运人才建设面临新挑战。我们以习近平新时代中国特色社会主义思想为指导，认清客观形势与任务，坚定航运人才科学发展的使命，统筹规划、创新模式，高效服务于珠江航运和华南经济发展。

1 形势与任务

在"十四五"规划开局之年，我们迎来了中国共产党百年华诞、转入实现第二个百年奋斗目标新征程，珠江航运面临"一带一路"倡议、粤港澳大湾区建设、"海洋强国""交通强国"等国家战略实施所带来的前所未有的机遇，形势喜人，也遭遇到世界经济格局波动、新冠肺炎疫情、西方压制等外部恶劣环境的影响，挑战严峻。

在机遇和挑战面前，人的作用是决定性的。航运人才能力建设将起到引领珠江航运高速优质发展的关键作用。综合评估珠江航运整体现状和所处的客观环境，航运人才能力建设将面临以下主要任务。

（1）以航运（或公路、轨道、航空）为基础起点向其他运输领域拓展航运人才综合能力建设，以便加快建设交通强国，建设现代化综合交通运输体系，推进各种运输方式一体化融合发展，提高网络效应和运营效率。

（2）科技智能技术应用与理论创新方向的航运人才科技能力建设，在船舶建造、航行、维护、营运、管理，港口生产以及水上交通监管等诸多方面，应用科技智能技术，降低成本和风险，推进珠江航运治理体系和治理能力的现代化。

（3）航海技术、轮机工程、港口作业、海洋工程等的航运人才基础能力建设，从普遍提高、精细操作、人海和谐和提高效率的角度，开展新时代内河和海上航运一线操作人员培养，夯实珠江航运发展基础，促进珠江航运服务延伸。

（4）基于中国经验，制定国际规则，全面推动珠江航运走向世界的航运人才国际能力建设，促进珠江航运与国际接轨，扩展珠江与世界各地的连接，为"一带一路"建设发挥海上纽带和战略支撑作用。

2 使命与构想

（1）珠江航运人才能力建设的使命

坚持新时代中国特色社会主义办学方向，认真贯彻落实党的教育方针，立足广州市，辐射粤港澳大湾区，面向国内国际，培养基础理论扎实、学科知识完整、应用能力强、综合素质高的高级专门人才，致力于航运特色鲜明的高水平交通人才培养和科研平台建设。

坚持育人为本，推进依法治教，遵循教育规律，以质量为生命线，以创新为推动力，坚持交通人才培养的中心地位，深化改革，扩大开放，调结构、补短板、强内涵、保特色，不断提高人才培养水平、提升服务地方经济和行业的能力，主动适应地方经济和行业发展新要求，服务珠江水系经济发展、国家"一带一路"建设、海洋强国战略、交通强国战略，为新时代珠江航运发展贡献力量。

（2）珠江航运人才能力建设的设想

加强交通专业学科建设，提升人才培养层次水平，优化完善航运学科建设。积极建设广州交通大学，进一步完善学科体系，优化学科布局，专业定位、专业设置充分考虑珠江航运发展，实现人才培养与需求对接。针对社会需求，夯实交通教育基础，持续培养合格的交通一线实操人员。

加强高端航运与交通复合人才培养。加强研究生教育，立足广州市，服务广东省，面向全国。着力培养珠江航运核心专业人才，拓展培养现代航运服务业人才，加强培养航运金融、法律、仲裁、监管、智慧航运等急需人才。以知识融合与科技应用为抓手，创新以航运为基础起点向公路、轨道、航空等其他交通运输领域拓展的交通复合人才的培养模式。

加强与港口航运纵横联络与研究，推进航运智慧的凝练能力建设。进一步加强科研工作，整合研究资源，完善综合科研机制，融合校内外智力资源，建设航运智库，推动建立高水平、高质量、高融合、强支撑的研究体系和机制。激励做好纵向性项目研究，鼓励开展实践性横向研究，支持自选前瞻性基础研究。

推进学研组合创新，改进交通人才知识结构。重视设施规划、前期研究、结构分析、优化布局、湾区港口资源统筹、功能分工、岸线配置、航道整治、物流发展、枢纽支线合理配置、多式联运、水上休闲、口岸查验、智慧港航、市场趋势、机制完善、政策支持、绿色发展、平安港航、深化开放、国际合作、航运文化等研究，组织教育科研与生产实践交流、政企专题研讨，鼓励教、学、研人员从被动学习向主动创新，从被动守规向主动立规转变，推动教、学、研成果内外转化应用，扩大国际国内综合影响。

深化教、学、研改革，创建港航教学科研基地。优化课程体系，构建"通识教育+专业教育+个性教育+创新创业教育"的人才培养体系，力争成为华南地区航运业高层次和高技能人才培训的主要基地，每年为珠江航运培养所需的人才；力争成为粤港澳大湾区港航发展的科研基地，参与和承担重大科研任务，加强与珠江航运骨干企业和研究单位的合作，解决更多行业关键技术和共性技术。

3 成效与展望

广州航海学院创办于1964年，是华南地区唯一独立建制的海事本科院校。历经多年建设与发展，形成鲜明行业特色，引领华南地区海事教育发展，是国际海事组织认定的海事院校之一，被誉为"航海家的摇篮"。学校坚持建设航运特色鲜明的学科专业，着力打造高端航运人才培养基地；坚持以德为先，弘扬社会主义核心价值观，把立德树人融入思想道德教育、文化知识教育、社会实践教育各环节。建校57年来，广州航海学院已为社会输送7万多名高素质人才，学校超过80%的毕业生在广州市、大湾区从事航运、海事管理等涉海类工作，一大批毕业生已成为企业技术骨干和管理精英。

在珠江航运覆盖的点、线、面上，富含高科技的海上运输和高端航运服务已经成为珠江航运发展的总趋势，同时传统的低端内河航运仍然在狭窄航路上支撑着当地经济，承担着枢纽港集装箱、大宗货物的集散运输。干线与支线运输交错。

航运模式和水上交通安全形势错综复杂。因此，上述四种航运人才能力建设，将兼顾珠江航运的方方面面，人才能力建设必须因势而新。

广东省委省政府和广州市委市政府以广州航海学院为基础建设广州交通大学，广州交通大学以新工科、新文科、新理科建设思路为指引，创新航运新业态所需的人才培养专业，做精传统专业的人才培养，为珠江航运战略转型升级做好人才储备。全方位探索复合型应用人才培养模式，构建符合国际标准与行业规范、校企无缝对接、多证有机融合的航运人才培养模式，培养掌握基础理论知识、实践能力强、创新创业思维活跃、综合素质高，"用得上、干得好、留得住"的航运与交通人才。在全球化时代背景下，着力推动国际海事交流与合作人才的培养，提升国际海事的话语主导权。

广东省高校高端航运服务人才的培养探索

谈超凤

摘　要:发展与广东省航运实力相匹配的航运软实力,增强国际竞争力,离不开高端航运服务的建设,而高端航运服务人才是重要支撑。高校是培养人才的第一线,本文立足广东省高校,分析现状,找出航运特色高校在培养高端航运服务人才的过程中存在的问题,并提出相应的对策建议,依此探索广东省高校培养高端航运服务人才的路径,促进航运服务产业链的完善及高端航运服务人才的培养水平及质量的提高。

关键词:高端航运服务;广东省;人才培养

1　引言

在全球航运中心东移的大趋势下,广东省航运服务市场巨大。广东省进出口总额连续35年居全国首位。2020年全球港口集装箱吞吐量排名前10名的港口,9个在亚洲,中国占据7席,其中粤港澳大湾区占3席,分别是深圳港(第4)、广州港(第5)、香港港(第9),广州港综合货物吞吐量位居全国第4,全球第5,是华南地区功能最全、货物吞吐量最大的综合性主枢纽港。深圳港是华南地区最核心的外贸集装箱干线港之一。而全球班轮运力排名中,我国中远海排名第3。航运港航硬实力雄厚,但软实力的发展滞后,对国际航运组织的影响力,参与全球航运资源配置、参与国际航运规则和标准制定的话语权并没有与其港航的硬实力相匹配,主要的原因之一在于高端航运人才稀缺。

来港货物、船舶密集,基础航运服务市场巨大,与此同时,衍生的以航运经纪、航运金融、海事法律、航运咨询、航运工程服务等为代表的专业知识密集、资金密集、信息密集的高端航运服务需求增长迅速,相关高端航运人才稀缺问题日益显著。在国家粤港澳大湾区建设战略和"一带一路"倡议及自贸区建设的大背景下,推动航运服务产业升级,打造高端要素集聚地,都离不开高端航运服务人才的有力支撑。随着新市场的迅速增长和航运服务业的升级优化,高端航运服务人才供需矛盾日益突出,已经成为制约航运产业升级优化发展和可持续发展的瓶颈。人才培养的供给侧改革已经迫在眉睫。

2　现状

全球船舶融资、船舶经纪、航运保险、海事仲裁、航运咨询等航运服务链的上游高附加值市场不但对世界航运有着举足轻重的影响力,影响全球航运资源配置,而且其带来的巨大利润,带动的就业和对城市经济发展的贡献不亚于世界大港。高端航运服务水平也是评测国际航运中心竞争力水平的核心驱动因素。在近几年的评测中,伦敦和新加坡凭借多年的优势积累稳居前2位。2019年上海超越香港跻身第3,2020年依然继续保持了较好的水准。目前广东省广州市、深圳市虽然港口吞吐量排名在4、5位,但航运服务排名都在10

名之外，与伦敦、新加坡，以及上海等依然存在不少差距。

高等院校，尤其是航运特色高等院校，是开展航运教育和人才培养的核心机构之一。目前，广东省开设港口与航运相关专业的院校主要有4所，2所本科院校分别是广州航海学院、广东海洋大学，2所专科院校是深圳职业技术学院和广东交通职业技术学院。比如广州航海学院开设的航运特色的交通运输专业和交通管理专业致力于航运管理人才的培养。其中交通运输专业是广东省一级本科专业及应用型人才培养示范专业。广东海洋大学开设了航运特色的交通运输专业。广东交通职业技术学院和深圳职业技术学院开设了港口与航运管理专业。本文将从这几所院校的培养目标、培养要求、毕业去向、人才培养方案、课程设置等方面分析总结目前广东省高校高端航运服务人才培养的问题。

3　主要存在的问题

（1）高端航运服务人才培养课程设置薄弱。目前，几所航运特色院校的基础航运人才培养体系完善，为广东省航运人才的输送贡献了不少力量，也在相关人才需求单位获得良好口碑。但目前广东省本土培养的航运人才大多集中在基础航运服务业，高端航运服务人才占航运人才的比重小。以船舶贸易、航运金融、航运咨询、海事及法律服务等为代表的衍生高端航运服务发展滞后，原因之一是高端航运人才短缺。省内的人才培养的资源不足，同时，相关的教育机构、培训机构中，缺乏相关的专业或者相关课程。以船舶贸易为例，以航运为特色的高等院校中，只有上海海事大学和广州航海学院专门开设了相关课程。上海海事大学约在10年前上海重点建设国际航运中心时应势开设了高端航运服务的一系列课程。经过10来年的不断研究与建设，上海海事大学的高端航运人才的培养取得较好成果，促进了上海国际航运中心的建设。

广东省院校在人才培养目标及人才培养方案上虽说都在做调整，但目前培养目标仍主要定位在传统基础航运服务。与高端航运服务业相关的产业对接的课程设置虽然有，但设置不多尚不构成系统。例如航运经纪，大部分的院校都设置了租船和货运代理的课程，会有经纪的一些内容，但是航运经纪里船舶买卖经纪、国际航运市场分析的课程却鲜少涉及。高端航运服务通常需要复合型人才，例如航运金融，是"航运+金融"的专业知识的复合，相关专业，要么是航运课程设置充分，但是缺少投融资、金融、财务等课程的设置，要么是金融类专业，金融课程设置充分，但却基本没有航运类课程。高端航运服务人才队伍的建设，直接影响着我国航运服务产业链的完整和服务水平、服务质量。在航运业急需升级优化、高端航运服务人才短缺的新时期，目前的航运教育与航运人才的培育相对滞后于航运服务业发展的现象越来越明显，高校人才的培养也须紧跟市场，以市场需求为导向，并具有一定的前瞻性。

（2）师资的实践经验有待加强，相关教材有待补充及更新。不管是基础航运人才还是高端航运人才，都具有鲜明的应用型特色，相关院校的人才培养也都以应用型和技能型人才为主。目前各院校的师资主要来自国内和国外各高校的博士及硕士研究生，尤其是2所本科院校，新进的优秀博士比例逐年提高，高校师资都拥有良好的科研和专业理论背景，为各高校的科研成果做出了极大的贡献。但应用型人才重在能结合市场需求，灵活应用，目前的大部分师资具有丰富的专业理论，少有企业实践背景，具有多年港航企业、航运服务企业专业实践和管理经验的教师屈指可数，缺乏实践经验是普遍现象。目前市面上主要针对高端航运服务人才培养的教材基本没有形成体系，不够完善，且很多教材编写年份都在10年前，不够与时俱进。例如航运经纪类，目前关于代理、租船的教材相对有比较多的选择，但是船舶贸易的相关教材在市面上非常少，且内容偏理论，与实践应用相差较大，出版年份也较远，内容滞后，应用性不强。另外航运金融类的相关教材也较少，有待完善。

（3）人才培养模式不完善。高端航运服务要求人才的专业性和知识性都要非常强。高端航运人才与普通的航运人才相比，需要更广阔的国际航运知识、更高的专业化程度，必须具备航运、金融、法律、贸易、船舶结构政策等方面的复合型知识和能力，而广东省这类人才的培养模式滞后于行业的发展，缺少人才梯度培养体系，人才培养模式不完善。例如，相关高校的人才培养过分强调教学过程和组织管理，高端航运服务的知识结构不够全面，人才培养与企业需求不对接，缺少专门的公共实践基地，实践教学达不到应有的效果。而企业层面，在职培训投入不足，由于再培训和继续教育的机会少，人才知识更新速度慢，无法及时跟踪和把握现代科学技术和管理理论的最新发展动态。企业无法承担所有项目人才的培训，仅靠企业很难完成，亟须与高校互补，借助高校相关的专业及课程的专业培养。产、学、研在人才培养的合作上仍停留在表层，无法满足不断延伸的高端航运服务产业链的人才需求。

4　对策建议

（1）高校推进高端航运服务人才培养的课程体系研究和完善。无论是上海还是伦敦，都高度重视高端航运服务人才的培养。上海从高校人才培育、科研智库及社会服务3方面入手，近10多年来持续探索培养高端航运服务人才的新路径。高校开设了一批相关的课程，出了一系列特色教材，并取得了良好的效果，助力上海国际航运中心的综合影响力不断提高。伦敦拥有一批领先世界的航运人才培育院校及航运服务专业研究中心，拥有特色鲜明的高端航运服务完整产业链系列教育，例如航运保险、船舶经纪、航运金融、航运咨询、航运软件、航运研究、海商法等。广东省拥有良好的航运教育院校资源，高端航运服务市场成长空间巨大。高校在人才培养的第一线，应加强对未来引领性人才发展需求趋势进行深入调查和系统研判，在巩固现有基础航运服务人才培养的优势下，加大高端航运服务人才培养的规模和力度，优化人才培养结构，调整课程结构，优化课程设置，专业培养目标更复合，有针对性地编著相关特色教材，培养跨学科、跨行业、具有复合知识背景的高端航运服务人才。另外，高校可以依托自身的专业优势、师资力量发展职业培训，以支撑企业在职人员的知识拓展研修。

（2）加强师资力量实践性和国际化的建设。高校在新引进高学历人才的同时，也需要加大现有教师的培养力度。一方面是加强教师的企业实践。高校拥有丰富的校友资源，可依托校友和各种渠道与众多港航企业联系，教师利用寒暑假或者其他空余时间，可去相关企业顶岗实践，以便了解企业一线实践的业务操作和企业的人才需求，在教学中优化教学内容和引领专业知识的培育。另一方面，航运是涉外性非常强的行业，高校可加大支持规模和力度，推进高校教师到国内外著名航运院校、机构进行交流进修，推动高校的课程内容与国际接轨，更具国际视野，不断拓宽培训渠道，提高培训层次，带动高端航运服务教育整体水平提升。[1]

（3）加强政、产、学、研的融合合作，建立完善的人才联合培养模式。高端航运服务人才的培养仅仅依靠高校自身的力量是远远不够的。广东省拥有雄厚的港航业基础，高端航运服务业未来的成长空间巨大，相关人才的培育需要联合政、产、学、研各有关部门群策群力。政府政策的强力支持，将有助于高端航运人才的引进，加快高端航运人才的集聚，进一步提升航运服务产业链的服务水平和质量。企业是人才的需求端，高校是人才的供给端，供需需要更密切地结合，利用丰富的校友资源，高校可加强与港航企业的交流合作，建立更深入的校企合作机制，将实践性贯穿专业人才的培养过程，以共建课程等形式让学生有更多的机会参与企业实践学习。各科研机构和研究团队在长期为企业做决策咨询的过程中积累了丰富的企业经营实践案例，这些都将为专业课教学提供基于实践应用的新鲜素材。高等教育系统需要与政、产、研系统融合合作，才能促进教育链和产业链的融合发展，形成多层次和多样化的人才培养模式。[2]

5 结语

当今的航运业已经进入创新驱动、转型升级发展的新阶段。航运强省、交通强省仅仅依靠港口基建和吞吐量等硬性指标还不够，还需发展与硬实力相匹配的航运软实力，以初级的货流和船流为导向的基础航运服务业在国际上难以形成更强的竞争优势，而高端航运服务是航运软实力的核心竞争力。高校在优化自身人才培养体系的基础上，应积极联合政、产、研，共同积极探索高端航运人才的培养体系，打造新阶段高端航运人才高地，补齐高端航运服务短板，完善广东省航运服务产业链，增强航运服务产业的竞争力，为建设具备资源配置能力的国际航运服务枢纽提供人才和智库支持。

参考文献：

[1] 宋春雪，李中.我国高校现代航运服务业人才培养的问题及对策[J].水运管理，2018（9）：25-28.
[2] 张艳伟.航运中心复合型人才现状分析及对策[J].中国水运，2018（7）：12-14.

航海院校体育社团"双创"型人才培养实践模式研究

熊庆霞

摘　要:文章整理分析当前航海院校各具特色的创新创业教育人才培养方案和总的实施情况,探讨体育社团与创新创业教育育人目标的契合关系,构建了"赛事+课程+个性行动"等"三位一体"的航海院校体育社团"双创"型人才培养的实践模式,旨在为丰富航海院校创新创业教育人才培养模式的基本理论和实践路径提供参考。

关键词:航海院校;体育社团;体育赛事;创新创业人才培养;实践模式

社会的发展变化与人的需求变化引领着现代人就业观的转变,呈现出就业选择多样化、职业转变多元化的趋势,以创业带动就业成为时代的新方向。创新创业(以下简称"双创")教育正成为新的竞争性领域,高校急需在创业教育教学、创业领域研究、创业生态系统构建和创业人才培养领域中获得竞争优势。提升理念、完善教育体系、强化实践活动是当前亟待改进的工作重点。在高校,学生体育社团具有开放性、灵活性与自组织性等特点。学生参加社团活动能够充分施展自己的个性才能、锻炼各项社会能力、提高综合素质,能够补充大学生各项社会知识和能力,满足学生发展个性与实现自我价值的社会实践功能。[1]依托体育社团平台特点,融合"双创"教育理念,寻求多样化的实践路径,建构更多的实践模式是促进大学生落实"双创"能力培养的必然需要。

1　高校创新创业人才培养研究概述

对于高等学校来说,"双创"教育还是个热点课题,各级各类高校都在努力探索"双创"教育实现的有效路径。就目前来说,高校"双创"型人才培养模式主要是:(1)课程设置和教学方式方法创新;(2)打造"双创"教育师资团队;(3)构建"双创"教育实践平台(大部分都是定位为与专业对口的校企联合、产学研结合模式、科学研究及技能竞赛引领创新模式);(4)营造"双创"教育校园文化氛围(包括优越的制度保障机制、开设创业成功案例讲座、创新创业文化宣传栏),构建"多位一体"的育人模式。如东北大学、重庆邮电大学、上海海事大学、淮南师范学院、青岛科技大学等高等院校皆建立了符合自身特色的"五位一体"的创新创业育人模式。

航海院校是行业特色类高校,人才培养目标具有鲜明的行业特征。航海教育强调以社会需求为导向,除了要求有适用全球的专业知识技能和岗位操作技能外,对从业者的组织协调能力、合作能力和与人沟通的能力也有较强的要求,还必须具有较好的心理素质和解决现场实际问题的能力。[2]为了适应国内外经济发展的需要,培养更具有国际竞争力的高素质应用型人才,各高校纷纷积极践行"双创"教育,形成各具特色的人才培养方案,见表1。

表1 航海院校"双创"教育人才培养方案

院校名称	主要内容
上海海事大学	发挥"三种优势"打造"双创"教育师资;构建"三个平台"强化"双创"教育实践;坚持"三个带动"理顺"双创"教育思路;落实"三个保障"确保"双创"教育成效;强化"三个结合"营造"双创"教育氛围等
大连海事大学	聚焦行业发展和服务东北亚经济建设,实施创新创业"五级联动"管理机制,构建"五位一体"教学体系。基本做到全覆盖、全员化和全程化,专业技能等级大赛覆盖全校各专业
集美大学	以科技创新带动全面创新。强调以科技创新为引领,强化各类创新形式有机融合,形成相互促进、共同发展的有机整体
大连海洋大学	强调观念创新、手段创新和管理创新,利用学校科研优势,形成创新实验教育模式,既注重精英创新人才的培养,又注重全校范围创新意识的培养
浙江海洋大学	建立专业教育、学科竞赛、创新训练、创业实践整合成链的"链式"创新创业教育体系
宁波大学	打造创业意识激发、能力培养、实践训练、培育孵化、成果验收等5个由低到高的人才培养阶梯。成立创新班和创业班,进行分层、分类、分阶段的递进式培养
广州航海学院	更新教育理念;创新人才培养机制;健全"双创"教育课程体系;构建"双创"教育实践平台;营造积极向上的校园创新创业氛围等

经整理分析,发现航海院校的"双创"型人才培养目标和实施模式方面与其他院校具有一定的吻合度,如更新观念,打造"双创"教育教学体系,强调校企或产学研联合等实践活动。强化科技与学科竞赛等。正如《中国高校创新创业教育蓝皮书(2016)》所发布的那样,"双创"教育理论层面的框架、体系已经基本成型,强化实践成为当前最迫切的工作重点。[3]在实践中践行教育活动中所养成的能力与知识,不断得到创新启发,有效地验证"双创"教育的成果。

2 体育社团与"双创"教育人才培养目标契合关系分析

"双创"教育是以培养具有创业基本素质和开创型个性的人才为目标的一种实用教育。其内容体系主要包括意识培养、能力提升、环境认知、实践模拟等四个方面。[4]"双创"教育并不是说要让每一位学生都必须开展自主创业,而是重点对学生创新人格、头脑思维和能力素质进行培养。[5]广大研究学者认为,学生参加社团活动能有效提高自身的组织活动能力、沟通表达能力、适应社会能力,有利于激发学生的创新精神,有利于创新人格塑造和创新技能的提升。如体育社团是大学生课外活动的主要形式,是未来大学体育的主要载体。[6]体育社团所组织的体育赛事和体育游戏等对大学生竞争能力、抗挫折能力及沟通能力的影响非常明显。[7]吴丽则认为,体育社团有利于促进大学生道德社会化,有利于大学生社会化角色的扮演,发展社会能力,并且能降低大学生社会化成本。[8]因此,体育社团是学生社会化的一个重要阵地。

可见,体育社团对大学的这些影响作用恰恰和"双创"型人才培养目标具有一定的契合性。[9]此外,基于航海院校的行业特色,对人才的培养强调专业知识和技能的全球适用性,对人才的组织协调能力、合作交流的能力、解决实际问题的能力有较高的要求。培养优秀的航海人员需要卓越的"双创"教育来保驾护航。我校的体育社团是学生社团类别中占比最多的、学生参与人数最多的社团组织。和大多数社团一样在社团建设过程中存在着场地器材不足、师资帮扶不到位、学校激励与保障机制不到位、经费缺乏等种种困难，制约着体育社团组织的影响力和发展层次，寻找解决困难的方式方法也是其发展的迫切需要。有研究认为，将"双创"文化植入社团建设，让学生在社团活动中培养创新思维、创业理念，在社团的促进及引导之下，学生对"双创"教育有更高的认同感、收获感。[10]以西方发达国家为主要代表的高等教育开展一系列创新、创业教育实践活动，为我们提供了丰富的理论研究经验和实践发展路径。如美国的哈佛大学、斯坦福大学，在20世纪四五十年代就已将创新和创业教育实施在学生社团教育体系中，并取得丰富的理论研究成果与社会实践经验。法国、德国、英国、日本等国家在学校教育中实践创新创业教育的成功也充分说明学校学生社团组织是良好的创新创业实践活动的孵化组织。可见，让社团成为创新创业教育有力的实践平台，成为提升学校校园创新创业文化建设的有力推手，同时促进学生社团自身的良性建设，是双赢的举措。但在我国对高校学生体育社团组织中实施"双创"教育的理论研究和实践探索仍较少。

3 航海院校体育社团"双创"型人才培养实践模式运行机制

本研究构建了三位一体的培养体育社团"双创"型人才的实践模式。如图1所示，赛事是人才认识体育产业、启发体育创业的重要"抓手"；赛事运作过程中积累实战经验、实现理论与实践相结合；提升学生的批判性思维、决策力、组织协调能力；促进课程建设革新和完善。人才掌握知识、技能是通过各类课程实现的，课程的完善有利于启蒙学生的创新意识和创业精神，使学生了解创新型人才的素质要求，了解创业的概念、要素与特征。在这个模式中，课程也要使人才具备基本的知识、专业的能力，以保障相关赛事知识或技能的良性供给。个性化的"行动"则将个人在校习得的知识、能力、敢于创新的精神真正落实到位，是人才勇于尝试创新创业的反映。且在行动中及时感知行业最新发展需求及发现自身的不足等，再通过课程保障体系及时修正、调整自身的知识和能力结构，校内的课程保障体系和赛事体系依据反馈的信息及时革新和完善，以此形成一个动态的循环系统。

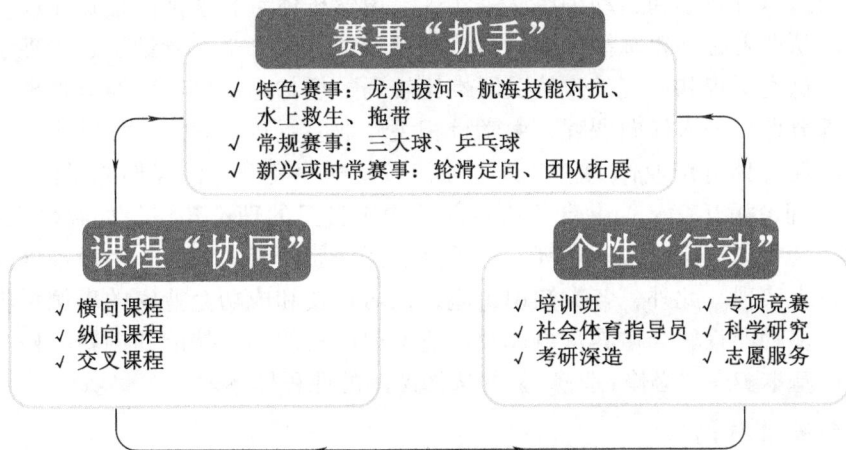

图1 以"赛事"为抓手的体育社团"双创"型人才培养实践模式运行机制示意图

3.1 凸显赛事"抓手"

体育赛事既是一种教育手段和文化现象，也是一类社会实践活动和公共产品，更是一个经济产业体的重要部分，其影响价值是多样全面的，能够有效地强化大学生"双创"精神和意识，健全学生人格，提升大学生"双创"能力，是可以为大学生培养"双创"能力的一个综合性强的载体。[11]因此，体育赛事可以作为体育社团用来培养"双创"型优秀人才的一个操作性极强的抓手。体育社团开设的项目种类多，为了引领更多社团发展和满足社团成员不同的兴趣需求，宜搭建赛事系列，依据航海院校的校园文化特色和社团自身特色，将赛事系列也分成三个类别：常规赛事、特色赛事、新兴&时尚赛事。其中特色赛事为展现航海院校航海体育特色内容的赛事，如龙舟拔河、航海技能对抗、水上救生、拖带、皮划艇等竞赛活动；常规赛事为多年传统习惯开设的赛事，如足球、篮球、乒乓球、羽毛球；新兴&时尚赛事为当下受到大众喜欢、发展时间短的项目赛事，如定向运动、轮滑定向、团队拓展、健身瑜伽等。一系列赛事的开展，既提高了学生知识水平，也培养了有利于大学生创新创业实践的体育个性和体育能力。如外事接待、活动推广、后勤支持、志愿活动等方面增强了学生的参与意识，促进了学生的社会活动，提升了学生的品德修养及勇敢品格；在与赞助商的谈判与协作过程中对学生的谈判能力、策划能力以及资金的运作等方面具有很好的锻炼作用；在场地器材的使用与布置等方面很好地锻炼了学生与不同部门的协商与沟通能力；在组织实施比赛、人员管理等方面培养了学生的组织能力，提高了学生裁判知识的运用，锻炼了学生的执裁能力。

3.2 协同课程资源

开展多学科支撑的课程体系是促进有意从事体育产业创业（就业）的社团人才能力培养的重要保障，由于体育社团在高校仍属学生自主创立的组织，是非官方的组织，所以自身不可能独立开设种类繁多的课程，因此课程体系保障由全校各学科院系开设的课程来协同实现。本研究依据课程与体育的关联性强弱和学科分类将课程保障体系分成三个课程类型，包括纵向课程、横向课程和交叉课程。其中核心课程应该是与体育具有直接和最强关联性的，且属于同一学科，将这类课程列为纵向课程。这部分课程包括体育的基本理论和专业技能，通过体育教学和运动训练队来实现。由学校体育教学部门负责完成。赛事作为一个产业，其从业者必须要掌握一般的经济学理论，如经济学、营销学、管理学方面的基本理论知识。这类课程和体育的直接关联性比较弱，但却是从事体育经营管理必须了解的知识。将这部分课程列入横向课程，由学校相关专业院系负责完成。如航运经贸学院和创新创业教育学院。体育产业作为一个具有独特性的产业类型，已经形成了体育和经济学、管理营销学等理论相互交叉、融合、渗透并适用于自身的理论知识。如赛事组织与管理、体育运营学、场地场馆运营管理学等。这类型的课程属于交叉课程，由教务处搭建的公共选修课程体系来实现。此外，各类知识讲座、知名校友和成功企业家的事例报告会等也属于此类课程。多种课程联合培养从事体育产业就业所需的知识技能和创新品格。航海学院的课程设置已基本实现"必修+选修+公共选修课"的课程体系。

3.3 强化个性"行动"

个性"行动"是指社团成员依据自身需要而选择的行业体验行为。真实的行业环境有利于社团成员认知当今企业及行业环境，了解创业机会，认识创业风险，掌握商业模式开发的过程、设计策略及技巧等。个性"行动"的行动类型大致包括开办体育技能培训班、参与健身咨询机构的指导与服务；参加行业标准职业资格考试，如社会体育指导员资格证、裁判员证、教练员证；在老师的指导下参与校级或省级课题的科学研究；参与志愿服务；升学深造（跨学科报读体育研究生学历）；参加全省级别、全国级别及国际级别的专项技能比赛。龙舟队、足球社团、篮球社团、跆拳道社团、游泳社团、瑜伽社团、航海技能社团、定向运动社团等都积极践行了这样的个性"行动"。

4 结论与建议

（1）航海院校学生体育社团践行"双创"教育，可依托学生体育社团，找准"抓手"，创设学生创新创业的孵化器，致力于培养学生的体育创新意识和个性，以及强化体育产业创业（就业）的实践探索。结合航海学院现有的创新创业教育平台的和践行条件，构建了凸显赛事"抓手"、协同课程资源、强化个性"行动"的三位一体培养体育社团"双创"型人才的实践模式，为社团自身的建设获得广阔的发展空间，为推进航海学院创新创业教育发展提供理论研究补充及多样化人才保证。

（2）赛事是行之有效的"抓手"。学生在参加"赛事"过程中，沟通能力、协调能力、交流能力、实践能力、竞争和规则意识、服务意识得到强化和提升，创新意识和创新品格得到强化与提升，创业欲望得到启发和激励，创业尝试屡见不鲜。依托体育社团组织的校园体育赛事更能吸引学生自愿参与，学生的主体性得到很好的发挥，营造出了浓烈、积极的校园体育文化氛围，关注体育、参与体育活动的人数大幅增加，也使体育部承担的校园体育活动工作在人力、物力、经费方面的压力得到有效的缓解。

（3）经费短缺、学校制度保障不足是影响校园赛事影响力的两大短板。给予适当的激励是解决问题的有效路径。如借鉴课程模式给予学业认定或融入课程内容结构中给予成绩评定等。学校相关部门对学生体育社团的支持力度则受人员不足、场地维护经费不足及安全保障机制不完善等的影响。

参考文献：

[1] 蔡鑫.对长春市高等体育院校社团活动实施"三创教育"的理论研究[D].长春：吉林体育学院，2016.

[2] 袁炎清，程军.航海院校人才培养的协同创新研究与实践[J].广州航海高等专科学校学报，2013，21（1）：39-41，56.

[3] 李肖鸣.中国与全球化智库中国高校创新创业教育发展蓝皮书（2016）[M].北京：机械工业出版社，2017.

[4] 创新创业教育[EB/OL].[2022-1-24]https：//baike.so.com/doc/6991733-7214592.html.

[5] 王洪才，刘隽颖.大学创新创业教育核心·难点·突破点[J].中国高等教育，2017（Z2）：61-63.

[6] 崔树林，穆益林，李永华，等.大学生体育社团运作方式探索[J].体育学刊，2008（11）：71-74.

[7] 周永奇.高校体育社团对大学生四项能力影响的研究：以上海市部分高校为例[D].上海：上海体育学院，2010.

[8] 吴丽，袁诗哲.高校体育社团对大学生社会化的影响分析[J].当代体育科技，2015，5（10）：70，72.

[9] 刘丹宁.高校体育社团对促进大学生社会化作用的社会学解读[C]//上海市社会科学界联合会.上海市社会科学界第五届学术年会文集（2007年度）（哲学·历史·人文学科卷）.上海：上海人民出版社，

2007：392.

[10]　王晓萍．以学生社团为依托，构建创新创业教育新模式[J]．科学大众（科学教育），2017（10）：113，131.

[11]　黄海燕，张林．体育赛事综合影响框架体系研究[J]．体育科学，2011，31（1）：75-84.

关于提升普通高校大学生科技创新能力的探讨

李嘉怡

1 引言

高校作为国家创新体系的重要组成部分，拥有丰富的人力资源和知识信息资源，是建设人力资源强国和创新型国家的重要力量，在国家实施创新驱动发展战略中发挥着不可替代的作用。高校科技创新能力反映了高校的科学研究创新水平，大学生是高校的重要组成部分，但我国的大学生科技创新在高校科技创新中占比远远低于世界平均水平。本文分析了近五年全国高校的科技统计数据，并以华南地区一所普通本科院校为例，说明目前普通高校在提升大学生科技创新能力中存在的问题，对如何提升普通高校大学生科技创新能力进行了探讨。

2 科技创新能力评价方法

高校科技创新能力是一种综合能力，目前尚未形成完全统一的评价指标体系，许多学者从不同的角度构建了高校科技创新能力的评价结构和指标体系，为评价高校科技创新能力提供了思路。综合以往学者的研究，科技创新能力的评价可以从科技创新基础能力、科技创新产出能力、科技创新服务能力等三方面来考虑。其中，基础能力包括高校人力资源、物质条件、对科研活动的经费投入以及对外合作交流等；创新产出能力包括发表的论文和专著数、申请或授权的专利数以及获得奖励数等；创新服务能力包括科研成果的应用收入以及科技成果转化等。

3 我国高校近5年科技成果数据分析

通过分析我国2015—2019年高校科技活动情况中人力资源、发表论文专著、申请和授权专利情况（图1至图3），可以看出，我国高校的科技创新能力无论是科技创新基础能力还是科技创新产出能力都呈现连年上升的趋势。

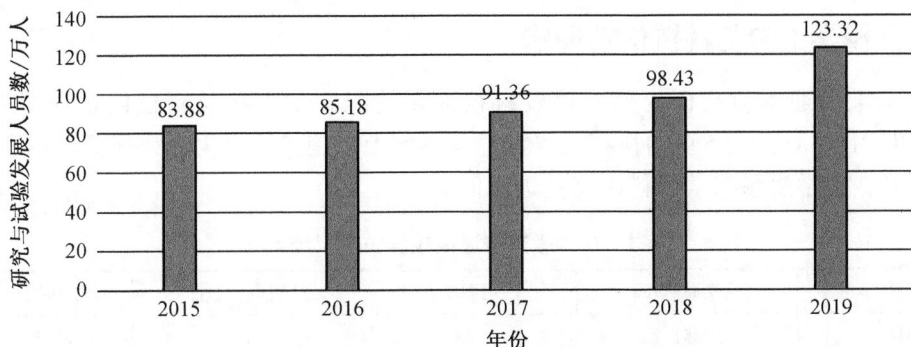

图1 近5年我国高校研究与试验发展人员数

图2　近5年我国高校发表科技论文与出版专著数

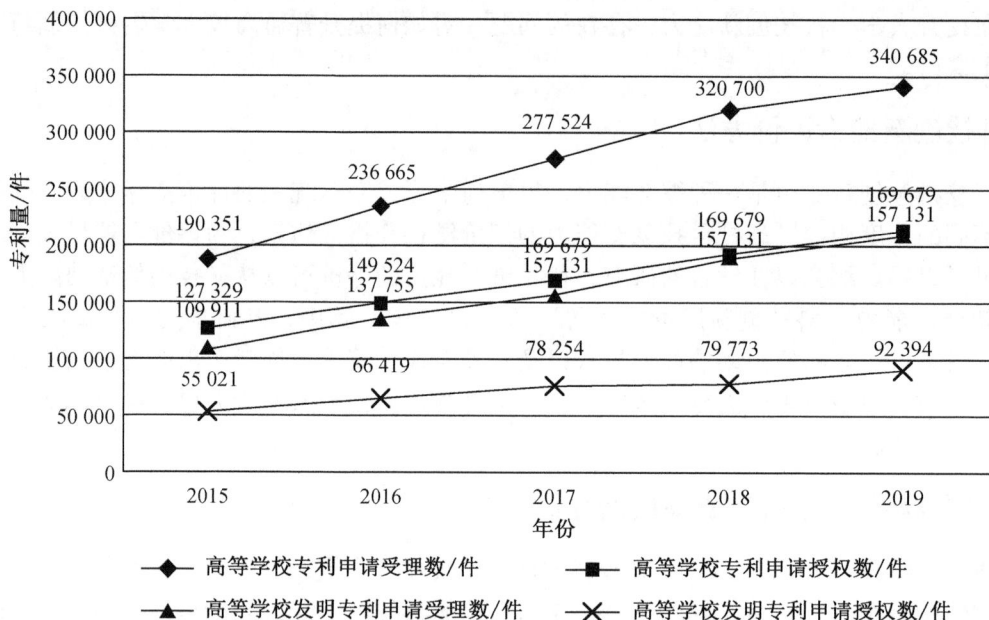

图3　近5年我国高校专利申请与授权情况

4　普通高校学生参与科技活动现状

以广东某普通本科高校为例，该校科技成果情况和学生参与科技创新情况见表1、表2，可以看出，该校近5年的科技成果数量呈逐年上升趋势，学生对科研活动的积极性也在逐渐提升，但学生参与学校科研比例仍较低。

表1　广东省某普通高校科技成果统计

年份	论文总数/篇	图书总数/本	专利申请数/件	专利授权数/件
2016	251	28	17	9
2017	199	26	30	17

年份	论文总数/篇	图书总数/本	专利申请数/件	专利授权数/件
2018	208	16	41	39
2019	219	12	50	32
2020	231	14	86	38

表 2　广东省某普通高校学生科技成果统计

年份	学生论文数/篇	占全校论文总数比例	学生专利申请数/件	占全校专利申请数比例	学生专利授权数/件	占全校专利授权数比例
2018	14	6.7%	17	41.4%	6	15.3%
2019	36	16.4%	24	48%	8	25%
2020	53	22.9%	31	36%	13	34.2%

5　提升大学生科技创新能力面临的挑战

目前国内大多数高校均存在学生参与科技活动比例较低的情况，高校的科技成果产出主要依赖于教师。分析原因，可归纳为以下几个方面。

5.1　学生专业知识储备不足

科技论文的写作、专利的申请等均需要一定的专业知识储备和时间积累，而普通本科生在大一、大二期间接触的专业知识不足，知识结构不完整，仅依靠大三、大四的时间无法产出高质量科技成果。

5.2　学生从事科技活动目的性太强

很多高校过分强调大学生科技创新申报活动与奖学金、评优评奖的关联，容易导致学生申报动机不纯，使得项目即使申请下来，完成的积极性和主动性也不够，投入的精力严重不足，从而无法保障产出成果。

5.3　指导教师参与度不够

每年申请和指导大学生科技创新活动，基本以高校教务处、团委为主导，以各院级专业教师队伍为辅，由于管理机制不完善，教师在指导学生开展科技创新方面的主动性和积极性并没有得到有效发挥。

5.4　考核机制不完善

很多高校在科研项目的申报阶段设置重重关卡，但在最终考核结题时却未严格按照申报书上的考核指标进行结题，导致学生重申报、轻考核。考核的宽松，使得大学生严谨求实的科研精神并未得到有效锻炼和发挥，也导致学生对于科技创新活动的成果好坏不甚关心。

5.5　培养机制不健全

高校在提高大学生科技创新能力的举措中存在诸多问题，如组织领导结构混乱、学生的科技创新活动管理归口不清晰、多部门管理容易出现相互推诿管理责任、组织不力等；

学生申报有关创新项目主要依赖于基层辅导员组织动员，学生参与积极度不够。

6 提高普通高校大学生科技创新能力的建议

培养学生的科技创新能力，不仅可以增加普通高校大学生的科技成果产出，同时可以在一定程度上提升大学生在人才市场中的竞争力。提高普通高校大学生科技创新能力可从以下几方面出发。

6.1 积极组织学生参加各类科技竞赛

当前，"挑战杯"全国大学生课外学术科技作品竞赛，"创青春"全国大学生创业大赛，中国"互联网+"大学生创新创业大赛，全国大学生电子商务创新、创意及创业挑战赛等一系列国家级创新创业竞赛为大学生参加科技竞赛提供了良好的机会和平台，高校可在此基础上开展相关的大学生科技活动，营造良好的科技创新氛围。在组织参赛的过程中，不仅要发挥学生自身的主观能动性，也应利用教师的专业知识，通过开设创新课程加强指导。

6.2 构建科学的组织架构

提高大学生科技创新能力需要高校多方面努力与配合。高校在组织架构方面，需从顶层设计出发，明确管理责任到人，设置分管校领导，创新创业学院、学工处可设置学生竞赛科，校团委、科研处设置专岗位；二级学院可成立大学生科技创新能力培养工作小组，动员专业教师参与学生科技项目指导，分管学生工作的副书记负责动员学院学生参加。与科技创新能力培养相关的项目申报、请示、协调等，由工作小组专人负责，减少中间流程。

学生方面，学院可成立科技创新类学生社团，由辅导员作为指导老师，学院协调专任教师定期开展科技创新课程，各学院的科技类社团之间加强院际交流、协同合作。

6.3 建立健全管理与考核机制

目前很多高校都出台了科研管理办法用以规范高校教师的科技活动，但针对大学生科技活动的管理制度却不健全，需尽快出台相关的规章制度，保障大学生科技创新活动顺利有序开展。在经费支出管理方面，学生科技创新类项目的经费支出需有别于教师的纵向科研项目。

在学生科技创新项目的考核上，严格按照申报时的成果进行结题考核，经费支出严格按照申报书预算进行，规范科技创新项目的研究、结题过程。对优秀项目的奖励也应出台具体的考核奖励办法，既监督学生认真完成科技创新的整个过程，又可以激励学生产出更多的科技创新成果。

6.4 加大师资和经费投入力度

在师资方面，高校需加大高层次人才引进力度，并鼓励科技创新能力强的教师深入学生中，指导学生进行科技创新活动。一些高校教师对学生的科技创新活动参与度不够，一方面是认为指导学生是附加工作，另一方面也是因为自身科研能力不足。"对外引进来、对内走出去"是目前提高高校教师科技创新能力的一个重要途径，给在校教师提供机会，鼓励他们出去交流学习，学习校外的经验方法，也可以聘请科技创新企业的高端人才作为学校的外聘教师，定期举办科技创新能力提升的讲座。

在经费投入方面，一方面，学校须加大学生科技活动的经费投入，为学生提供外出参赛、学习的机会；另一方面，学校须提高软硬件设施，为学生的科技创新活动提供基本的条件，如购买相关专业的实验器材、搭建相关试验平台、建设学生实践基地、延长实验室开放时间等。

7　结语

大学生科技创新能力是推动社会前进的重要力量，在学生自我成长过程中也发挥着极其重要的作用。作为大学生的培养单位，高校需承担起提高大学生科技创新能力的重任，积极探索有效路径，通过行之有效的改革措施，促进高校大学生科技创新能力稳步提升，为实现我国科技自立自强奠定基础。

沉浸式增强现实与高等教育的融合探索

莫　灿

摘　要:在工业4.0的未来,数字化越来越日常化,技术将是互动、学习和获取知识的重要组成部分。教育和职业、生活等各个领域将会迎来新的要求和新的挑战,那么我们的高等教育也应与之相适应。增强现实(AR)技术是人们好奇的新技术之一,增强现实在未来将为教育做出重要的贡献。文章从增强现实的概念、软硬件应用程序、现有教育中的应用来分析增强现实在高等教育中的融合应用。

关键词:增强现实;教育技术;多媒体技术;互动学习教育

当工业4.0的发展带来了新的技术机遇时,数字化对日常生活的影响就越来越大,因为技术是互动、学习和获取知识的重要组成部分。工业4.0,也被称为未来的工厂,意味着大部分的流程和产品都是数字化和自动化的。因为这是基于数字智能,交叉连接的系统,它允许自由组织生产:人、机器、系统、物流和产品直接在工业4.0中进行沟通和合作。

因此,工作流程和内容、员工的能力以及教育培训也将发生变化。人与技术之间出现了新的合作形式,从而为教育和职业生活等各个领域带来了新的要求和挑战。由于流程变得更为复杂,相互关联和数字化的程度也在不断提高,对员工的特定要求将会增加。目前和未来,终身学习、跨学科思考能力以及IT发展的能力正逐渐成为员工的基本要求,以确保在职人员的就业能力,而不仅仅是技术导向的职业。随着网络化和数字化的发展,我们需要新的教育方式,使未来的员工能够灵活应对数字化工作环境的新挑战和新要求。以技术为导向的教育焦点,通过理论知识的传递、实践经验的反思及问题导向的应用,在教育的各个领域获得了越来越多的重视。

同时,计算机技术的进步,使"媒体是否影响学习?"的问题已经转变为"技术教育将如何改变?"当一种新技术应用于教育时,人们想知道这种新技术是否能使现有的教学环境变得更好。人们好奇的新技术之一便是增强现实(AR)技术。然而,增强现实的教育潜力最近被调查认为,增强现实在未来将为教育提供重要的贡献。也有人认为,在未来数字数据、虚拟和增强现实应用将覆盖我们的整个生活。因为这项技术重要的特点是"新"和"有趣",教师和学生在教育中使用时应该都会感兴趣。因此,重要的是要了解增强现实技术是什么、如何使用它、它具有什么样的技术基础设施及它在教育上提供了哪些好处。

1　增强现实的概念

增强现实被定义为一种将现实世界与虚拟对象相结合的技术,它提供了真实和虚拟对象之间的交互。也就是说,将预先确定的目标点捕获并与虚拟对象连接,利用增强现实技术通过程序对结果进行解释。由于增强现实中包含虚拟对象，因此有必要将增强现实与虚拟现实（Virtual Reality，VR）的概念区分开来。对象在增强现实中实时显示，在环境中显示，虚拟现实中的对象在虚拟环境中显示。基于这一特性，增强现实可以被认为是在真实环境和虚拟环境之间的"现实-虚拟连续体"。增强现实是"混合现实"的类型，即数字内容注入真实的环境，而不是增强虚拟，现实的内容被移植到一个虚拟环境中（图1）。同时，增强现实在虚拟世界和现实世界之间架起一座桥梁也很重要。此外，有三个重要的特征使增强现实能够区别于其他技术。即：（1）结合虚拟和真实的对象；（2）提供实时交互；（3）现有的3D（三维）对象。

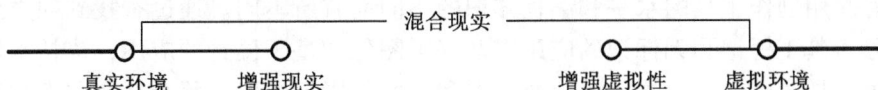

图1　现实-虚拟过程（改编自Milgram & Kishino，1994）

增强现实是一种越来越受欢迎的技术，可用于台式机和笔记本电脑，便携式设备和智能手机。增强现实开发的应用程序允许分别使用虚拟3D对象、文本、2D（二维）图像、视频和动画，它们也提供相同的用途。因此，用户可以自然地与事件、对象和信息进行交互。

与虚拟现实一样，增强现实通过融入娱乐场所而成为主流。许多人没有意识到，分析人员在体育赛事期间在屏幕上画画或实时显示图形，是增强现实的一种形式。这些技术已经得到改进，今天仍然在使用。增强现实可以通过将计算机图形叠加到图像上来实现，这比虚拟现实更容易创建，因此也更容易操作。于是开发人员使用最新的技术来创建增强现实的路径。

2　增强现实的软硬件程序

到目前为止所讨论的设备都与严格的虚拟现实有关；然而，有一些混合现实产品也可用。混合现实设备能够同时使用虚拟和增强现实应用程序。无论是通过全息图、外部摄像机，还是其他一些方法实现的，这些设备都可以通用，而且对于探索和在教育中使用都非常有用。

增强现实系统的基本硬件要求包括以下几点。

（1）摄像机捕捉实时图像；

（2）虚拟对象的强大存储空间；

（3）功能强大的处理器，可以复合虚拟和真实对象或实时显示3D模拟环境；

（4）允许用户与真实和虚拟对象进行交互的界面。

虽然这些都是运行增强现实系统的基本要求，但为了增强用户的整体体验，可能会使用其他技术。例如：

（1）GPS（全球定位系统）技术，允许系统考虑用户的实际位置，确保在重要的地理位置上为用户提供与情境相关的虚拟数据。

（2）图像识别软件，使现实世界的图像和对象作为多媒体和模型叠加的"触发器"，并将虚拟数据锚定在环境中。

（3）扬声器和音响系统，可以播放相关的声音和录音。

（4）Internet访问，提供使用社交媒体和Web 2.0技术存储、检索和共享内容的方法。

（5）直观的界面、触摸屏、陀螺仪和触觉输入技术的进步提供了更自然的方式来与虚拟对象进行交互和操作。

增强现实系统所使用的复杂软件和大量硬件设备也被许多其他技术所利用，然而，增强现实的区别能力是以情境相关的方式将虚拟对象无缝合成到真实环境中。由于这种独特的功能，一些学者预测增强现实将成为21世纪的基本用户界面。

创建增强现实应用程序需要特殊的软件。除了在电脑和便携设备上有所不同外，它们也因使用者使用创作工具的水平和编程知识的不同而有所不同。通过查找到的文献，增强现实技术分为基于标记和无标记的应用以及基于图像和基于位置的应用，该技术使用了多种监控系统，如头戴式显示器、手持显示器和空间投影显示器；每个系统在真实性方面可能不同的事实引起了人们的注意；此外，文献中还分析了移动设备、pc机以及内容创作中使用的软件；研究人员将现有软件分为需要/不需要的低水平/高水平编程知识，软件包括ARToolkit、DART、ComposAR、BuildAR、Studierstube、FlashLite、Daqri Ar-media、MixAR ZooBurst、FLARtoolk-it、MRToolkit、Junaio、Metaio、Aurasma和Layar[1]。

3　增强现实在教育中的应用及教学方法

有研究表明，在教育中使用技术工具为增加个人之间的互动和娱乐性学习提供了新的机会，也使学习过程更加活跃、有效和有意义。增强现实技术在教育领域引起了人们的关注，因为它可以与虚拟和真实的对象进行交互，通过经验进行学习，增加注意力和动机。

增强现实的一个关键的教学支持是能够重新调整虚拟物体，从分子到行星，让学生更好地理解那些因太小或太大而无法在正常的日常生活中有效检查的物体的属性和关系。虽然其他技术会具备相同的功能，但增强现实在系统中为用户提供空间和时间概念的清晰表示，以及虚拟对象和现实环境之间的情境关系有其独到的优势。

另一个关键的教学启示是覆盖情境相关信息的能力。这是通过在真实对象上触发和锚定虚拟数据来实现的。例如，增强现实系统可以通过在维护和修复工作期间叠加指令来指导用户，突出关键区域和组件，显示适当的工具，并指示如何使用它们来完成工作的每个阶段。通过在书面或多媒体形式的操作指令和需要完成的任务之间转换，用户可以获得更大的关注，而不会因为信息过多或分配的时间过长而导致认知过载。因此，增强现实为教育工作者以前所未有的方式提供"完美定位的基础"的机会。

在课堂上使用增强现实一再被证明可以提高学生的学习动机。重要的是，它也被证明有助于展示学生的学习成果。此外，增强现实系统的使用对一些学生的学习态度产生了大而积极的影响，有助于他们认识到他们的学习与日常生活的相关性。在教育中，增强现实被认为是更有效的，尤其是在看不见物体和情境，显示危险的情况，解释抽象概念和呈现复杂信息时。如Learn AR资源中心为生物、物理、语言、英语、数学和宗教教育提供了10种基于标记的增强现实学习体验包。Fetch lunch rush通过向学生提问并要求他们找到一个具有正确答案的增强现实标记来帮助他们培养基础数学技能。Zooburst通过让学生上传的照片、文本和音频以增强现实的形式出现在图像标记上，支持学生开发3D数字故事。通过将语言翻译叠加在符号和文档之上，Wordlens可以用来构建语言学习框架。语音翻译可以在30多种语言之间进行语音翻译，这意味着学生可以练习单词的翻译和发音。此外，增强现实还应用于自然科学（化学、物理、生物、占星术等）、计算机与信息科学、数学、工程（机械、电气、生物医学等）和人道主义科学（历史、语言、人类学等）。

尽管增强现实为教育做出了重要贡献，但仍有一些问题需要克服。在这种情况下，最重要的问题是增强现实应用程序的应用和内容的生成。尤其是开发3D对象需要技术知识，许多学生和教师对使用增强现实存在偏见。另外，光照、输出、显示质量等外部因素的影响，使得该技术难以有效地应用于教育领域。另一方面，也存在一些与学生和学习过程有关的问题。使用增强现实学习的学生可能需要同时面临大量的知识。这种情况导致了高水平的认知负荷。此外，使用增强现实应用程序的学生还有可能必须使用多个设备。这个问题要求学生具备空间定向能力、解决问题能力和技术干预能力。撇开增强现实带来的一些技术和教学问题不谈，增强现实在教育应用方面的潜力吸引了这一领域的研究人员。

增强现实技术可以支持的一些教学方法包括以下几点。

（1）建构主义学习——通过使用增强现实，鼓励学生通过使用信息覆盖更深入地学习正在研究的任务、概念和资源，学生可以在他们的知识库中建立深入而持久的联系。

（2）情境学习——通过在现实世界环境中嵌入教育体验并将现实世界带入课堂，实现真实和情境化学习。

（3）基于游戏的学习——增强现实系统可用于创建数字叙述，让学生发挥作用，提供真实资源和嵌入情境相关信息来促进基于沉浸式游戏的学习。使用增强现实系统将现实世界转化为游戏的体验环境，往往可以使技能转移到现实应用中变得更加简单和容易。

（4）探究式学习——提供电子收集数据以供将来分析的手段，并提供位于现实世界中易于操纵的虚拟模型，增强现实通过提供与被调查主题相关的信息来支持查询。

基于设计学习的建构主义的教学范式主张学生在主动创造真实对象时，最大限度地发展对自己世界的理解。设计学习已经被证明可以改善学生的学习效果。例如，使用基于设计的学习方法的科学课程可以提高学生的学习成绩，增加学生学习科学的愿望。使用先进的视频技术进行设计可以提高学生对特定主题和领域认知技能的理解。基于设计的学习不但改进了对概念的理解，还提高了学生在实践领域追求职业的动机。

而情境学习理论视角的核心是相信学习是嵌入在特定的物理和文化环境中，由其决定并与之不可分割的。分析的单位既不是个人也不是环境，而是两者之间的关系，正如学生的参与程度所显示的。从这个角度来看，学习和认知都被理解为沿着实践社区的轨迹的进步，也被理解为身份的持续转变。通过参与学校活动，学生们塑造了培养他们作为学习者身份的参与模式，包括他们参与学习的方式和对自己学习能力的信念。作为一种轨迹，身份不是一个人一次性拥有的对象：它是随着时间的推移而定义、演进的，并且有自己的发展势头。身份是赋予人们参与的各种参与形式的具有灵活性、连续性的东西（图2）。

为了促进增强现实技术与教学方式结合的成功，内维尔（2010）提出教师需要对主题领域有深入的了解，并有能力营造一个协作式的工作室学习环境。同样关键的是，学生希望并有能力从广泛的教学方法中进行选择，以使学习从经验的形式转向更具概念性和分析性的形式。

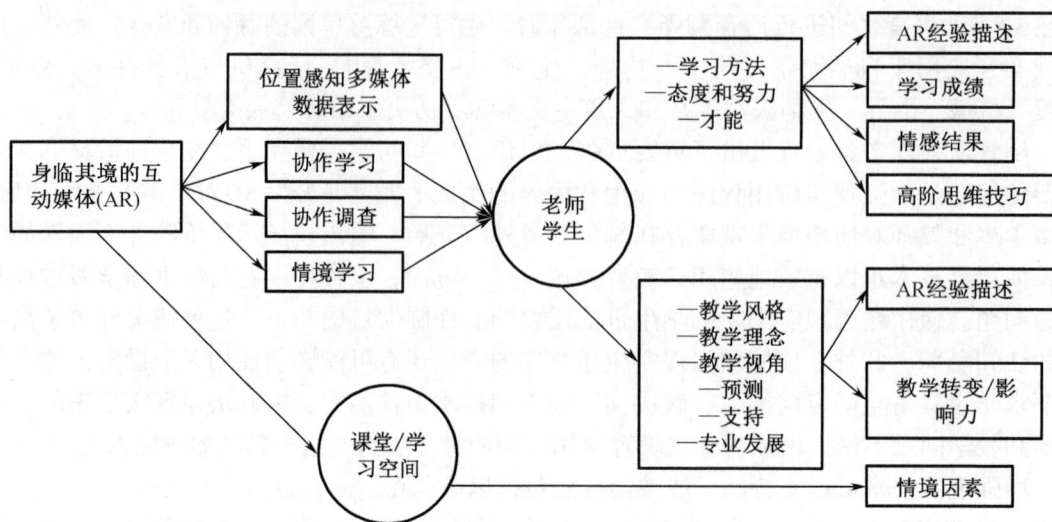

图2　增强现实结合教学方法的概念框架

4　结论

　　技术给学习环境带来了好处。增强现实技术目前处于新兴技术的前沿。随着它的不断开发和改进，可用的体验将变得更加复杂、更容易获得，并影响到更广泛的用户。增强现实不会很快消失，而且它一直在快速增长。应用程序每天都在继续开发，未来的选择似乎已经成熟。尽管增强现实设备和应用程序的开发者仍然面临着挑战，但在未来几年，这些技术将在我们的教育中扮演更重要的角色。增强现实对于提高学生的学习水平有很大的希望，但我们才刚刚开始了解这种新兴技术的有效教学设计。在增强现实研究的早期阶段，其最重要的功能是创造融合了数字和物理对象的沉浸式混合现实环境，从而促进批判性思维、解决问题和通过相互依赖的协作练习进行沟通等过程技能的发展。综上所述，由此产生的数字/物理混合环境的初步结果是有希望的，我们需要进一步探索如何更好地利用这种可用性。

基于"平台+基地"工程类专业实践教学模式的研究

王雪莲 杨 娥 杨 朋

摘 要:探索基于"平台+基地"应用型本科院校工程类专业实践性教学人才培养模式的改革研究。通过实践教学模式的运用及对毕业生的跟踪调查,对该培养模式进行评价与改进。

关键词:"平台+基地";工程类专业;实践教学;培养模式

1 概述

广东省交通基础设施建设的发展、国家"一带一路"倡议的实施、"粤港澳大湾区"的打造,将大大促进交通基础设施建设的发展;与国际接轨及国际工程参与度越来越高,与国外同类企业间的竞争日趋激烈;新的施工技术、施工手段和信息管理更是日新月异;这些变化必将对大学生人才培养质量提出更高的要求,即,既要有够用的理论知识,又要有过硬的实践能力。培养特色鲜明、高水平、高素质的应用型人才,提供科技创新支撑是工科专业人才培养的当务之急。

实践性教学是高等工程教育教学的有机组成部分,是应用型工科院校的重要教学环节,旨在培养学生应用科学知识和方法解决实际问题的能力,是培养创新意识、创新精神和创新能力的重要途径和手段。加强实践教学的改革与创新,需要构建独立的实践教学体系,整合实验教学内容,改革实践教学模式,理顺实践教学管理体制,建立科学合理的实践教学评估体系和质量保障体系。我校港口航道与海岸工程、土木工程、道路桥梁与渡河工程等工程类专业是技能性要求高、实践性强的专业,创新型高技能人才需求当前,对工程类专业实践性教学模式改革与实践意义重大。

2 工程类专业实践教学现状分析

近年来,高校扩招和教育资源投入相对不平衡,虽然对实践性教学的重视程度、课程设置和实践条件已有较大改善,但是依然存在诸多问题制约教学质量的提高。在我校被调查的毕业生中有58%的学生认为实训与实践不足,有75%的学生认为需要加强专业技能相关实训。数据足以说明以往的教育偏重理论教学,实践教育比重低,在实践教育理念、实践教学方式及内容等方面存在欠缺和不足。

2.1 固有的传统的教育理念需要转变

传统的教育理念偏重理论教学,尤其是本科院校着力研究型人才培养,这样使得从属于理论课程的实践教学流于形式,无论是小组实验、认识实习还是生产实践,学生走马观花似的学习,没有真正地参与其中,收效不佳。教育思想应与时俱进,适应高素质应用型人才的社会需求。[1]师生固有的传统的教育理念和教育思想需要在"创新强校工程"和创新创业教育教学改革的人才培养中不断转变,需要师生投入更多时间和精力在以培养大学生创新与创业能力为目标的构建创新创业教育体系的研究与实践中。

2.2 实践教学设备与条件不够完善

近年来,学校已经加大力度进行实验室建设,实验场地、实验环境、实验设备等比以往有了较大的改善,但距离实践教学所需的系统化还有一定差距,仍需不断改进优化资源配置。

2.3 实践教学与行业、企业交流合作很少

实践教学离不开行业、企业的支持,以往的实践教学场地仅限于校园、实验室等,学生很难与工程场景联系起来,更谈不上毕业后零距离就业。应加强学校与行业、企业的紧密联系,校企深度合作、校企协同育人,加大校外实践教学基地建设,将学生带入实际工程项目的工作环境进行教学,这样才能将实践教学落到实处,达到实践的效果。

2.4 实践教学经费的政策支持力度不够

在实践教学过程或项目研究过程中,往往需要与同类院校校际合作及到企事业单位实地考察交流,尤其在经费使用灵活性上需要更多政策支持。

3 基于"平台+基地"工程类实践教学模式改革

为了满足高素质应用型人才的社会需求,适应快速发展的交通发展,高校亟须进行工程类专业实践教育人才培养模式改革与实践。

3.1 构建基于"平台+基地"工程类专业实践教学模式,实现人才培养目标

构建基于"平台+基地"工程类专业实践教学模式,重视实践教学环节,实现理论与实践并重,真正做到理论联系实际。在人才培养过程中,注重培养学生创新精神和创业能力,提高人才培养质量,实现创新型人才培养目标,推动创新创业教育深化改革。

3.2 加强校企合作,校企协同育人,加大"平台+基地"和实验室建设

近年来,我院在实践教学建设方面加大投入力度,实践教学条件和环境得到很大程度的改善。我院近年建立了省级港口航道与海岸工程专业协同育人平台,已建成中央与地方共建实验室3个,校内实训中心8个,校企共建"广东省大学生校外实践教学基地"4个,校外实习基地20余个。这些实践设施建设为工科类专业各阶段的实践性教学提供了保障,无论是课程实验、专业认识实习和施工实习、毕业实习以及大学生创新创业训练项目等都能够有序开展,加强了学生理论教学和实践教学的有机统一。

3.3 基于"平台+基地"实践教学模式设置实践教学内容

构建工程类专业实践环节教学体系,使学生在校期间获得工程师基本训练,能够胜任工程的勘测、设计、施工、养护和管理,具备良好的专业基础理论、较深厚的专业知识和良好的实践能力与创新能力,具有一定国际视野,成为能在道路、桥梁、隧道、港口航道、建筑工程等工程类领域从事技术和管理工作的应用型高级人才。

4 基于"平台+基地"工程类专业实践教学模式的实施与成效

4.1 构建工程类专业实践环节教学体系

我院在工程类专业人才培养方案中加大了实践环节的比重，在学科基础课、专业基础课、专业课等方面注重理论与实践的结合。

（1）设置实验课程。例如建筑材料课程针对水泥、石灰、混凝土、沥青等知识点设置相应的实验项目，学生在实验室在教师的指导下亲自动手做实验、记录数据、处理结果等。

（2）设置实习课程。工程类专业在专业课程理论教学完成后，在学期末独立安排1~2周的现场生产实习，让学生理论联系实际，加深对所学课程的理解与掌握。例如"工程测量"这门课，在理论知识教授后，课外安排测量实训，学生分小组进行水准测量、导线测量，完成选线、定线、测量、绘图等。

（3）设置设计课程。每门专业课都会在完成理论教学后，独立安排1~2周时间的课程设计，让学生能对所学课程全面、系统地掌握。并在大学四年的最后一学期，安排毕业设计（论文）及毕业实习，让学生把四年所学融会贯通，对专业有全面、全方位的了解，达到人才培养目标，完成人才培养计划要求。

（4）设置社会实践及创新训练课程。每个工程类专业均设置创新思维、创业基础、创新训练、职业规划、就业指导等课程。

4.2 基于某工程类专业协同育人平台设立系列化实践教学内容

面向行业，学校、企业、政府三者联动，结合地方行业协会，联合高校与企业，整合教育和产业资源，构建校企协同育人模式，已成为高校与地方急需解决的重要课题。坚持以政府为引领、市场为动力、项目为纽带、协同为手段、企业为主体、技术为支撑，建立开放式产学研合作模式，致力于行业关键共性技术的研发、创新和产业化推广，为产业提升持续提供技术与服务，[2]带动与引领学生参与到项目的科研与创新训练之中。

4.3 基于校外实践教学基地设置实践环节教学任务

近年来，我院加强校企合作，加大实践教育教学的投入力度，与行业龙头企业建立了良好的合作关系，目前建成的校外实践教学基地20多个，将工程类专业的认识实习、参观实习、生产实习、毕业实习等实践教学任务安排到校外实践教学基地进行，让学生了解工程项目设计—施工—检测—监理—管理的全过程，将理论与工程实际相联系，使学生既掌握了专业知识，又提早接触了未来就业场景，从而实现"零距离"就业。

4.4 开展大学生创新创业训练计划项目，提高大学生科研能力

激发学生的学习兴趣和创新能力。教学工作中，指导学生积极申报大学生创新创业训练项目，给予他们创新思维与创新方向的专业指导。作为有科研课题的教师，应让学生积极投入老师的课题研究中，培养学生的科研能力，提高学生的科研水平。鼓励学生积极投入各项国家级、省级、校级的大学生技能竞赛。这些都很好地开阔了学生视野、拓展了创新思维、提高了创新能力，从而提高学生学习的主观能动性，培养学生的学习兴趣。

5 结束语

工程类专业人才培养应首要考虑社会和市场的需求，以能力培养、提高教学质量、培养高素质人才为中心；注重创新创业教育，探索人才培养模式与教学体系的全面改革。尤其是实践性教学环节，更应面向行业，建立校企政联动机制，协同育人，实现人才结构合理、整体素质和创新能力显著提升，满足社会对多样化人才的需求。

参考文献：

[1] 张艳馥，杜晓茜，洪旖旎.工程类本科实践教学改革模式[J].中国电力教育，2010（16）：115-116.

[2] 邓前军，陈东初，袁毅桦.基于应用型人才培养构建行业协同育人平台的研究和实践[J].教育教学论坛，2016（2）：131-133.

基于实践促进双创能力的培养模式研究

唐惠玲　刘志军

摘　要：为了解决双创教育融入人才培养全过程的难题，对学院在双创教育方面的工作情况进行分析，找出存在的问题，提出强化实践促进创新创业能力的培养模式。实践结果表明：专业能力、创新意识和创业能力都得到明显的提升，二者相互促进。

关键词：双创教育；培养模式；创新实践

1　前言

当前，大众创业、万众创新的理念已深入人心，各校都在改革人才培养模式，将大学生创新精神和创业能力培养纳入人才培养方案，将创新创业教育贯穿学校专业教育各个环节，从而形成适应本校的创新创业教育模式。[1-2]因此，把双创教育融入人才培养全过程是各校正在解决的难题。[3-5]本文总结某学院在双创教育方面的工作成效，提出强化实践促进创新创业能力的培养模式，学生在实践基础上进行创新、创业能力培养。

2　双创教育普遍痛点

双创教育实施多年，各校在取得明显的进步的同时，也存在诸多问题，主要呈现创新创业教育与学科专业教育脱节，具体体现在以下几点。

（1）学科专业教育与创新创业教育不融合，"两层皮"现象突出。一是专业课程设置上重专业知识传授，专业教学缺少创新思维和创业意识培养方面的内容；二是大学生创新创业能力培养与学科专业实践教学脱节，创新创业教育与训练缺乏系统性和连贯性。

（2）科研、教学平台多，大学生创新创业教育实践平台少。双创教育缺乏实践平台，实践体系仅有竞赛、大创项目。整个教学实践平台基本为实验室和教学基地，面向学生创新创业实践的开放式实验室较少。

（3）大学生创新创业教育氛围不浓。学生参与积极性不高，参与面不广，基本是以学生协助老师为主体的形式，未能形成以学生为主体，老师为主导，全员参与的创新创业教育文化。

3　实践促双创的培养模式

为突破双创教育的困境，我校对某学院进行系统教学改革，结合学院的特色与优势，强调实践，在实践的基础上提升学生的双创能力，具体措施如下。

（1）强化学科建设，全面融入人才培养体系，创建"双创融合""两位一体"的大学生创新创业教育体系

学院更新教学理念，坚持实施以学科带动教学的思路和教学质量工程，强化创新人才

培养，把创新创业能力提升全面融入人才培养体系，创建"双创融合""两位一体"的大学生创新创业教育体系，保障人才培养质量，措施有：①加强学科队伍建设。拥有一支教学和科研能力较强的学科专、兼职教师队伍，组建了无人机研究与开发、光电工程实验中心、射频技术、电子科学与技术等科研团队，为学科的建设和发展提供了良好的人才基础。②实施以学科带动教学的思路。大力提高本学科的科研实力，以科研为依托，促进本学科建设和教学质量提高。以学科建设、科研创新促进教学的思路，鼓励教师队伍参与各类科研创新工作，大力加强学生创新、创业教育，强化创新人才培养的教学效果。学院现在每年拨出一部分经费作为创新项目的经费，鼓励本科生申报这些创新项目，教师作为项目指导老师。③实施教学质量工程。成立大学生创新指导团队、大学生创新室、大学生专业协会，完善大学生创新制度，制定和完善特色专业、精品课程、实验教学示范中心、大学生创新性实验计划、教学团队、双语教学示范课程和教学名师、大学生竞赛活动等方面的相关办法与措施，为学科建设提供制度保障。强化创新人才培养的教学效果，要求教学过程突出教学的重点和难点，大力推进教学效果教师互评、学生评价的反馈与追溯制度，保障人才培养质量。④明确创新创业能力培养要求，并纳入教学计划和学分管理。要求创新创业教育课程10个学分，素质拓展课程4学分，并开设一些具有设计性、综合性、探索性、创新性的实验课程，培养学生专业核心应用能力，实践课程学分占总学分超30%。⑤实现了课外大学生创新创业实践学分与课程学分的认定转化。出台了《大学生第二课堂学分认定管理办法》，明确学生参加大学生学科（技能）竞赛、科研项目，以及创业实践活动等均可转化为选修课程学分。参加竞赛获奖、出版著作或者发表论文最高可认定为8学分。⑥推进创新创业教育通识化，培养学生首创精神和创业意识。学院开设或引进了一些相关课程，如大学生创业基础、创业创新领导力和创新思维的培养等10多门用以培养大学生创新创业意识、激发创新思维的基础课程，学院年选修学生约600人次。积极组织企业精英进校园活动，为学生开设创新前沿知识、报告等专题讲座。

（2）多方联动，构建大学生创新创业能力协同培养平台

学院坚持多方联动，协同培养，为大学生创新创业能力培养提供训练平台，措施有：①更新观念，坚持"科学规划、共享资源、突出重点、提高效益、持续发展"的指导思想，大力推进跨学科、跨专业的公共实验教学平台建设；扩大学校实验室的开放范围和力度，为学生提供更多自主开放性实验项目，推动优质实验教学资源共享。②校企共建大学生创新实践基地。与深圳朗特智能科技有限公司共建青年培训营；与深圳汇正科技有限公司等上市公司共建大学生创新实践基地或教学基地10余个，满足各专业的实习实践要求。③多方筹措，建立大学生创新创业训练基地。与其他学校共同申报广州市大学生创新创业实践基地多个，基地每年从学生中选拔一批有创新意识和特长的同学进驻训练基地和工作室，按照学生的志趣，将参与的同学分成若干个团队，由指导老师提供项目，组织开展创新创业训练。④多方协同，开展大学生创新成果转化、孵化。坚持协同培养的思路，联合学校创客空间和创新创业孵化基地，开展大学生创新创业能力的协同培养。目前，学院学生注册公司近10家，10多个团队进驻创客空间和孵化基地。⑤成立多个大学生专业协会，在此基础上组建跨专业、跨年级的创新创业团队40余个，开展多层次创新创业训练活动。

（3）整合资源，构建学院双创培养实践体系

通过整合校内外各种资源，优化各类竞赛和项目的设置，不断完善大学生创新创业能

力培养的实践载体，措施有：①优化大学生创新创业竞赛资源，树立竞赛品牌。把"全国大学生电子设计大赛""挑战杯""互联网+"大学生节能减排大赛等创新创业竞赛活动进行优化，鼓励学生跨校、跨年级、跨学科、跨专业组建参赛队伍，让学生与校内外各级人员进行交流学习，完善项目和团队，达到以赛促学、训赛结合，提升创新创业能力的目的。②积极组织申报各级大学生创新创业训练项目，组织导师引领申报校市省国等多级大创项目、攀登计划，创新创业训练工作室项目以及教授科研子项目为主的四大类创新创业训练项目，近年年均参与上述项目的学生超过500人次。③以实验项目提升学生实践能力，学院开设设计性、综合性、探索性、创新性实验项目20余项，使得专业能力培养与创新能力培养有机融合。④注重创新成果转化和创业项目孵化。以创业体验、创业孵化、撰写论文、申报专利等形式，巩固大学生创新创业实践成效，促进项目对接、落地转化、知识产权交易、项目融资，提供生产经营场所和企业孵化服务，提高孵化成功率，努力实现产业化。⑤开展"企业精英进校园"的创新、创意、创造活动。与省内多家上市企业联合组织开展学术交流、前沿知识讲座、创新创业经验交流、专利申报解读等"企业精英进校园"引领活动，年均活动50余场。

4 实施成效

经过多年的探索与实践，形成了基于实践能力培养促进双创能力培养的培养模式，引起了较大的社会反响，产生了较好的社会效应。

（1）创新创业教育学生受益面广，受益程度深，创新创业氛围浓厚

学院构建了以绿色新能源作品设计大赛、机器人大赛、"挑战杯""互联网+"、创新创业作品巡展、职业规划大赛等竞赛品牌活动为主的第二课堂，为学生开展创新创业实践提供了平台，参与上述活动的学生年均约2 000人次，占学院学生人数80%以上。近三年，学院获批大学生创新创业训练项目国家级12项、省市级41项、校级50余项，学生以第一作者发表文章20余篇，参与申报专利30余项，学生团队获创新创业竞赛奖项国家级29项、省市级49项，以学生为法人注册并进驻学校大学生孵化基地的公司有10多个。

（2）就业质量明显提高，社会反响良好

连续六年，学院毕业生初次就业率超过92%，学院毕业生较高的职业素养和过硬的实践能力、动手能力获得了用人单位的高度评价，华为、腾讯和百度等知名企业在我院招聘的毕业生数量逐年攀升。

5 总结

通过基于实践促进创新创业能力培养模式的实践，学生在实践的基础上进行创新、创业能力培养，无论是专业能力，还是创新意识、创业能力，都得到显著提升，二者相互促进。

参考文献：

[1] 刘志军，毕齐林.应用型本科创新创业能力培养体系研究：以某学院能源与动力工程专业卓越班为例[J].装备制造技术，2019（1）：190-193.

[2] 毕齐林，刘志军.国内外船舶与海洋工程类应用型本科创新培养实验教学对比[J].广州航海学院学报，

2017，25（2）：59-60.

[3] 吴明娥."互联网+"背景下大学生创新创业教育发展现状的调研分析[J].现代商贸工业，2021，42（20）：53-54.

[4] 张东京，张兴桃，王海潮，等.基于产学研背景下的创新创业型人才培养模式的探索：以宿州学院食品专业为例[J].农产品加工，2021（10）：87-89，92.

[5] 李妍，范文雯.基于创新创业教育的应用型大学人才培养路径探析：以西安航空学院为例[J].中国现代教育装备，2021（9）：127-129.

研究互联网使用的不利因子 创新高校学风、教风、校风管理服务机制与途径

陈森歆

摘　要:互联网时代下,大学生突破了时空和社会限制、开阔了视野、增强了求知欲、丰富了大学生活和交流方式。同时,影响大学生健康成长的不利因子也产生了,给高校学生管理服务工作带来了新的挑战。作为新时代的高校学生工作者应辩证地看待互联网带来的影响,从科学的角度对大学生互联网使用的不利因子进行研究,与时俱进,勇于创新高校学风、教风、校风管理服务机制与途径,不断提升高校学生工作者的管理服务水平。

关键词:互联网;不利因子;管理服务;创新

2019年8月30日,中国互联网络信息中心(CNNIC)在京发布的第44次《中国互联网络发展状况统计报告》显示,截至2019年6月,我国有网民8.54亿,新增网民2 598万,互联网普及率达到61.2%,较2018年底提升了1.6%。我国手机网民规模达8.47亿,新增手机网民有2 984万;网民中使用手机上网的比例达99.1%,手机上网已成为最常用的上网渠道之一(表1)。

表1　互联网基础数据

网民数量	8.54亿	手机网民数	8.47亿
网站数	523万	国际出口带宽数	8 946, 570 Mbps
IPv4	3.85亿	域名数	4 800万

在互联网时代信息技术日新月异的背景下,我们的工作、学习、生活方式都发生了翻天覆地的变化,这对于当前的高校大学生来说更是如此,他们是时代的潮人,喜欢新鲜事物,好奇心强,接受能力好,创新意识强,每个人都可以随时随地通过手机、电脑等终端接入互联网发布信息或获取信息等。传统的管理服务机制与途径已无法高效应对互联网给我们带来的新挑战,如何将校园网络文化建设与学生教育、管理、服务深度融合,提升新时代高校的教学、管理和服务工作水平,成为肩负新时代新使命的高校教育工作者必须面对的时代课题。[1]

1　互联网使用的不利因子研究

1.1　不利因子之一:不良信息,损害身心

互联网环境下,信息十分丰富,并且这些海量的信息中也包含了一些虚假、过时、错误或淫秽信息,高校学生本身处于价值观、人生观和世界观的建立期,辨别能力还不够成熟,如果受到这些没有经过核实的谣言和一些夸大、扭曲事实信息的影响,沉溺其中而不

自知，那么很容易导致他们的价值观出现偏离，产生不良的思想理念，对自身身心健康造成损害。[2]

1.2 不利因子之二：道德淡薄，意志弱化

互联网下的各种网上行为具有比较强的隐秘性，网民之间不需要面对面交流，没有传统的社会道德、舆论、法律的约束，也不需要履行社会交际的权利和义务。[3]个人欲望完全由"快乐原则"支配，在现实日常中被约束、被压抑的人性丑恶的一面会被释放出来。大学生若一味沉溺其中享受"快乐"，不仅浪费光阴，而且会慢慢失去正确的道德判断力，责任观念淡薄，个人意志也会被弱化。

1.3 不利因子之三：情感迷失，角色混淆

互联网让社交突破了时间和空间，让网民的情感可以在网上尽情地交流，享受着无拘无束的快乐体验。同时，也为网民提供了一个肆意宣泄、放纵无度的场所。这使处在人生探索期的大学生，在现实中遇到挫折、无助的时候，更愿选择在一个虚拟的世界里放纵自己，逃避责任、义务，放弃追求、理想，获得短暂的感官享受。一旦形成习惯，容易出现心理封闭、情感迷失等心理问题，失去自我。久而久之，会将现实与虚拟世界混淆，出现角色错乱。

1.4 不利因子之四：网络成瘾，无法自拔

大学生正处于生理趋向成熟期，已经到了性觉醒的高峰年龄，有内在满足的需求。面对性，他们有很多困惑，想了解，可现实有很多约束，面对面的人际交往中又难以启齿。通过互联网就完全不同了，很容易在虚拟的世界找到寄托，倾诉心声，获得需求上的满足，慢慢成瘾。

大学生正处于青年到成年的过渡期，面对很多方面的压力，如来自家庭关系、人际关系、学习任务、就业、恋爱、经济等方面的压力，导致大学生的心理健康水平下降，出现失眠、焦虑、自卑、不满、抑郁等现象。他们会借助网络游戏、网聊等互联网的方式来排解，以致形成恶性循环，网络成瘾。

大学生正处于对未来美好生活的憧憬期，理想中的美好与现实的差距太远，常常让他们迷茫、失落。尤其是现阶段学生之间的差距明显。现实中无法得到满足、意志薄弱受不了打击的学生，会在互联网的虚拟空间中塑造完美的自己，寻求满足感，以致网络成瘾，无法自拔。

1.5 不利因子之五：网络欺诈，人格异常

互联网时代下，很多犯罪分子在网络上通过贷款、信用卡申请、在家上班计划、服务骗局、网上拍卖和网恋等手段进行欺诈。[4]而大学生承受能力有限，一旦上当受骗就给其心理造成严重打击，容易产生人格异常。

人格异常是指人在认知、情绪反应、人际关系和冲动控制四个方面中，至少有两个出现长时间持续存在的执拗或功能损害，且与其文化背景所预期的偏离较远。大学生如果长时间沉迷在互联网的虚拟空间中，不能很好地在客观现实与虚拟事实之间互换，便会出现认知困难或扭曲、性格执拗、无法变通、难以适应生活、学习或工作上的压力，逃避现实，常会诿过他人，甚至做出一些害人害己的行为，失去自我。从心理学理论上分析，一

个人的人格特质在青少年时期成型，并贯穿整个成年阶段，并在其所有人生经验的获得中都扮演着举足轻重的角色。大学生成长过程中，如果感情或归属感上有所缺失，并从互联网的虚拟空间中寻找替代品，现实中会严重影响其正常人格发展，如出现忧郁症、躁郁症、焦虑症或精神分裂症，等等。

2 新时代高校学风、教风、校风管理服务机制与途径创新

2.1 理论创新，提升使命担当

高等教育，思想政治工作先行。高校一定要明确办学目的是为社会主义培养合格的建设者和接班人，高校思想政治工作者肩负传播马克思主义和新时代中国特色社会主义思想的使命，应备感光荣、责任重大。大学阶段的青年处于"拔节孕穗期"，在这一阶段，高校思想政治工作在开展上，要帮助他们树立正确的理想信念，即树立马克思主义信仰，坚定共产主义理想和新时代中国特色社会主义思想，勇于创新，学会用习近平新时代中国特色社会主义思想理论来武装自己、提升自己，确切认识到今天的我们，比历史上任何时期都要更接近、更有信心和能力实现中华民族伟大复兴的目标。[5]铸就强大的内心，时刻清楚时代赋予大学生的光荣使命，真正看明白当前社会现实和互联网中一些不良的思想现状，主动抵御互联网使用的不利因子，自发地去消除不利因子带来的影响，自主地提升防范意识，立志做有责任、有担当的新时代大学生。

2.2 机制创新

（1）信息共享机制创新，避免太多信息孤岛

高校普遍存在太多信息孤岛，辅导员这"一根针"要整天忙碌于各个部门（如组织部、宣传部、教务处、学生处、团委、招生办、就业办、心理咨询中心、财务处、保卫处、二级学院等）的日常琐碎事务，"千线一针"的学生事务管理模式严重阻碍辅导员专注于思想政治教育本职工作。[6]因此应该建立"一体化综合管理服务平台"，将各部门之间关联性比较强的学生数据进行共享，建立信息共享机制，学生也可以在平台上进行自我管理和服务。让辅导员解放出更多的时间和精力用于意识形态工作，确保能因材施教，为大学生提供个性化服务，时时掌握学生动态，及时解决学生生活和学习上的思想困惑，避免互联网不利因子的影响。

（2）奖惩机制创新，借助班集体的力量

当下互联网时代独生子女大学生比例较大，大学生更崇尚个性主义，他们的集体主义亟须加强，这不仅有利于提高学生的团队协作能力，将来毕业时可以更好更快地融入社会，而且能减少学生沉溺于互联网。

现有的高校学生奖励机制中，尤其是奖学金方面，基本都是以个人为单位设置的，除了一些文体活动的比赛，集体奖励的项目很少。这是高校的学风、教风、校风管理服务机制上的不足。我们应该勇于创新，借用班集体互帮互促的力量，以班级为单位进行奖惩，这样很多工作往往可以得到事半功倍的效果。例如，广州航海学院琶洲校区"年级优秀班集体"评比机制中将学费缴纳、计划生育和课堂考勤等工作纳入，就将工作的开展难度大大降低。在大学里，国家法律是允许学生结婚的，计划生育工作的开展难度就很大，很多时候都是以亡羊补牢的方式去处理，很难做到防患未然。借用集体的力量，以班集体为单

位纳入日常管理服务机制中，让学生的角色从事不关己转变为相互监督，就可以做到防患未然。[7]同理，其他工作也是如此。在消除互联网不利因子的影响时，我们也要勇于创新，充分利用集体的力量创建相关管理服务机制，如设置"年级优秀班集体"奖金等。

2.3 途径创新

互联网时代下，学校信息传播比原来传统的传播有了更多的方式和平台选择。高校学生工作者除了可以通过微信、QQ、微博、抖音视频、易班等发布日常信息外，还可以对学生的动态进行了解，及时发现并解决问题，可以对学生管理服务工作做出具有预见性的判断，大幅提高学生管理服务工作的及时性和有效性。尤其是受互联网不利因子影响而出现心理健康问题的学生，他们往往会通过互联网发布或告诉其他人自己的想法，及时地对他们进行危机干预就可以很好帮助学生解决困惑，走出困境。例如，有的学生参与赌博，学生课程不及格不能按时拿到毕业证，在微信朋友圈里发布了一些消极的思想动态，教师第一时间进行干预处理，最终与他家人成功做通了思想工作，化解了危机。这种类似情况在网络诈骗频发的互联网时代的大学校园里是常常遇到的。

参考文献：

[1] 王洁松."互联网+"时代高校学生工作的新转变[J].学校党建与思想教育，2016（21）：78-80.

[2] 严晓.网络虚拟群体的信息道德教育[J].山东省青年管理干部学院学报，2005（2）：63-65.

[3] 雷国镖，陈潜，曹滨斌，等.高校校园网不良信息源头控制机制创新研究[J].东南学术，2010（6）：194-200.

[4] 王克岭，魏明，吴东.大学生网络借贷意愿影响因素研究：基于感知价值与感知风险的视角[J].企业经济，2018（1）：142-149.

[5] 陈森歆.习近平新时代中国特色社会主义思想与高校思想政治教育工作创新[J].科教导刊（下旬刊），2019（3）：74-75+78.

[6] 杨聪林，蒋研川，萧倩.高校学生事务管理网络化建设机制创新研究[J].重庆大学学报（社会科学版），2017，23（5）：123-130.

[7] 陈森歆.高校学风建设与学生管理服务工作创新：以广州航海学院琶洲校区为例[J].科教文汇（上旬刊），2017（11）：120-121.

粤港澳大湾区建设背景下交通类人才需求的研究

蔡利德　张海波　何育贤

摘　要：粤港澳大湾区建设是广东省改革开放、经济发展的一个重要引擎,大湾区建设,交通先行。同时随着粤港澳大湾区建设的不断推进,大量的交通类创新型人才将在大湾区内实现创业就业,这些人才都将是粤港澳大湾区交通建设发展的主力军。培养能够适应粤港澳大湾区发展的交通人才是目前交通类院校的首要任务,本文通过解读政策,分析、预测发展现状及趋势,对交通类院校培养人才和学生就业创业提供一定的指导。

关键词：粤港澳大湾区;交通类人才需求;大学生就业创业

1　前言

　　2019年2月中共中央、国务院印发了《粤港澳大湾区发展规划纲要》,该纲要提出加强大湾区交通基础设施建设,确保粤港澳大湾区对外的交通联系,加强大湾区内部的密切联系,保证大湾区各地区的协同发展,为粤港澳大湾区经济社会发展提供有力支撑。这对于交通类人才是一个挑战,更是一个机遇,粤港澳大湾区的交通建设拉动了广东省交通类人才的需求,为交通类人才提供了更多的创业就业机会,因此研究粤港澳大湾区建设背景下交通类人才需求,可以为粤港澳大湾区交通类人才培养提供指导和建议,为粤港澳大湾区建设成为一流的世界湾区注入源源不断的创新型交通类人才,充分体现大湾区的核心竞争力及发挥出大湾区经济发展辐射作用具有重要意义。

2　粤港澳大湾区交通发展及交通类人才需求

2.1　广东省交通现状及趋势

　　随着广东省经济步入中高速发展,2018年居民交通和通信消费价格同比增长1.5%,交通建设固定资产投入新建公路5 392千米,其中高速公路655千米,港口万吨级码头泊位新增吞吐能力新增生产能力达到3 360万吨。近五年来各项数据总体呈现上升趋势,见表1。

　　广东省预计在2020年实现"12312"经济生活交通圈。即省会与珠三角各市构建1小时生活经济圈;珠三角地区与粤东西各市构建2小时生活经济圈,与周边主要城市构建3小时生活经济圈,广东省实现12个小时内与全球主要城市互联互通。"12312"交通网络布局完全涵盖了粤港澳大湾区的现有交通网络体系。如此强大的交通网络体系建设将需要大量优秀的交通类人才,包括规划、设计、建设及配套服务人才。[1]

表1 广东省近五年居民交通类消费及交通类固定资产投资

年份	居民交通和通信消费价格指数（上年指数=100）	比上年涨跌幅度/%	新建公路（高速公路）新增生产能力/公里	港口万吨级码头泊位新增吞吐能力新增生产能力/万吨
2014	99.6	−0.4	9 162（581）	3 823
2015	97.9	−2.1	3 930（738）	7 118
2016	98.3	−1.5	855（662.3）	3 151
2017	101.3	1.3	839.5（654.88）	1 540
2018	101.9	1.9	5 392（655）	3 360

数据来源：广东省统计局

2.2 粤港澳大湾区对交通类高端服务型人才的需求

粤港澳大湾区拥有三个国际航运中心、三个国际机场及面向全国乃至全球的复杂交通网络，随着大湾区建设的推进将需要大量的高端服务型人才为航运和航空的运营提供人力资源保障。根据广东省统计局数据分析（表2和表3），2018年全年交通运输、仓储和邮政业实现增加值3 855.78亿元，比2017年增长7.5%；全年旅客运输总量154 681万人，比2017年增长3.9%；货物运输总量424 817万吨，比2017年增长6.0%；货物运输周转量达28 642.51亿吨千米，比2017年增长1.5%；旅客运输周转量4 501.84亿人千米，比2017年增长7.5%。

表2 广东省近三年各种运输方式完成货物运输量及其增长速度

指标	单位	2016 年	比上年增长/%	2017 年	比上年增长/%	2018 年	比上年增长/%
货物运输总量	万吨	376 301	7.6	400 756	7.0	424 817	6.0
铁路	万吨	10 202	1.3	7 457	4.2	7 616	3.2
公路	万吨	272 386	6.4	288 904	5.9	304 743	5.5
水路	万吨	85 632	13.4	94 910	10.8	102 352	7.9
民航	万吨	160	7.7	166	3.7	225	6.1
管道	万吨	7 920	−2.7	9 319	4.8	9 881	6.0
货物运输周转量	亿吨千米	22 040.29	50.3	28 199.90	28.0	28 642.51	1.5
铁路	亿吨千米	254.70	0.3	271.51	8.1	267.99	−0.3
公路	亿吨千米	3 376.76	8.6	3 634.89	7.5	3 888.32	6.9
水路	亿吨千米	18 160.35	64.0	24 012.13	32.2	24 177.39	0.7
民航	亿吨千米	61.82	9.5	68.71	11.1	80.42	7.2
管道	亿吨千米	186.67	7.0	212.66	22.4	228.40	7.4

数据来源：广东省统计局

表3　广东省近三年各种运输方式完成旅客运输量及其增长速度

指标	单位	2016年	比上年增长/%	2017年	比上年增长/%	2018年	比上年增长/%
旅客运输总量	万人	144 139	4.9	148 339	5.4	154 681	3.9
铁路	万人	28 946	9.1	28 483	12.1	33 745	18.5
公路	万人	101 925	4.0	105 824	3.7	105 249	-0.6
水路	万人	2 648	-2.9	2 612	-1.4	2 775	1.5
民航	万人	10 619	5.6	11 420	8.1	12 912	10.1
旅客运输周转量	亿人千米	3 816.7	6.0	4 143.84	7.7	4 501.84	7.5
铁路	亿人千米	793.63	6.2	874.66	9.7	953.75	9.4
公路	亿人千米	1 079.33	4.3	1 130.92	4.7	1 120.71	-0.8
水路	亿人千米	10.34	-1.5	10.50	1.5	11.13	2.6
民航	亿人千米	1 932.87	6.9	2 127.75	8.6	2 416.25	11.1

数据来源：广东省统计局

粤港澳大湾区作为我国唯一一个面向全球发展的门户开放湾区，根据近三年各种运输方式完成货物运输量及其增长速度、近三年各种运输方式完成旅客运输量及其增长速度、数据分析和大湾区建设的推进，交通类高端服务型人才必然会迎来新的一轮增长。尤其是在航空客运服务、航空货运服务、船舶管理及租赁、船舶融资、海事保险、海事法律及争议解决等高端服务方面。大量的交通类高端服务型人才也将被吸引加入粤港澳大湾区的建设，共享粤港澳大湾区建设发展这块"蛋糕"。[2]

2.3　粤港澳大湾区对交通基础设施建设技术型人才的需求

粤港澳大湾区需要协同发展并构成一个完整且综合实力强的经济湾区，不断完善大湾区内的交通基础设施发展（如港珠澳大桥、深中通道等），加强大湾区各地区的交通联系。同时，要充分发挥大湾区经济发展辐射作用，带动广东省经济发展欠发达地区如汕尾市、汕头市、揭阳市、河源市、阳江市等，甚至延伸到福建省、广西壮族自治区、海南省、江西省、湖南省、贵州省、云南省、四川省等相邻地区，就必须要完善大湾区内经粤东西北至周边地区的运输通道。

交通基础建设主要以高速铁路、城际铁路和高级公路为主。因此，这对于道路桥梁技术型人才有着较大的需求。

2.4　粤港澳大湾区对具有较强外语技能的交通类人才的需求

随着广东省改革开放的不断深化和习近平总书记提出的建设"新丝绸之路经济带"和"21世纪海上丝绸之路"的战略构想以来，东北亚、东南亚、南亚、西亚、北非、中东欧、中亚等地区的国家签订了共建"一带一路"合作文件。在交通互联方面共建基础设施取得一定的成绩，根据第二届"一带一路"国际合作高峰论坛圆桌峰会联合公报显示，"一带一路"的发展带动了黑水隧道、中国-中亚-西亚经济走廊及中国-吉尔吉斯斯坦-乌兹别克斯坦国际公路等35个重大项目工程建设。中国作为"一带一路"发起国，能得到这么多国家的响应和支持离不开中国自身的发展和对合作国家建设的支持。粤港澳大湾区的建设是我国"一带一路"建设的重要组成部分，在这些重大工程的建设中我国会派出一批具有较高外语水平的高新交通类人才支持工程项目的建设和提供管理服务。

3 策略及建议

粤港澳大湾区的建设发展对于交通类院校和交通类人才是一个挑战，更是一个机遇。它为交通类院校提供了新的发展方向，注入了新的动力，激励着交通类院校不断做大做强。交通类院校应积极融入粤港澳大湾区及"一带一路"发展建设，着重加强交通类学生的专业技能培训、外语水平的提升，打造成能适应国家交通发展、学科门类齐全、专业设置合理、科研水平较高的应用型交通类人才院校，培养一批又一批服务于粤港澳大湾区建设的尖端人才。并为交通类人才提供更强更广阔的发展平台，使更多的交通类人才在大湾区这片沃土上成长成才，进而在粤港澳大湾区建设中贡献青春力量。交通类人才要不断学习练就真本领，具备丰富的专业知识储备，并能够将知识运用到实际工作中。要时刻关注行业发展动态，了解行业尖端技术发展和前沿资讯，刻苦钻研，在学习中实践，在工作中创新，成为为我国2035年实现现代化强国而奋斗的尖端人才。

参考文献：

[1] 景国胜，黄荣新，徐士伟，等.粤港澳大湾区轨道交通体系发展的思考[J].城市交通，2019（5）：1-8.

[2] 陈文彬，王梅.粤港澳大湾区交通协同发展研究[J].交通与港航，2019，6（1）：14.

二、海工装备类课程教学方法

  课程课堂构建了"三平台五模块两课堂"的课程体系，"三平台"主要指知识、技能和素质，"五模块"主要指学科基础课程、专业知识课程、课内实践及集中实践课程、通识教育课、创新创业课，"两课堂"主要指第一课堂和第二课堂，并出版了《游艇装饰设计》等12种国家规划教材、开设了"电路"等5门省级精品课程。

  "三平台"：从广州航海学院海事管理专业学生的思维和认知方式、自主学习能力、理论基础和学习目的等方面考虑，探讨了"系统建模与仿真课程"建设应注意的问题，包括理论课及实验课的内容与安排、教学中的问题和解决方法，并给出了改进意见。

  本部分根据机械设计课程的教学过程中存在的问题及实际课程情况，分析了机械设计毕业生在开发新产品能力方面薄弱的影响因素，并给出了改革机械设计课程教学的建议和思路，希望能促进我国在机械设计方面的进步。

  从经管类专业开设"物流与供应链管理类课程"的必要性入手，对比了物流专业与经管专业的物流类课程设置并找出了问题。提出利用学校特色，优化课程体系；学会以情景任务构建该类课程的知识集合；对接企业，使真实商业任务贯穿学生的课程学习；合理利用现代化教学工具，结合行业案例进行课程教学改革，提高学生就业技能。

  国家海洋战略和社会发展对人工智能方面的人才需求日益增长，本部分通过分析人工智能课程教育的现状，研究面向"智慧海洋"的电子信息类专业人工智能课程体系的建设，分别从课程设置、教学内容、教学方式、考核方式、实践教学等方面进行阐述，从而为本科院校培养人工智能方向的综合型、创新型人才提供参考方案。

  项目教学法是指将教学内容融入实际项目中开展的教学方式。通过项目教学法，能够增强学生的动手能力，提高学生理论指导实践的能力，培养学生的工程能力及创新精神，也为学生更好地适应现代化企业的需要打下基础。因此，本部分主要阐述了在数控加工中心教学过程中实行项目化教学的意义、策略及取得的效果，以推进项目教学法在数控加工中心实训教学中得到更好的应用。

  "五模块"：学科基础课程和专业知识课程方面介绍了热交换器原理与设计课程授课内容的讲授顺序，通过"两线一引入"突出专业知识内在联系，注重课堂教学与工程实践的结合，全面提高学生学习本课程的兴趣和学习效果，以满足实际工程设计的需求，培养海工装备类应用型创新人才。"安全管理学"课程通过给出教材的选择标准、各章节学时的分配及考核方式，总结了课程建设中的注意事项，包括防范学生学习动机的功利化、课程与海事管理专业特色结合、引导学生对科研初步了解。"船舶强度与结构课程设计"由于课程难度大，力学基础要求高，所以存在学生学习兴趣不高、课堂气氛沉闷的现象，加之教材少有更新，导致学习效果不好。为了改善这种情况，本部分结合教学实践，介绍"雨课堂"与QQ群的在线教学手段,在船舶强度与结构设计课程中进行应用初探,希望为在线教学提供借鉴。采购与库存控制课程分析了基于OBE理念物流工程专业的教学目标设计和课程建设,从完善教学体系、加强实训建设、改革考核方式、建设网络课程、加强师资队伍建设等多个方面分析了具体的教学改革内容。土木工程口语课程由于教学学时少、内容不够新颖灵活、没有固定的口语课堂,而使师生缺乏热情,至今很难找出一本合适的教材。对此,提出了改进教学大纲、教师专心备课、采用翻转课堂教学和对专业教师进行英语培训等有效措施,预计能取得理想效果。

实践能力的培养是应用型本科船舶类专业教育工作的重中之重,实践能力的缺乏一直以来都是困扰我国应用型本科教育的重要问题。针对这一问题,试图通过增强课程内涵建设的途径来提高学生的实践能力培养质量,以实践能力培养为核心对应用型本科船舶类专业课程进行构建。其中,课内实践和集中实践课程方面分析了非电类专业"电工电子实验"传统教学中存在的关键问题,并建议建立以学生为中心,多样性、差异性和多元化的教学模式,提出了一种基于移动端"雨课堂"的实践教学改革方法,以提高教学质量,使教改取得良好的效果。结合"钢筋混凝土结构"实验课教学现状,指出目前教学中存在的问题,结合混合式教学理念提出了新的教学方法和教学模式,使学生成为"钢筋混凝土结构"实验课的主要参与者,有效提高学生的积极性与主观能动性、增强实验效果。基于土木工程的专业特点和人才培养方向,以培养学生的创新能力、应用能力和实践能力为目标,转变传统的实验教学模式,构建了土木工程专业实验混合式教学体系,引入"手机+课堂"等混合教学模式的核心理念,使学生成为实验课堂主体,激发了学生学习的主动性,提升了学生的实践能力,增强了学生的创新意识。

通识教育和创新创业课教学方法改革包括:结合创业教育课程的教学改革实践,以教学过程中存在的问题为导向,探讨"创业教育"课堂教学,提出了"三本位"的创新理念,即育人本位、学生本位、社会本位;实施"课程思政",把创业者素质、企业家情怀与社会责任教育融入创业教育教学全过程。

"两课堂":基于我校开展的模型设计大赛具体情况和总结,对相关大赛对工科类的实践教学改革方面进行了探讨。依托我校工科类专业的实际,将线下第二课堂模型设计与制作融入教学和实验实训中,通过活动的引导及奖励机制,提高了同学们的学习热情,促进了其知识的巩固。

海工装备类专业热交换器原理与设计课程教学方法的改革探索

王婷玉　童军杰

摘　要：热交换器原理与设计是能源与动力工程专业的重要课程。课程的培养目标是通过了解热交换器的基本概念、基本原理和设计的基本思路、基本方法，能够进行热交换器的工程设计、改进和创新。课程内容与工程实际和科学研究联系密切，学生仅从书本中学习往往无法较好地理解和运用。本文介绍了在能源与动力专业的热交换器原理与设计教学中，合理安排授课内容的讲授顺序，通过"两线一引入"突出专业知识内在联系，注重课堂教学与工程实践的结合，全面提高学生学习本课程的兴趣和学习效果，以满足实际工程设计，培养应用型创新人才。

关键词：热交换器；能源与动力；教学方法；探索

1　前言

热交换器原理与设计是能源与动力工程专业的基础课程之一。[1]它是在传热学、流体力学和工程热力学等专业课程上，通过整合运用到热交换器原理和设计中，所形成的一门专业课程。这门课是学习热交换器设备的原理知识和设计并重的课程，它的特点在于与工程实际联系较大，知识覆盖面宽，依托于不同专业基础课的热质交换现象相关知识。

本课程在热交换器热计算的基础上，全面介绍了管壳式、混合式、高效间壁式、蓄热式等主要类型的热交换器，并针对其性能试验、结构腐蚀和传热性能评价与优化等共性问题集中讨论。[2]课程内容涵盖面广泛，涉及动力工程、热能利用、化工冶金、供暖通风和制冷空调等行业领域，也是传热学、流体力学和工程热力学等多门专业课在具体工程设备上的知识综合应用。因此，热交换器原理与设计课程对能源与动力工程专业学生十分重要。学好本门课需要和实际工程设备密切结合，同时对于日后从事相关行业也有着提前训练的铺垫作用，有利于培养应用型创新人才。[3]

2　课程内容和方法改革的背景

热交换器原理与设计涵盖了几门专业课程的基本内容，学生要了解基本的传热方式及其热计算，流体在管道内的流动方式和流动阻力计算，泵与风机选型和材料强度计算等。由于本专业的培养计划中课程先后顺序设置的限制，在正式学习本课程之前还没有完整学完传热学、流体力学、工程热力学、泵与风机、材料力学等相关专业课，使得学生在学习这门课的时候，还无法理解和掌握相关基础知识理论，缺乏课程所需的预备基础，学生学习难度大，影响了课程规划和教学进度。

本课程要掌握的知识点多，系统难易程度也不同。授课时如果教师没有根据难易程度安排授课内容，联系工程实际深入浅出，循序渐进打好基础，学生对于覆盖面广且工程实践性强的知识，容易产生畏难情绪，这样不利于调动学生学习的主观能动性。

本课程与工程实践联系密切，如果仅从书本上学习热交换器的类型、工作原理和设计计算方法等，对于实际管径的选取、管材和壳材材料的选择、管内外流体的选择等内容一知半解，那么距离设计出实际可行的热交换器便还有一段距离。此外，工程实践对于课堂学习有较大影响，学生往往对于工程实际热交换器没有直观感受，从而觉得书本内容晦涩难懂，影响了课堂教学效果。

3 课程教学内容和教学方法的改进措施

综上可知，本课程作为能源与动力工程专业的重要专业课之一，亟待进一步提高其教学效果，为进一步培养应用型创新人才提供强有力的支撑。因此，本研究拟从优化设置课程学习时间、改进课程教学思路和方式、将课堂教学更好地与工程实践密切结合三方面进行改革探索，热交换器原理与设计课程改革路线如图1所示。

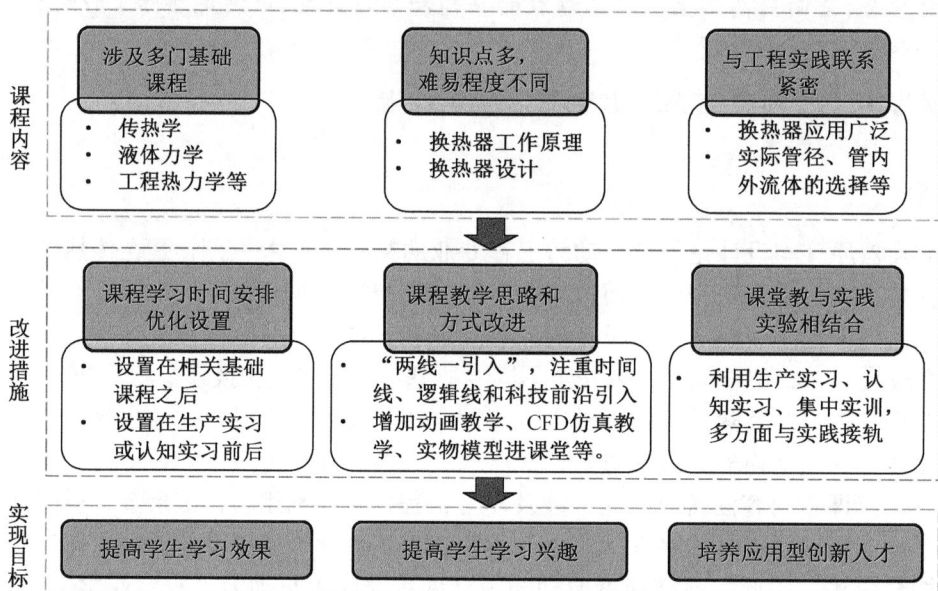

图1　热交换器原理与设计课程改革路线

3.1　课程学习时间安排设置

在培养计划初定时，将本课程设置安排在传热学、流体力学、工程热力学、泵与风机、材料力学等相关专业课之后。以便学生对于相关基础知识有一定的了解，在日后的学习和实践中涉及这部分内容时，可以有效运用且便于理解新知识。

同时，课程时间设置在认知实习或专业实习前后，实习单位可以安排热交换器相关的企业，使同学们可以对热交换器有实际和具象的了解，便于之后理论结合实际更好地理解课程内容，从而提高学习效率。

3.2　课堂教学思路改进

本课程的核心内容基于热质交换原理和热交换器的设计，包括热设计、结构设计、压力校核和强度校核。课程内容需要掌握的知识点较多，授课方式更需要注重循序渐进，理论密切联系实际。因此，将课程教学思路改进为"两线一引入"，具体指的是利用热交换器发展的时间线，热交换器原理构造的逻辑线，并且引入当下的科学前沿动态，帮助学生更全面、更有效地学习。

3.3　课堂教学方式改进

本课程是围绕着热交换器设备的原理、类型、结构及其设计展开，因此将实体热交换器设备引入课堂有助于学生的理解和学习。在无法通过专业实习和认知实习接触到实体热交换器时，可以通过小班教学、动画教学、CFD教学或携带小型热交换器模型进入课堂，例如热管换热器等。利用CFD的方法，结合软件自身的建模功能和图片显示功能，不仅可以系统认识热工计算过程，还可以将二维图片转化为直观的三维结构，使学生能从多途径、多方面接触到实体热交换器，加深对热交换器整体和部分结构的理解，有助于掌握后续热交换器的设计。[4-8]

3.4　课堂教学与实践实验相结合

热交换器原理与设计是一门工程实践性很强的课程。课堂学习无法弥补和取代学生实践的过程。目前的换热器教学偏重理论教学，对实践教学的投入不足，使学生对换热器的相关知识理解得不够深刻。例如，学生学习了热交换器的工作原理、类型和组成部件后，对于各个部件之间的具体连接顺序和连接关系了解得不够清晰，无法将各个部件有机有序地连接组装起来。而这往往需要工程实践作为指导，通过生产实习或认知实习，了解热交换器的生产工艺和生产流程，或通过集中实训了解热交换器的具体拆装结构和过程，以强化对书本理论知识的理解。[9-10]

4　结语

能源与动力工程的热交换器原理与设计是本专业的重点必修课程，是基础课程的知识延伸，又是与工程实际的连接轨道，因此需要更好地学习掌握。

通过对授课时间先后的设置安排，使学生不仅具备了学习基础，同时还能在本课程基础上夯实已学知识。通过改良课堂教学方式和教学思路，打破了课堂教学仅依靠书本的刻板方式，利用"两线一引入"和模型教具进课堂，更好地结合了设备实体和工程实际，有效增强了学生的学习兴趣。最后，通过本科实习和实训作为辅助实践措施，让学生更好地理论联系实际，有效地提高了学生的学习效果。

参考文献：

[1]　连之伟.热质交换原理与设备：第3版[M].北京：中国建筑工业出版社，2011.

[2]　史美中，王中铮.热交换器原理与设计：第6版[M].南京：东南大学出版社，2018.

[3]　周仲海，朱昌平，刘丹平.学术型创新人才培养模式的构建与实施[J].实验技术与管理，2017，34（11）：31-34.

[4]　沈萌红，黄方平，张惠娣，等.创新理论为先导，应用实践为抓手[J].浙江工业大学学报，2013，12

（3）：338-341.

[5] 韩怀志.针对热交换器原理与设计小班化教学模式下自主学习指导策略研究[J].教育教学论坛，2020，16（2）：296-297.

[6] 刘鹏，周亚亚，周雪梅."热质交换原理与设备"课程中引入CFD方法的教改探索[J].现代教育化，2018，2（6）：53-55.

[7] 蒋翔，朱冬生，吴治将，等.立式蒸发式冷凝器传热传质的CFD模拟[J].高校化学工程学报，2009，23（4）：566-571.

[8] 康博强，邹同华.翅片管式换热器的实践教学改革与探索[J].实验室科学，2021，24（3）：135-137.

[9] 张健，闫兴清，刘凤霞，等.基于可视模块化拆装的化工设备认识实习教学[J].实验室科学，2018，21（2）：176-179.

[10] 乔玉香.加强实践教学建设与改革，培养"三能"创新人才：以广东海洋大学为例[J].大学教育，2016（5）：7-9.

船舶有限元教学改革探索

周振威

摘　要:船舶有限元的直接计算有着越来越重要的地位。对于培养应用型海事人才的大学而言,船舶与海洋工程专业的船舶有限元课程存在着内容偏难偏深、实践性不足的问题。针对这些问题进行了教学改革,适当降低了理论内容的深度,将理论内容与实践深度结合,同时增加了有限元课程设计内容,让教学的质量有了大幅的提高。

关键词:船舶;有限元;教学改革

中国船级社新的规范的推出,进一步地提高了对船舶有限元计算的要求。[1-2]在新的规范中,无论是对模型的精细度还是对载荷、约束的施加都有了更详细的规定。因此,对于致力于培养应用型海事人才的高校,就更有必要着重地加大船舶有限元课程的建设力度。船舶有限元主要教授有限元法在船舶领域的应用,现代有限元方法的发展始于20世纪40年代,它的实质是弹性力学变分原理中瑞利–里兹方法的变种,[3]这也是有限元方法的数学基础,用有限数量的未知量去逼近无限未知量的真实系统。有限元方法在船舶领域已经实现了非常广泛的应用,它不仅计算精度很高,而且对于船舶这种表面存在大量曲面,内部也存在着复杂的结构和截面的有着非常好的适应性。由于有限元法在实际工程生产中发挥着越来越重要的作用,各高校和研究院所都将有限元理论和有限元软件作为重要的课程加入教学和研究的体系中。广州航海学院的船舶与海洋工程专业将船舶有限元(包含船舶有限元课程设计)作为一门重要的专业课程,学生在学习此课程前需要先学习流体力学、材料力学、结构力学、理论力学、线性代数、复变函数等一系列的数学和力学课程。[4]该课程涉及抽象的有限元理论,同时需结合实际的有限元案例和有限元软件实际操作。对于本科生而言,有限元的理论知识过于深奥,但却是有限元软件操作的基础理论,如果对于基础的理论一无所知,势必造成在软件操作的过程中"知其然而不知其所以然",这对于学生日后解决实际问题是有非常大的阻碍的。学校致力于培养应用型人才,对人才的培养决不应该仅仅停留于只会软件操作而不知其原理的层面,如何将高深的理论与实际操作紧密结合,在教学的过程中用抽象的理论与应用软件来解决船舶结构计算的具体问题,成为本课程教学的一个最关键的问题。

1　船舶有限元课程教学内容的安排

船舶有限元的核心为有限元的方法及应用,课程安排在第七学期,学生在之前的学习中已经学习了相关的数学和力学知识,但是对船舶与海洋工程专业的本科生来说,弹性力学课程并不在教学大纲之内。弹性力学的知识是有限元理论中非常重要的一部分,[5]学生缺少弹性力学的知识就会对有限元知识的理解造成很大的困难,因此,在有限元的基础知识教授过程中，需要不断地从基本的知识出发，让学生从已经理解的内容过渡到新的知识，同时在上机的过程中不断地强化已学习的理论知识。

1.1 理论知识

有限元法的基本概念与理论力学、材料力学等有着非常紧密的关联。首先是要复习相关的力学知识，对已学知识的简单复习，可以让学生尽快地再找回有所忘却的知识，这样就更有利于新的知识的接受。在理论力学和材料力学的基础上，再进行弹性力学的讲解。对于本科生来说，弹性力学的知识比较深奥，因此只要求他们掌握基本的知识，不需要对公式进行推理。其次是变分原理，与弹性力学一样，变分原理也是本科生第一次接触，本身没有相应的概念和知识，都需要在讲授有限元知识的过程中补充。变分原理在有限元的原理中占有非常重要的地位，其课程要求学生了解一些基本的问题，比如泊松方程，并能够写出相应的变分形式。在讲解的过程中，还需要结合实际的例子，以便于学生对基本问题的理解。在实际的教学中，我们以二面平面应力问题来进行讲解，同时，每一步骤都给出相应的应变问题的结果，以方便学生进行深入研究的时候能够有正确的答案。在单元形式上，也首先从最基本的三角形单元开始，学习结构体的离散方法，给出三角形单元的位移函数和形函数，着重讲解位移函数的选取原则。其次是介绍单元刚度矩阵和总体刚度矩阵，讲解的重点是单元刚度矩阵的求解、性质以及物理意义。同时，对从单元刚度矩阵到总体刚度矩阵的组装方法也必须每一步都进行推导，以使学生掌握基本的原理。最后，是总体刚度矩阵的消奇异。初始的总体刚度矩阵必定是奇异矩阵，因此，必须通过对总体刚度矩阵进行消奇异操作，来消除该矩阵的奇异性，使计算得以正常进行下去。这一步与模型中的节点约束相关，因此结合模型来进行讲解。通过外力的施加，最终得到一个非齐次的线性方程组，求解得到节点位移。

1.2 实践教学

对于有限元课程，上机实践是必不可少的一个环节。只有通过上机实践，学生才能够加深对理论知识的理解，同时也能提高动手和软件编程的能力。对于船舶与海洋工程专业的学生来说，船舶有限元课程的实践课程主要着重于船舶结构方面的计算，因此，选择的是 Patran/Nastran 有限元软件。Patran 是美国 MSC 软件公司研制的大型通用有限元软件，它具有符合 CAE 流程的用户界面，极好的兼容性、开放性以及强大的客户化定制功能。在 CAE 有限元仿真分析领域，Patran/Nastran 软件是最早也最完善的有限元软件之一，具有框架式平台，设计者可以根据自己的需求进行多学科的工程分析和数据交换。因此，Patran 被广泛应用于航空、航天、汽车、船舶、铁道、机械、制造业、电子、建筑、土木、国防、生物力学、食品包装、教学研究等各个行业。在船舶领域，Patran/Nastran 是开展仿真分析必不可少缺的工具。

2 教学中存在的问题

在船舶有限元的教学过程中，主要的问题有以下几点：一是由于课程理论内容深，涉及多门学科和多种知识的复合应用。离散的单元涉及应力应变分析、稳态场、等参变换、数值计算等理论内容，需要成体系的数学知识来对知识点进行支撑，抽象难懂，不易讲述明白。由于教学的课时数有限，学生在初始的几节课之后，往往容易跟不上进度，导致后面的内容更不明白。二是课程内容与其他课程内容大量交叉，涉及大量高等数学、结构力学、流体力学等学科的知识，由于这些学科上课的学期比较早，许多学生对其内容会有些遗忘，需要在课堂上进行复习后才能够进行本科知识的讲解。三是理论教学和实践教学分开来进行，首先进行理论课的教学再进行上机实践，使理论课的内容与实践课的实践不易结合在一起。在讲授完理论后学生对新的知识有印象的时候不能及时地进行实践练习，便容易遗忘，到了实践课的时候不能很好地回想起课程的内容，导致实践课上完成练习项目较为困难。

这一系列问题的出现，使得学生学习课程的兴趣不高，教学的效果也难以达到预期，学生理论知识掌握得不扎实，同时对有限元的实践经验也不足，难以独立地在工作中解决实际问题，在工作以后经常需要再次进行培训，以致浪费大量的时间和金钱。因此教学改革势在必行。

3　课程教学内容和教学方法的改革

（1）基于成果导向教育（OBE），重新规划船舶有限元课程的教学要求。OBE是美国学者Spady在1981年所提出的一种教育理念，它强调以产出为导向，所有教学的组织、实施以及评价都要围绕着这一产出的目的。[6-7]从船舶与海洋工程专业新版的培养方案出发，以及往届毕业生的调查来看，原本课程中要求学生掌握的有限元基础和本质理论，在实际应用中并不需要。学生普遍反映该部分知识艰深难懂，在实际的工作中只需要掌握总体的原理，即可以很好地完成工作。对于培养应用型人才的大学来说，应该将更多的教学资源投入实践的教学中去，以实际地提高应用有限元软件解决船舶行业相关问题的能力。[8]因此，新规划的教学要求，适当地降低了理论课程的深度，同时大比例地提高了实践课程的内容，以期能够大幅提升学生应用有限元的能力。

（2）理论与实践相结合，理论讲解紧随实践操作。针对应用型本科生培养的特点，需要更多地结合实际，因此这门课程的一个重要改革就是将理论课的上课地点从传统教室改为计算机室。在过去的教学过程中，理论学习与软件实操分别进行，造成学生在学习理论知识时不清楚知识点的实际应用场景，就容易造成走神等情况的出现。通过将上课改在计算机房进行，将有限元方法的基础理论与Patran有限元软件进行穿插讲解，一方面，理论的知识不再枯燥，学生在接触到了新的理论知识的同时通过软件的使用可以加深对理论知识的理解；另一方面，在使用软件时，每一步操作背后的理论也非常清晰明了，让学生清楚明白地知道自己的操作是在做什么，会有什么样的结果，真正地做到知其然也知其所以然。由于对软件背后的理论理解得更为深入，因此，对计算结果的判断，也更为准确，这对于提高学生的综合能力，特别是解决实际问题的能力是至关重要的。

（3）课程考核方式改革。传统的课程考核方式为期末考试，平时成绩以实践课的作业为主，平时成绩与考试成绩的比例分别为30%与70%。在降低了理论课的深度并且把上课的地点全部改到计算机房后，课程的实践性更强，虽然降低了理论的深度，但课程的综合性提高了。因此在对学生的课程成绩进行评估时，改为采用更能体现学生综合能力的方法，具体为：课堂表现占20%，实践课程作业占40%，课程设计占40%。其中，实践课程作业为每次上课时在课上或者课后完成的步骤操作，课程设计则为学生在学习完所有的理论知识和实践操作后进行的一个综合性课题，学生需要根据给出的船舶CAD图，自行完成有限元软件从建模计算再到给出计算报告的全部过程。

4 结语

　　本文分析了船舶与海洋工程专业学生在学习船舶有限元课程的教学安排和在教学中存在的不足，针对课程理论内容深、前置课程多的特点，对课程的教学要求、教学安排和考核方式都进行了调整。通过制定新的教学大纲、新的教授方式和新的考核方式，提高了课程的教学水平。实际的教学实践证明，该教学改革富有成效，毕业生在船舶类企业以及相关企业的工作中，解决实际问题的能力有了很大的提高。

参考文献：

[1] 荆海东，杨青.大型半潜船舱段有限元工况设计研究[J].船舶，2021，32（3）：31–38.

[2] 何丽丝，王德禹.大型客滚船舱段屈曲和疲劳强度直接计算[J].中国舰船研究，2018，13（4）：33–40.

[3] 张洪伟，席军，许月梅.基于应用能力培养的本科有限元法课程的教改探讨[J].中国现代教育装备，2016（7）：68–70.

[4] 曾攀.重视传统课程的教改培养高素质人才：谈研究生学位课《有限元分析及应用》的教改体会[J].学位与研究生教育，2000（1）：31–34.

[5] 陈星烨.工科弹性力学课程教学思考[J].科教文汇（上旬刊），2012（9）：110–111.

[6] 张蕾，李艳梅，周文科，等.基于成果导向的程序设计类课程建设[J].计算机时代，2022（1）：113–116，120.

[7] 支仕泽.OBE理念下初中起点公费师范生"人师"培养体系探究[J].当代教育论坛，2022（2）：100–108.

[8] 张洪伟，席军，许月梅.基于应用能力培养的本科有限元法课程的教改探讨[J].中国现代教育装备，2016（7）：68–70.

海事管理专业安全管理学课程建设初步研究

陈丽宁　罗　嘉

摘　要:安全管理学是广州航海学院海事管理专业的基础课程,本文对该课程的建设进行了初步研究。首先,分析了课程性质、任务及基本要求,进而给出了教材的选择标准、各章节学时的分配及考核方式。最后,总结了课程建设中的注意事项,包括防范学生学习动机的功利化、课程与海事管理专业特色结合、引导学生对科研有初步了解。

关键词:海事管理专业;安全管理学;课程建设

1　引言

我国海事管理专业主要培养适应社会主义现代化建设需要的,通过工程师基本训练,具有扎实的外语基础及计算机应用能力,掌握安全管理的基础理论和水上安全与防止海洋污染管理业务,并基本掌握航海技术基础理论与技能的高级海事管理人才。海事管理专业本科生就业的主要去向包括海事管理机构、航海保障部门、港航企事业单位及其他与水上安全相关的单位。

海事管理专业本科生需要较系统地学习水上安全相关的课程。通常学生先学习"安全管理学""安全系统工程""安全评价与技术"等基础课程,对生产安全的基础知识有一定的了解。在此基础上学习专业性更强的水上安全类课程,例如船舶防污染管理、海事调查与搜救、危险货物运输安全管理等。对于海事管理专业教学来说,作为基础课程的安全管理学具有重要意义。[1]

2　课程的主要内容、教材的选择及考核方式

2.1　课程的主要内容

课程性质:安全管理学是海事管理专业(本科)的必修课。安全管理学是关于安全和健康活动管理的科学。本课程要求学生在所学课程的基础上,熟练掌握事故预防控制方法,并能将这些知识应用到海事监管、海上事故预防等领域中。

课程的任务与目的:学生通过本课程教学大纲所规定的全部教学内容的学习,获得最必要、最实用的基本知识和基本技能,了解和掌握国内外关于事故及安全指标、事故致因理论、个人行为控制和组织控制的基础知识。

课程的基本要求:(1)了解事故统计及安全指标的相关内容;(2)熟悉事故致因理论;(3)熟悉个人行为控制的基本方法及相关概念;(4)掌握安全管理体系的基本概念及所包含的内容;(5)掌握安全文化建设的主要内容和方法;(6)掌握管理组织结构的基本知识;(7)了解安全管理程序与方法的基本知识。

2.2　教材的选择

目前国内《安全管理学》教材中，根据全日制本科生使用的需要从中选出最适合作者所在单位海事管理专业学生的。选择标准如下：（1）海事管理专业毕业生的工作单位包括水上安全相关的政府部门、企事业单位，因此教材内容既适合政府部门，也适合企事业单位；（2）教材内容连贯、清晰、完整，有一定数量的案例；（3）教材的作者应对该课程有较为深入的研究。[2]

2.3　各章节的主要内容及学时分配

海事管理专业的安全管理学课程共36学时，各章节的课时分配见表1。本课程无实验内容。从表1可见，事故致因理论、组织行为控制之一——安全文化建设两章课时较多，这样安排的主要原因是：

（1）事故致因理论是本课程的基础，内容较多，包含事故致因理论的起源和概述、古典事故致因链、近代事故致因链、现代事故致因链、事故归因理论、安全累积原理、事故的规律性归纳等，只有给予足够的学时，任课教师才能较为详细地完成讲解，让学生打好理论基础。

（2）组织行为控制之一——安全文化建设起到承上启下的作用，安全文化建设也是政府部门、企事业单位的工作重点。如果管理者对安全文化没有正确认知，则不能把安全管理体系和管理组织结构进行有效结合，组织的安全绩效便得不到保障。作为未来管理者的海事管理专业毕业生，需要对安全文化有准确的认知，因此这部分内容也需分配较多学时。

表1　安全管理学授课内容及学时分配

序号	课程内容	学时
1	绪论	2
2	事故统计及安全指标	4
3	事故致因理论	8
4	个人行为控制	4
5	组织行为控制总论——安全管理体系	4
6	组织行为控制之一——安全文化建设	6
7	组织行为控制之二——管理组织结构	4
8	组织行为控制之三——安全管理程序与方法	4

2.4　考核方式

本课程为考试课，总成绩包括平时成绩和期末考试成绩，平时成绩占40%，期末考试成绩占60%，平时成绩分为期中作业成绩和考勤成绩。期中作业要求学生操作office软件完成事故致因链理论中部分图、表的制作，一周内完成。作业提交后，任课教师批改，并选择部分学生在课堂上对其作业进行讲解，由任课教师和其他学生现场提问、点评。这种方式既能锻炼学生的表达能力、提高学生的学习积极性，也能较有效地抑制抄袭。课堂考勤适当即可，考勤过多不但会占用宝贵的课堂时间，还会引起学生的反感，影响其学习积极性。

期末考试为闭卷，重点考查学生对基础知识的掌握。试题难度要适中，以便合理拉开分数。题型包括单项选择、判断、英汉互译、简答、案例分析。引入英汉互译题型，是考虑到海事管理专业毕业生以后可能从事涉外工作，应具备一定的英语使用能力。

3 课程建设的注意事项

3.1 防范学生学习动机的功利化

部分大学生学习动机有功利化趋势，学习过程和学习目的呈现"亚健康"状态。具体表现为，部分大学生重视实用技能的学习，轻视与就业表面无关的知识学习；部分大学生重视面试技巧的学习，轻视与职业长久发展相关的基础学习。

在教学过程中，本文第一作者发现海事管理专业部分学生学习动机有功利化趋势，例如有的学生对于集装箱运输业务、远洋运输业务与海商法、海事调查与搜救等实用性较强及与就业关系较大的专业课程学习较为认真，对安全管理学、安全系统工程、高等数学、概率论与数理统计等基础课程学习态度较为消极。任课教师应做好以下工作：（1）抓住根本环节，树立正确的社会主义利益观；（2）任课教师以身作则，认真备课，丰富课堂内容，提高学生学习兴趣；（3）加强教育引导，发现学生的问题应及时指出，营造良好的学习氛围。[3]

3.2 课程与海事管理专业特色的结合

虽然安全管理学是一门基础课程，但本文作者认为该课的授课内容应与海事管理专业特色相结合，增强课程的实用性和趣味性，改善学生的学习效果。本文第一作者对授课内容进行了调整，并取得了较好的课堂效果。主要调整如下。

（1）授课中使用一些海事管理专业的案例取代教材中部分采矿业案例。在讲解过程中，有些水上安全、航运经营管理的专业知识低年级本科生尚未接触，可以在案例分析前讲解，这样学生可以把基础知识和专业知识结合在一起学习，活跃了课堂氛围，同时提高了学生的学习兴趣。

（2）课堂所用案例既包括国内案例，也包括国外案例。例如，在讲解组织行为控制之一——安全文化建设时，本文第一作者使用中远集团安全文化框架为案例。在讲解个人行为控制时，本文第一作者使用加拿大交通安全委员会（Transportations Afety Board of Canada）的M14P0014号海事调查报告，该报告用英文书写，适当使用英文文献也有助于学生学习专业英语。

（3）增加我国应急管理部的介绍。2018年，国务院组成部门调整，不再保留国家安全生产监督管理总局，成立应急管理部，将原国家安全生产监督管理总局功能纳入应急管理部。同时，将国务院办公厅应急管理功能、公安部消防管理职责、民政部救灾职责等纳入应急管理部。本文第一作者将应急管理部的介绍加入到事故统计及安全指标部分以代替较为陈旧的内容，有助于学生对相关政府部门结构与职责的了解。

3.3 引导学生对科研有初步了解

《中华人民共和国学位条例》第四条规定："高等学校本科毕业生，成绩优良，达到下述学术水平者，授予学士学位：（1）较好地掌握本门学科的基础理论、专门知识和基本技能；（2）具有从事科学研究工作或担负专门技术工作的初步能力。"现阶段作者所在单位的大部分本科生在大学前三年没有进行过较为系统的科研能力提升训练，缺少相应的指导，对科研认知不足，在大四完成毕业论文（设计）时感觉吃力。为了解决这一问题，本文作者认为应为在校本科生在大学前三年开展一些科研能力提升培训，使其在正式准备毕业论文（设计）前对科研有初步的了解。

4 结语

安全管理学是本文作者所在单位海事管理专业的必修课程，是一门基础课。本文对海事管理专业安全管理学课程建设进行了初步研究。首先，对安全管理学课程的主要内容、教材的选择及考核方式进行了分析。在此基础上，给出了课程建设中应注意的问题，包括防范学生学习动机的功利化、课程与专业特色相结合及引导学生对科研有初步了解。

参考文献：

[1] 傅贵，陆柏，陈秀珍.基于行为科学的组织安全管理方案模型[J].中国安全科学学报，2005（9）：21-27.

[2] 陈光辉，刘世华.社会转型期大学生功利化倾向及教育防范[J].思想教育研究，2016（4）：120-123.

[3] 靳晓华，李晓艳.安全管理学课程案例教学法研究与实践[J].决策探索（中），2018（9）：19-20.

海事管理专业系统建模与仿真课程建设研究

陈丽宁　张金水　雷　虎　王新辉

摘　要：文章从广州航海学院海事管理专业学生的思维和认知方式、自主学习能力、理论基础和学习目的等方面考虑，探讨了系统建模与仿真课程建设应注意的问题，包括理论课及实验课的内容与安排、教学中的问题和解决方法，并给出了改进意见。

关键词：海事管理专业；系统建模与仿真；自主学习能力

1　引言

海事管理专业是广州航海学院的主干专业之一，主要培养适应国家航运业发展，具有海上交通工程与航海技术、公共管理、海事法律理论基础，掌握海上交通安全、防治船舶污染海洋和航海保障技术能力的海事管理专门人才。[1]该专业属于公共管理类专业。[2]广州航海学院的海事管理专业生源地为广东省，每年招生2个班，约80人。

在公共管理类专业中，海事管理专业对数学、计算机应用能力要求较高。广州航海学院为海事管理专业本科生开设了数学和计算机编程课程。数学类必修课包括高等数学（文科类）、线性代数、概率论与数理统计。高等数学（文科类）在第1、2学期开设，共126学时，线性代数在第2学期开设，共36学时，概率论与数理统计在第3学期，共54学时，上述课程均为理论课。2016—2018级海事管理专业本科生的计算机编程课程为C语言编程。上述课程配置存在一定的问题。其一理论课时过多，实验课时不足，学生动手机会较少，师生互动不足；其二计算机编程课程考核形式不合理，学生仅靠背题库即可通过考试；其三数学、计算机编程课程未形成有效衔接；其四上述课程的任课教师均为公共课教师，无法引导学生用数学、计算机知识解决海事管理专业问题，这既抑制了学生学习的积极性，也为本科毕业论文（设计）埋下隐患。

为了解决上述问题，为2019、2020级海事管理专业本科生开设了系统建模与仿真课程，为专业限选课，在第3学期开设，共54学时，理论课36学时，实验课18学时，由本文第一作者讲授。通过学习该课程，学生可以掌握Matlab工具的基本数据结构、语法及函数，并用Matlab工具实现导数、积分及矩阵的相关计算、有限差分、线性方程组求解、线性规划、线性回归分析、灰色理论模型等。课程强调理论与实践结合。海事管理专业招生为文理兼招，任课教师在安排课程内容时既要兼顾文理科生的特点，适当控制难度，激发学生的学习兴趣；又要将海事管理专业知识融入课程，提高学生对专业的了解，培养学生的自主学习能力和高阶思维能力，为本科毕业论文（设计）及毕业后的工作做好准备。本文对系统建模与仿真课程建设进行介绍。本文的研究成果不仅对海事管理专业建设有一定的价值，对其他文理兼招专业的学科建设也有一定的参考价值。

2　课程建设的考虑因素及课程主要内容

2.1　课程建设的考虑因素

在确定系统建模与仿真的理论与实验课内容前，有几个因素需要考虑，包括学生的思维和认知方式、自主学习能力、理论基础、学习目的等。

广州航海学院海事管理专业文理兼招，文、理科生各占50%。我国把高中阶段课程分成文科和理科，并对文理科学生分别进行教育。长期分科教育对学生产生了影响。对文理科学生的头表脑电图数据研究发现两类学生的大脑拓扑结构存在差异，这也导致文科生和理科生思维和认知方式存在差别。理科生更擅长数学、物理和科学实验和技术实践，具有更强的科学推理能力；[3]文科生更擅长口头及语言表达，具有较强的整体思维能力。[4-5]显然，系统建模与仿真课程理论及实验均不宜对学生的科学推理能力要求过高。

自主学习是学习个体自我主导学习的模式，是大学生在校学习的重要模式。自主学习包括学习目标的制定、执行、完成、反思等环节。系统建模与仿真课程内容及难度应与学生的自主学习能力相匹配。不同类型本科院校学生的自主学习能力存在差别。广州航海学院为二本A类院校，比较二本A类院校与一本院校本科生发现，前者学习目标的明确程度、学习目标执行均不如后者；前者的努力程度和自主学习能力均显著落后于后者；后者能经常对学习进行总结与思考，其积极程度远高于前者向。系统建模与仿真实验要求学生独立完成，要酌情考虑学生的自学能力。在理论课与实验课中，要注重培养学生总结与思考能力和学习积极性。

系统建模与仿真课程在第3学期开设，此时学生已经学习了高等数学（文科类）与线性代数，正在学习概率论与数理统计，具备了一定的数学基础；部分学生尚未系统学习计算机编程，部分学生正在学习C++编程；学生已初步接触了部分专业课。海事管理专业近一半的学生高中为文科，一部分学生学习高等数学（文科类）、线性代数、概率论与数理统计时感到吃力。特别是概率论与数理统计，因概念抽象、逻辑性强导致部分学生出现较严重的畏难情绪区，学习效果差，不及格率曾接近40%。系统建模与仿真课程内容应与这些理论课程恰当衔接，突出理论联系实践，但难度不宜过大，让学生切实感受到所学理论在专业领域的用途。[6-7]

大部分广州航海学院海事管理专业本科生毕业后选择工作，仅少数学生选择继续攻读硕士研究生。大部分学生的就业单位为民营企业、合资企业和外资企业，进入国有企业、事业单位和政府机关工作的较少。系统建模与仿真课程应考虑这一情况，在理论授课及实验课上适当培养学生的批判性思维、创造性思维等高阶能力，[8-9]为就业做准备。

2.2　课程的主要内容

参考文献较为系统地讲解了Matlab在系统建模与仿真中的应用，适合初学者使用，因此选择该专著作为课程教材。该教材也有不足，给出的代码较多，但理论讲解较少，因此任课教师参考文献[10-14]补充了相关理论。主要章节及实验学时分布如表1所示，实验课内容如表2所示。

表1　系统建模与仿真课程章节及实验学时分布

序号	章节名称	总学时数（54）讲课	实验
1	概述	4	0
2	数值运算	4	0
3	符号运算	2	0
4	图形图像	2	4
5	科学计算	4	4
6	Matlab在高等数学及数值计算中的应用	8	4
7	Matlab在线性代数及线性规划中的应用	4	0
8	Matlab在数理统计及灰色理论中的应用	8	6
	总计	36	18

表2　系统建模与仿真实验课内容

序号	实验名称	考查知识点
1	Matlab绘制曲线、曲面实验	M文件的建立；Matlab基本数据结构、运算符号、循环语句；Matlab图形绘制基本语句
2	Matlab的科学计算实验	Matlab矩阵、向量赋值；最大值、最小值、求和、矩阵的秩、转置、可逆矩阵计算；线性方程组求解；数组均值、方差、变异系数的计算
3	Matlab在高等数学及数值计算中的应用	Matlab计算函数的导数、积分计算船舶水线面积极限；Matlab计算不定积分、定积分；Matlab实现用数值
4	Matlab在灰色理论中的应用	灰色关联度计算、灰色关联分析；GM（1，1）模型的建立与评价；缓冲算子

　　第1~4章的理论课主要是对Matlab基本功能、数据结构及语句的讲解，让学生逐渐熟悉Matlab的基本功能与操作。实验1在第4章理论课后，帮助学生通过实验强化对授课内容的理解，降低畏难情绪。从第5章开始，任课教师尝试将海事管理专业知识融入系统建模与仿真课程教学，引导学生逐步了解数学、计算机与专业知识的联系。实验2在第5章理论课后，使用了海上交通事故统计数据。第6章理论课讲授的数值积分方法为梯形法则、辛氏第一法则，第6章理论课后的实验3要求学生用上述方法计算船舶水线面积。第7章讲授线性代数的相关内容。任课教师在与海事管理专业本科生沟通时发现，学生所学的线性代数过于偏重理论，很少涉及具体应用，学生对相关理论的应用不了解。因此引入计算机图形学变换矩阵作为工程应用实例，提升学生对知识点的掌握。实验4在第8章理论课后，实验所需数据为港口货运量、吞吐量，凸出了数学模型与专业知识的结合。

　　曾有教师建议在系统建模与仿真课程中增加船舶运动与控制算法内容，并讲解Simulink，本文第一作者考虑到船舶运动与控制算法对学生的科学推理能力及数学基础要求偏高，而海事管理专业有近半数学生高中为文科，科学推理能力及数学基础难以达到要求，盲目增加课程难度可能会导致一部分学生学习困难，加重畏难情绪，因此未采取该建议。

系统建模与仿真课程成绩根据实验报告成绩给出。实验1、2各占总成绩比例为10%，实验3占总成绩比例为20%，实验4占总成绩比例为60%。实验1、2、3成绩为平时成绩，实验4成绩为期末成绩。

3 授课遇到的问题及解决方法

3.1 授课遇到的问题

本文第一作者在讲授系统建模与仿真课程时遇到了以下问题。

（1）部分学生眼高手低，过于自信，轻视小事与细节，在讲授理论课程时仅听课，不愿动手实践，认为听懂了就可以掌握相关知识。如果不及时纠正，对大学生自我认知、在校学习以及毕业后的工作和生活都会产生负面影响。

（2）部分学生学习功利化过分追求短期回报。对于难度较低、实用性较高的课程较为关注，有一定的学习热情，此类课程包括集装箱运输业务、国际贸易实务、国际航运代理理论与实务等；对于科学推理能力有一定要求、需要投入较多精力持续学习的课程则消极怠慢，认为此类课程无用，此类课程包括数学、计算机类相关课程，系统建模与仿真也在此列。

（3）部分学生自主学习能力不足，高阶思维能力提升缓慢。本文第一作者在授课时发现，一部分海事管理专业学生在学习理论模型及 Matlab 编程中遇到困难，第一反应不是独立分析思考、解决问题，而是直接向任课教师提问，这部分学生女生居多。这不是大学生解决问题的方式，大学生应具备一定的自主学习能力和高阶思维能力，遇到较为复杂的问题应学会独立分析并解决，问题解决后还应反思。

（4）大部分学生书面语使用能力不强，在撰写实验报告的实验步骤、数据分析、总结等部分时感觉吃力，写作思路不清晰、逻辑差，图、表排版与使用不规范，不知道如何有效使用图、表。

3.2 解决方法

为了解决上述问题，本文第一作者采取了以下方法。

（1）引导学生更多进行科学实践，让学生对自己的能力有正确认知，培养勤奋、求实的学风。要求学生在笔记本电脑上安装 Matlab 和 Mathtype。理论课随身携带笔记本电脑，随时对讲授内容进行实践，及时发现问题并解决。实验课学生也在笔记本电脑上完成。通过更多的科学实践，学生眼高手低问题得到了一定程度的解决，学生对自己的实际情况有了更为清醒、客观的认知，浮躁的学风得到了改善。

（2）实验安排上由易到难，逐步引导学生，强调积累，降低畏难情绪。同时，通过数学、计算机与海事管理专业知识的有机结合提升学生的学习积极性，帮助学生加深对数学、计算机和专业知识的理解与掌握，这在纠正学生的功利性学习方面起了一定的作用。

（3）采取专门措施防止学生抄袭、作弊，提升学生自主学习能力。在实验1、2、3中，部分实验内容的参数设置与学生个人信息相关，一旦抄袭很容易被发现；实验报告要求学生对代码进行详细解释，批改后任课教师随机抽取内容进行提问，给学生一定的压力；实验4任课教师仅提供统计数据的来源链接，统计数据为港口城市统计年鉴，由学生自行查找、选择数据，根据数据选择合适的方法。

（4）通过科学实践提升学生的高阶思维能力。在讲授系统建模与仿真课程初期，有学生遇到困难不独立思考和解决问题而直接提问，本文第一作者不直接给予答案，先指出其做法的问题，再为学生讲述独立思考、解决问题的基本方法，鼓励学生尝试并反思，做到授人以渔。实验4不仅要求学生独立查找、选择数据，还要求学生根据自己的能力选择数学模型。科学推理能力较强、数学基础较好的学生，通常选择用GM（1，1）模型对港口吞吐量、货运量进行预测；科学推理能力较弱、文字表达能力较强的学生，则选做灰色关联分析。这既在一定程度上锻炼了学生的决策能力，也让学生对自己的能力有更为清晰的认知。

（5）制定更为全面的实验成绩评价标准，评价标准涉及实验内容完成情况和实验报告撰写质量。[15]以实验1为例，实验内容完成情况占实验成绩权重为70%，实验报告的撰写质量占实验成绩权重为30%。实验报告的撰写质量从公式格式编辑、公式编号、Matlab程序代码及代码解释、文字及图表排版、实验结果分析等角度予以评价。学生如果要获得较高的分数，不仅要准确完成实验内容，按时提交实验报告，还要提高实验报告撰写质量，这帮助学生养成了良好的学术写作习惯，提升了学术写作能力。

4 课程建设改进意见

虽然课程建设取得了一定的成果，但仍需要进一步改进，可以采取的改进措施包括三个方面。

（1）现阶段授课采用的是线下教学，可以考虑加入线上教学，线下教学后开设答疑课，通过腾讯会议、腾讯课堂、钉钉等平台为学生提供个性化指导，加强师生互动，提高学习效率。[16]

（2）可以考虑在授课过程中引入问题引导式教学模式，将理论授课中的部分内容采用该模式教学，组织学生进行课堂讨论，给学生更多的机会进行反思，[17]提升学生的逻辑思维能力、问题解决能力和反思能力。

（3）尝试引入翻转课堂模式，从理论课中选择部分难度适中的知识点，要求学生在课前进行线上自主学习，指定学生进行课堂陈述，陈述结束后先由任课教师和其他同学进行提问，再由任课教师进行点评与补充，提升课堂趣味性。

5 结束语

系统建模与仿真课程是广州航海学院2019级、2020级海事管理专业的一门重要专业课，强调理论与实践相结合。本文对系统建模与仿真课程建设进行了总结。首先给出了课程建设的考虑因素，包括学生的思维和认知方式、自主学习能力、理论基础、学习目的等方面。在此基础上给出了理论课、实验课的内容与安排。进而总结了授课时遇到的问题和解决方法，并给出了进一步改进的意见。

参考文献：

[1] 广州航海学院.海事管理专业[OL].[2022-2-24].http：//hy.gzmtu.edu.cn/info/1047/1354.html.

[2] 教育部高等学校教学指导委员会.普通高等学校本科专业类教学质量国家标准（下）[M].北京：高等

教育出版社，2018.

[3]　宋丽梦.文理科学生大脑网络的研究[D].成都：电子科技大学，2018.

[4]　李文豪，李国强.文理科学生科学推理能力差异调查研究[J].中学物理教学参考，2020，49（12）：4-5.

[5]　雷寰宇.思维方式在医学院校文理大学生中的差异[J].山西高等学校社会科学学报，2018，30（12）：61-64.

[6]　刘金龙，张君霞，赵琳琳.不同类型高校学生自主学习能力差异研究[J].科教文汇（下旬刊），2014，9（9）：33-35.

[7]　刘利鸽，刘红升.面向文科生的统计学教学：畏难情绪、改革措施、效果评价[J].黑龙江教育（高教研究与评估），2020，27（9）：50-52.

[8]　王华.利用实体课堂提高学生的高阶思维能力:以"多媒体制作与应用"为例[J].教师博览（科研版），2020，10（5）：4-7.

[9]　褚丹，谢建.面向高阶思维能力培养的混合式学习设计[J].黑龙江科学，2021，12（12）：100-101.

[10]　王健，赵国生.Matlab数学建模与仿真[M].北京：清华大学出版社，2016.

[11]　李庆扬，王能超，易大义.数值分析：第5版[M].北京：清华大学出版社，2008.

[12]　（美）蒙哥马利，派克，伊瓦宁.线性回归分析导论[M].　北京：机械工业出版社，2017.

[13]　（美）安德森.计算流体力学基础及其应用[M].北京：机械工业出版社，2007.

[14]　刘思峰.灰色系统理论及其应用：第8版[M].北京：科学出版社，2010.

[15]　王立仁.重视解决大学生"眼高手低"问题[J].中国高等教育，2006，27（11）：62.

[16]　耿曦彤.当代大学生功利性学习的成因及对应策略[D].延安：延安大学，2020.

[17]　丁今玺.问题引导式教学方法在课程教学中的实践途径：以"马克思主义基本原理"课程为例[J].科教导刊（上旬刊），2020，11（34）：130-132.

船舶强度与结构课程设计课程的教学研究

宋 博

摘 要:船舶强度与结构课程设计是船舶与海洋工程专业的专业核心课船舶强度与结构设计课程的集中实训环节。由于课程实用性强,与前绪各力学课程联系紧密,难度大,所以学生对于结构设计方法掌握程度不高、照搬书本无法灵活运用,加之没有实用的教材出版,导致学习效果不好。文章结合课程设计实践教学经验,对于本课程设计的教学方法提出教学改革方法的讨论,希望为船舶与海洋专业实践教学提供借鉴。

关键词:船舶强度与结构;课程设计;力学

1 课堂概况

船舶强度与结构课程设计是一门培养学生掌握船舶强度校核和结构设计方法的集中实践课程,是集专业性、理论性和实用性于一体的专业必修课。随着船舶科学技术的发展,船舶结构设计理论、方法都有所改变,尤其是加入了有限元软件的应用,让学生更直观地了解船体强度校核的重点位置和优化结构的设计方法。通过2周40学时集中实训掌握船舶强度分析和结构设计基本知识,了解最新船舶结构规范,将理论与实践应用结合,通俗易懂,并且可以使学生在短暂地集中于实训环节中,把握现代船舶企业中船体强度和结构设计的新方法和新技术。经过近两年的教学实践观察,总结出:通过重新组织和改革船舶强度与结构课程设计课程,使学生更容易了解本课程对未来职业生涯的实际作用,进而发挥主观能动性地将以往的理论课程学习与实践能力素质培养结合起来,将任务转化为有意识的自主学习,教学效果明显。

2 课程大纲的修订

一门合格的课程需要适用的教学指导文件——教学大纲。以往的教学大纲基于传统教学过程和经验,理论性强,素材多为杂货船,内容落后,不与时俱进,适用性差。因此,为了提高教学效果,通过调研,整理杨代盛主编的国内经典教材《船体强度与结构设计》,重新修订了知识体系更为完整、更贴近生产实际的新教学大纲。同时为了达到更有效的教学质量,取消了"船体纵向扭转强度"部分,添加了"有限元法在船体结构设计中的应用"任务。

3 讲义的编写与完善

通过详细的调研和长期的教学总结,在认真分析了华南理工大学、武汉理工大学、哈尔滨工程大学船舶与海洋工程工程专业使用教材的基础上,结合广州航海学院学生条件和学校定位以及培养目标,重新编写了船舶强度与结构课程设计讲义,如表1所示。新讲义内容上兼顾了传统经典的教学任务，也融入了行业最新的设计知识。新的讲义包括了4章具体内容。第一章介绍了利用静水力曲线和邦戎曲线，计算给定工况下船舶静置在波浪上的静水剪力与弯矩计算，波浪附加剪力与弯矩计算，并利用剪力和弯矩近似估算规范，进行强度校核，计算实例分析。[1]第二章为总纵强度的直接计算法，包括船体剖面要素计算、船体总纵弯曲正应力计算、船体屈曲强度，以及船体极限弯矩的计算，总纵强度计算实例分析。第三章为船体结构规范法设计，包括规范设计基本思路、船体构件的基本材料、规范对船体纵向强度的要求、设计实例。第四章为有限元法在船体结构设计中的应用，包括船体结构有限元模型、载荷计算、边界条件、强度准则、强度分析、屈曲分析、实船分析。[2]

表1　教学任务

项目一	规范法计算波浪附加弯矩和波浪附加剪力	任务一：波浪附加弯矩
		任务二：波浪附加剪力
项目二	校核船体的屈服、屈曲强度	任务一：船舶剖面特性校核
		任务二：船体梁弯曲强度校核
		任务三：屈曲强度计算
项目三	船体局部强度校核	任务一：甲板板架校核
		任务二：船底板架校核
		任务三：舷侧板架校核
项目四	规范法船体结构设计	任务一：设计船中横剖面甲板结构设计
		任务二：设计船中横剖面船底结构设计
		任务三：设计船中横剖面舷侧结构设计
项目五	PATRAN船体结构强度分析	任务一：设计船中横剖面甲板结构设计
		任务二：设计船中横剖面船底结构设计
		任务三：设计船中横剖面舷侧结构设计

区别于理论课教材，本讲义的特色之处在于：（1）实用性。讲义的实用性主要体现在基于船体强度和结构设计，本讲义必须包括船舶强度计算的基础，包括船舶在静水中以及静波浪中的外力计算、内力计算，基于材料力学弯曲梁的总纵弯曲应力计算，以及基于钢制海船入级规范的船体典型剖面结构设计。这些内容是完成船体结构设计并进行强度校核的主要内容，学好这些基础，有助于学生掌握好船体强度和设计的基本概念和方法。在集中两周的课程设计过程中，以船厂提供的已建成的船作为母型船，让学生亲手完成船体典型剖面的结构设计并进行强度校核，设计对象不同于以往一些课程中的设计实例，落后不合时宜，不反映现代科学技术，相反，作为即将走入社会、面对工程实际问题的大四学生，应培养好应用型的技术。（2）先进性。船厂设计技术在更新，设计方法在优化，要求在教授专业知识时要与时俱进，不仅要秉承经典的设计方法和理论，还要考虑到行业发展的背景，因此本讲义加入了船舶结构有限元分析部分，讲授利用有限元分析软件，进行整船分析、舱段分析和局部有限元分析。并结合CSR（国际船级社于2006年4月发布的散货船共同规范），结合1条2万吨级船厂大于150 m的散货船，介绍船舶结构屈服和屈曲强度

的分析。有限元分析软件NASTRAN是船舶行业中的主流软件，针对工程实际应用，有近70种单元的单元库，反映了近些年船舶结构设计发展起来的新内容和新方法。

4 船舶强度与结构课程设计的优化

课程设计是本科教学中实践教学环节的重要组成部分，对于实践能力的培养具有重要的作用。传统的船舶强度与结构课程设计根据理论课知识重点，通常要求学生完成两个方面内容，即利用船舶设计规范，根据母型船主尺度和结构草图和设计要求，完成设计船的基本结构构件设计，确定构件尺寸选用合适型材，并绘制典型剖面的中横剖面结构图。多年教学经验发现，传统课程设计内容存在不足，通常一个教学班完成的是同一个设计任务，缺少团队合作，设计成果和选材亦有抄袭情况，不利于学生真正掌握设计和计算方法，而且只能涉及一种船型。为了提高教学质量和学习效率，亦可以训练学生结构规范设计和横剖面图的绘制，在总学时不变的前提下，增加了有限件NASTRAN分析工程实际问题中船体局部结构强度的内容，这种基于问题的新的教学方式，培养的学生更加具有解决实际问题的能力。[3]

具体改革措施：（1）在新编讲义的指导下，根据设计任务书，一个教学班级每4~5个人分成一个任务小组。设计任务都是基于工程实际，可以是不同的船型，或是同一船型的不同结构形式、不同主尺度、不同吨位，也可以是不同的局部结构（船底板架、舷侧板架或是甲板板架）。（2）任务小组中设立组长，对整个设计任务负责，各成员之间合理分工，通力合作完成课程设计的总任务并形成设计报告和汇报PPT。每个任务小组人数有限，要完成设计任务必须全员参加，合理分配任务，客观上解决了以往设计任务敷衍了事、抄袭的现象。在完成任务的过程中，督促学生必须主动查阅资料，确定合理的设计方法，并且训练了学生书写计算书、编辑报告和办公软件的能力，为毕业设计和毕业实习打下基础。（3）为了让每一个学生都参与到具体的设计工作，将以往的全船结构设计，分解为部分舱段或结构的设计，这样结构设计更加细致，便于更好地熟悉规范的结构设计内容和训练学生对于典型横剖面图的绘制能力。（4）增加了应用有限元软件NASTRAN分析，并完成校核船体局部结构强度的内容，更加直观地了解应力和变形的分布规律，如图1所示。

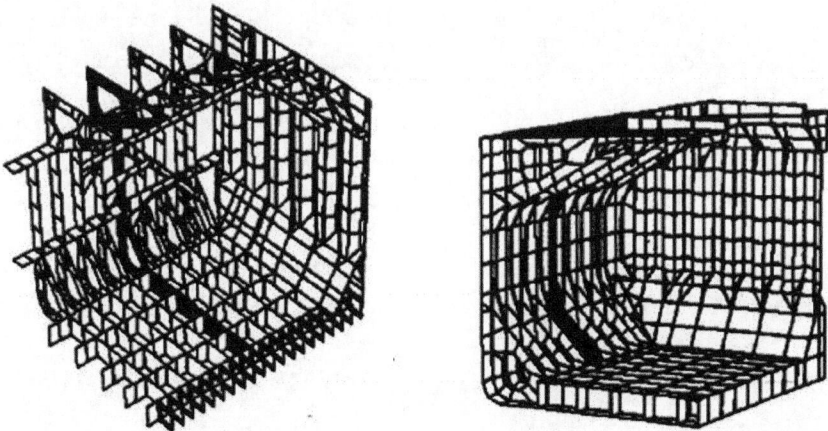

图1 典型结构有限元模型

5　结语

在修订的新的课程设计大纲指导下进行设计实践后，将训练学生全面使用船舶结构强度、结构力学、船体结构和计算机绘图等专业课程的理论知识来分析和解决实际问题。通过理论计算、有限元结构分析、结构设计、结构绘图、查阅文献和计算机应用程序等，培养学生正确的设计思想和勤奋创新的创新精神，提高他们的专业素质和解决问题的能力。从2017年开始，新的教学计划已在船舶和海洋工程专业的船体强度和结构设计教学实践中使用。从近年来的实践成果来看，经过课程大纲的修订和完善，课程内容更加接近工程实际。随着工程实践的发展，学生的学习效果得到了很大的提高，综合能力和素质得到了提高。锻炼后，学生反馈良好，课程改革取得了良好效果。

参考文献：

[1]　王杰德，杨永谦.船体强度与结构设计[M].北京：国防工业出版社，1995.

[2]　刘向东.船体强度与结构设计[M].北京：人民交通出版社，2006.

[3]　冯亮，艾勇，张伟伦，等.《船体强度与结构设计》课程教学中的探索与创新[J].课程教育研究，2015（19）：245-246.

土木工程口语课程存在问题及解决对策

杨 朋

摘 要：土木工程口语课程是一门专业考查课，是专业英语的延续和应用发展，但该课程的教与学的过程存在一些问题，主要表现在教学学时少、内容不够新颖灵活，没有固定的口语课堂使师生缺乏热情，至今很难找出一本合适的教材。对此，提出了改进教学大纲要求、教师专心备课、采用翻转课堂教学和对专业教师进行英语培训等有效措施，预计能取得理想效果。

关键词：土木工程口语；翻转课堂；对策

1 引言

土木工程口语是一门专业基础课（有的高校列为专业任意选修课），该课程是大学英语的延续。《大学英语教学大纲》从词汇、读、听、说、写、译等方面对专业英语提出了明确的要求。基于专业特点，在全面兼顾读、听、写、说、译的前提下，重点放在专业阅读能力的提高上。土木工程口语不仅是整个大学英语的一部分，而且也是专业英语课程的延伸和应用发展。[1-7]近几年，随着我国土木工程核心竞争力的提升，很多国企在国外承揽了大量的工程项目，需要大量既懂得土木工程专业知识又有良好口语交际能力的人才。因此，本课程将对学生服务于社会及土木建筑工程科技与经济的创新发展起到重要的作用[7]。

经过一段时期的教学，作者发现学生对土木工程口语课程的评价差别较大，有些学生提出的建议和意见也是五花八门。有同学认为："我认为我将在接下来的时间里跟随老师的脚步，学习如何用英语表达土木工程术语，并通过观看美国电视连续剧和独立学习很好地练习口语。下周课本将寄给我，以便我能更好地学习，例如背单词和阅读文章。"也有同学认为："就像学习其他任何语言一样，学习英语是一项艰苦的工作，所以我的第一个想法是每天花费大量时间练习英语。此外，听老师讲课时要认真记笔记。仔细检查定期学习的内容，并仔细完成我们的作业。收听英语广播节目、阅读英语故事和报纸、观看英语电影和电视节目、保留英语日记以及参加英语辩论和演讲比赛。"还有的同学认为："面对学习工程英语的口语，我有一个更加基于流程的详细计划。首先，我将学习口语工程专业的新英语单词，并与教材配合使用，以纠正我的口语模式和发音。目的是通过模仿发音来提高英语口语水平。其次，我将为新近学习的英语单词和非熟练英语单词制作一个语音表，并逐步进行以下阅读练习，以期达到脱口而出的效果。第三，我希望每天花半个小时来训练我的听力能力，以便通过提高听力能力来提高口语水平，最终目标是达到流利的英语交流阶段。同时，我希望老师不要在课堂上读太长时间，而要与学生更多地互动以激发课堂气氛。例如，在上课前播放英语歌曲，结合练习以巩固知识。"可以发现，不同英语水平的同学们对该土木工程口语课程的要求和学习方法是千差万别的。学习好英语知识可以通过自己的方法来实现，比如通过观看英文视频和相关影视资料等。但是要学习好土木工程口语知识，没有相关专业方面教师的指导和帮助，仅仅学生自己的口语盲目地练习是不可行的。甚至有同学为了学习土木工程口语，有以下计划。首先，每天按时背诵 50个工程单词以增加词汇量，并阅读课本内容20分钟以训练对专业英语的熟悉程度。其次，留出一些时间每天在软件上进行口头对话，以提高自己的口头交流能力。第三，观看更多相关的英语视频，以提高听力水平和英语口语专业水平。

作为一门专业课程，《土木工程口语》课程的作用是提升学生专业方面的交际能力，但是大多数同学并没有认识到。通常同学们还认为该课程仅仅是学习口语知识，严重忽略了该课程的专业性。因此，采取有效措施改变学生对土木工程口语课程的看法，已经刻不容缓。还需要强调的是，该课程的教与学没有得到高校管理部门应有的重视，很多学校将此课程列为专业任意选修课或考查课。另外，该类课程的学时少，本来该花大力气学习的课程不需要正式考试，使教师和学生对本课程的热情持续走低。在土木工程口语教学的过程中存在一定问题，主要表现在教学内容不够新颖灵活，没有固定的口语教室没有语言的氛围从而使师生缺乏热情。土木工程口语的主讲教师一般为熟悉土木工程专业的教师。主讲教师对本专业知识非常熟悉，但是对英语尤其是英语口语知识缺乏专业性。另外，多数土木工程英语教材内容大同小异，至今很难找出一本合适的专业英语口语教材。本文分析了问题的原因并提出了一系列解决方案，对正确进行《土木工程口语》英语教学具有借鉴价值。土木工程口语学时及学时分配见表1。

表1　《土木工程口语》学时及学时分配（修改前）

序号	课程内容	学时分配				
		讲课	实验	习题课	课程设计	机动
1	前言 UNIT1 Urban Planning and Design（Section1）	1				
2	UNIT1 Urban Planning and Design（Section 2、3、4）	1	1			1
3	UNIT2 Introduction of Architecture（Section1、2、3、4）	1	1			1
4	UNIT3 History of Architecture（Section1、2、3、4）	1	2			
5	UNIT4 Architectural Physics（Section1、2、3、4）	1				
6	UNIT5 Architecture Structure（Section1、2、3、4）	1	2			
7	UNIT6 Civil Engineering（Section1、2、3、4）	2	2			
8	UNIT7 Mechanics of Materials（Section1、2、3、4）	1	2			
9	UNIT8 Structure（Section1、2、3、4）	1	2			
10	UNIT9 Materials（Section1、2、3、4）	1	2			
11	UNIT10 Construction（Section1、2、3、4）	1	2			
12	UNIT11 Hydraulic Structures（Section1、2、3、4）	2	2			
13	课程总结、课程总答疑	2				
14	机动课时					
合计		16	18			2

2 存在的问题

2.1 学时不够

目前，土木工程口语课程一般会设置在大二第二学期，很多高校在制定教学大纲时，本课程的课时量从28~36学时之间，基本上一周2~4节课。以普通为例（表1），36个学时至多才能进行6~8个单元的内容，由于学生的英语水平参差不齐，有的同学基础较差拼读土木工程专业英语的单词都不熟练。另外，有学校还有土木工程口语课程实验（20学时）、科技论文阅读等能力的训练，因此该课程的总学时明显不够。课时不够导致的后果常常是教师匆匆忙忙赶进度，没有时间把内容全部讲完，"蜻蜓点水式"的教学；而学生也觉得无法深入任何知识点，学习仅仅是走马观花。因此，缺少课时对于教师和学生都没有好处。

2.2 教学内容不够新颖灵活，学生学习兴趣低

土木工程专业英语教材种类繁多，可以作为土木工程口语课程的教材。但该类教材的内容大同小异，基本上没有更新升级，目前无法达到与时俱进。虽然土木工程属于传统领域，但该领域的材料、技术和结构等内容已发生了比较大的进步和发展，教材里应该把这些新东西吸纳进去。目前国内仍有学校认为期末考试是考查学生学习质量的唯一途径，所以可能会弱化平时的课堂检查，这样导致大量学生不听课、不做作业，在考前"通宵达旦"地背诵考试内容。也有国内学校对正常考试环节控制不严，默认允许任课教师在考试前给学生讲重点、划题目，这种做法相当于考前透露了考试信息，一旦出现此类现象，学生对学习必然会产生厌倦心理，已经对我国的高等院校的教学质量造成了严重的负面影响。目前，如何将土木工程口语的内容"与时俱进"从而引发学生的学习兴趣是一个值得考虑的问题。

2.3 没有固定的口语课堂

受硬件条件和学校管理层重视度所限，土木工程口语课程只能在一般的教室内开展，学生们在这样的教室里只能听教师讲的内容，而自己只能"疲于应付"，教学效果不会很好。实际上，一种语言的学习应该有其固定的口语教室并配备专门的软硬件设施。但目前来说，专门的口语课堂在国内还没有开始建设。

2.4 教学师资需要培养

近年来，我国很多高校的规模不断扩大，教师的数量也与日俱增。绝大多数的专业口语课程是由非英语专业的、任教时间较短的教师担任的。与专门的英语教师比较起来，他们缺少扎实的语言功底和丰富的教学经验，上起课来必然会出现问题。因此，本课程的专业教师队伍亟须加强。

2.5 教材凤毛麟角

土木工程口语课程内容应包括专业知识和口语知识，但目前还没有一本此类教材，任课教师普遍都是采用类似或相关的教材来代替，需要引起学校及主管部门，甚至政府和社会部门的重视。

3 解决的措施

3.1 增加学时，提高重视

经过长时间的教学实践与相关探讨，作者建议将土木工程口语课程的课时量定为48学时以上，学时及学时分配具体情况见表2。该课程的学时量最好与大学英语课程（课时量为54学时左右）的分量大致相当。另外，为了提高学生的积极性和教学质量，有必要将此课程列为考试课程。

表2 《土木工程口语》课程学时及学时分配（修改后）

序号	课程内容	学时分配				
		讲课	实验	习题课	课程设计	机动
1	前言 UNIT1 Urban Planning and Design（Section1）	1	2			
2	UNIT1 Urban Planning and Design（Section2、3、4）	1	2			1
3	UNIT2 Introduction of Architecture（Section1、2、3、4）	1	2			1
4	UNIT3 History of Architecture（Section1、2、3、4）	1	2			
5	UNIT4 Architectural Physics（Section1、2、3、4）	1	2			
6	UNIT5 Architecture Structure（Section1、2、3、4）	1	2			
7	UNIT6 Civil Engineering（Section1、2、3、4）	4	2			
8	UNIT7 Mechanics of Materials（Section1、2、3、4）	2	2			
9	UNIT8 Structure（Section1、2、3、4）	2	2			
10	UNIT9 Materials（Section1、2、3、4）	2	2			
11	UNIT10 Construction（Section1、2、3、4）	2	2			
12	UNIT11 Hydraulic Structures（Section1、2、3、4）	2	2			
13	课程总结、课程总答疑	2				
14	机动课时					2
	合计	22	24			2

3.2 教学内容更新

土木工程口语课程教学中应把当前土木工程领域内的最新材料和技术纳入，还可将国内的大型工程进行专门介绍，比如港珠澳大桥建设项目、深中通道建设项目等。有必要时，教师还应做准备教材之外的相关资料，使本课程时代感十足。只有将土木工程口语课程呈现出时代感且紧跟时代潮流，才能使学生对该课程提起兴趣，从而产生较好的学习效果。

3.3 设置语音室和开展网络资源建设

国内高校的专业课基本都由所在院系安排上课，而语音室等资源通常属于外语学院（系）所有。这就要求学校教务管理部门要合理安排教学资源才能解决。实际上，语言的学习不同于其他课程，应该设置专门的语音室进行授课。需要开发编制土木工程口语多媒体课件和网络教学资源，建立语言学习课程网站，应有课程概况、主讲教师介绍、教学改革简介、电子教案、教学文件（例如教学大纲、教学计划等）、练习题和模拟试题等。网络资源不但减轻了老师批改作业的工作量，还能使学生按各自的时间安排去学习。网络资源可以实现学生在网上观看教学录像，在网上进行学习并与教师直面交流，参与直播答疑讨论等。

3.4 师资培训

土木工程口语课程的教学离不开经验丰富的教师。另一方面教师的教学技能也需要提高，可采用翻转课堂教学等先进的教学技术与方法把教学质量提高，提高学生对于本课程的学习兴趣。对于普通教师，相关部门应组织进行相关英语技能、知识以及教学技能的深入培训。同时，鼓励科研能力强、有丰富教学经验的教授担任本课程教师。高校相关部门可采取经济鼓励或政策鼓励措施让教师们热爱教授此类课程。

3.5 加大教材编写力度

国内有的高校不重视教材的更新和换代，经常连续使用同一种教材，这使得教师和学生厌倦所学内容，甚至觉得本课程可有可无。由于土木工程口语课程牵涉的内容涵盖土木工程专业和英语口语的相关内容，有实力的高校应编写符合本单位情况的教材。高校间也可以通过组织任课教师联合开发有价值的教材。由于土木工程口语课程还涉及国外的一些土木工程知识，有条件的高校还可通过中外合作等方式邀请国外有经验的教师参与课程建设工作等。

4 结束语

土木工程口语教学尚应进一步加强和开放，课程的课堂多媒体材料库还有待于进一步充实。为进一步加强和国内外同行的交流，还可尝试在中外合作办学模式下邀请国外专家配合教学。由于本课程涉及的知识面较广，面对的专业多（水运工程、土木工程、工程造价方向等），对与本课程相关的前置课程和后续实践课程相关内容应进一步研究，使其有机链接。

参考文献：

[1] 鲁正，林嘉丽.土木工程专业英语课程改革探究[J].高等建筑教育，2020，29（1）：189-195.

[2] 雷斌，罗魁，过思，等.新时代背景下土木工程专业英语的教学改革探究[J].教育现代化，2019，6（A0）：52-53.

[3] 唐煜，孟庆成.土木工程专业英语教学现状分析和对策思考[J].科教导刊（中旬刊），2019（11）：146-147.

[4] 宋梅梅，张煜敏，程凯凯，等.土木工程专业英语教学策略[J].西部素质教育，2019，5（17）：183+185.

[5] 张净达.突然性假说对实时口语交际能力培养方法的启示：以土木工程英语课堂教学为例[J].白城师范学院学报，2017，31（4）：79-83.

[6] 张涛.工程管理专业英语教学模式研究[J].中国成人教育，2014（7）：142-144.

[7] 肖义平.大数据时代创新人才培养教学改革探索[J].高教学刊，2016（1）：67-68.

钢筋混凝土结构实验课程混合式教学模式的探讨

谢志红

摘　要：结合钢筋混凝土结构实验课教学现状，指出目前教学中存在的问题，结合混合式教学理念提出了新的教学方法和教学模式，使学生成为钢筋混凝土结构实验课的主要参与者，有效提高学生的积极性与主观能动性及实验效果。

关键词：混合式教学；钢筋混凝土结构；实验；改革

钢筋混凝土结构实验课程是土木工程专业的核心课程钢筋混凝土结构课程教学的重要环节，是培养学生实践能力、科研能力的重要实验平台，它体现了一所院校的教学水平、科研水平和实验能力。通过实验可以使学生深入理解钢筋混凝土结构加载-破坏的全过程，进一步系统直观地理解基础理论，培养学生理论联系实际的能力，加强学生的实践能力及科研水平。本门课程理论性强，实验操作难，一直是教学中的难点，因此探讨钢筋混凝土结构实验课程的教学新模式具有重要意义。

1　课程的特点

钢筋混凝土结构实验课程是一门实践性较强、突出应用技术培养和注重实践训练的课程，它是建筑工程技术专业核心主干专业课的延伸和拓展，同时也是服务于土木工程和工程造价专业的结构实验课程。本课程以混凝土结构设计的具体工作模块来组织相关知识与操作技能的学习，培养学生混凝土结构构件实验能力、数据分析与实际动手操作能力，加深对专业知识的理解和巩固。

2　目前课程存在的不足

（1）此课程目前开出的实验项目偏少，而且实验项目各自相对独立，联系较少，学生兴趣及目的性不强。学生不能将力学实验、建材实验项目与结构实验项目相互联系，实验室之间缺乏沟通，学生在实验中思考也较少。由于实验均为实验教师事先安排、设计，学生只是机械参与，未在实验中真正设计、思考实验方案，更不会提出修改方案，所以限制了对本课程有效的学习。

（2）实验室配套不足。钢筋混凝土结构实验属于结构实验，它配置的仪器设备多数是大型的，如500吨的结构疲劳实验系统、500吨的多功能加载架等，由于设备昂贵，所以配备得不多，面对每次一个班40人的学生明显不足。再者在结构实验室进行试验的构件多数是大型构件，这些构件都需要经过复杂的制作才能成型，还需要经过长时间的养护、加工才能进行试验，因此这些构件会占用大量的场地，但目前实验室场地不足，每次只能完成几个构件的制备，很多学生不能实际操作只能观看。

（3）实验室人员不足。专业课老师同时充当实验课老师，从实验试件的制作、养护到试验整个过程时间很长，试验过程中又要示范又要管理学生，往往感到力不从心。

（4）实验室规划布局不合理。随着学生数量的增多、教师试验科研的需求及学校对实验室投资力度的加大，购买的新设备的安装还是在原来的实验室，大型设备和小型设备混合摆放，教学区域和科研区域不划分，没有预留特种设备的行走通道，等等。并且新的设备的安装也没考虑到散热问题，试验系统和动力系统混在一起，一开机器噪音较大，夏天更是热得学生们无心听课。

3 完善教学体系，改革教学方法

本课程是土木专业重要的核心课程之一，为了培养学生实践能力和创新精神，构建以学生为主体、教师为主导的框架，适应"研究型""工程型"和"复合型"等不同类型人才培养的要求，就必须对现有课程的设计体系进行改革，形成内容丰富、层次渐进、形式灵活的实验教学体系。本文提出一种混合式试验教学方法，可以有效改善教学效果。

4 混合式教学模式的设计

（1）从实验过程的演示过渡到实验设计能力的培养。将在结构实验过程中完成的由设计、制作、检测、分析、计算、总结的整个结构实验全过程作为课程教学内容，并提出课程的培养目标。

（2）从"项目导向"过渡到"工作过程导向"。以混凝土结构构件实验科学研究能力为培养核心，与多家企业、建筑研究院、高校合作，将实际工程实验项目、科研项目中的案例作为载体引入教学中，基于工作过程构建教学过程。课程教学情景模拟真实工程。实验中提交给学生的实训项目以来自建筑的分部分项工程为基础，是经过精心组织挑选的，如要求学生完成钢筋下料、绑扎、支模板、混凝土搅拌、浇筑、养护成型等过程，与施工现场的实际工作任务和工作过程完全一致，让学生掌握相关的知识、操作方法和操作技能，真实地反映岗位的职业应用能力需求。实验中提交给学生的实训项目也可来自科研项目中的一个模块，从开始的实验过程的制定都让学生参与进来，为他们日后进入研究生阶段的学习打下良好的基础。如一个FRP加固课题，我们会设计一部分让学生参与钢筋的绑扎、浇筑、养护、应变片的粘贴及加载的过程，再与普通混凝土梁做对比。通过整个课程设计，使学生能明白实验的最终目的是要解决工程中的问题或研究一些目前急需解决的问题，这样学生们带着这些实际的任务去实验，提高了他们的积极性。[1-4]

（3）合理使用录像、图片、仿真等教学手段。在课程教学过程中，通过试验录像、工程图片、仿真配筋模型、仿真建筑物和动画等教学手段，使学生理解结构的构造知识和设计思路，指导学生进行合理设计。

①手机的应用。随着科技的发展，手机成了生活中的必需品。老师们对学生使用手机很头疼，但是管制手机如同治水，只能采用疏导而不是一味地堵，用得好还会有意想不到的效果。首先通过手机设置一个微信公众号或者简单的QQ群，通过这些社交软件，在每次课程前把课程要做的项目资料事先传给学生，使学生能在课前就了解及掌握实验内容，为实际中课程的翻转做好准备。

②网络平台的建设。在学校的慕课平台进行试验课程的建设，通过平台学生可以了解

试验过程，熟悉仪器设备的使用方法，并且可以相互交流。

③网络课堂的使用。网络课堂的出现极大丰富了课堂的形式。利用雨课堂或腾讯课堂这些实用的网络课堂，上课前可以先把试验过程、仪器设备的使用及注意事项的讲解教学在网络课堂中进行，这样方便学生反复看视频并加深对基本试验知识的掌握。等到实验室上课时学生可以直接进行试验过程，节省了试验的时间，老师也提高了对课堂的管理效率。

④实验模拟软件的应用。在实验教学中，学生的人数往往都是以班计算，数量很多，就算分成几个小组，进行设备操作时，也不能保证每个同学都能动手。例如在进行疲劳试验机进行梁的受弯实验时，由于实验室疲劳试验机的数量有限，一般只有积极的学生才会靠前去操作，大部分学生只是看着，这样就造成了大部分学生还是不能熟悉和掌握整个操作流程。并且有的学生由于操作不当经常损坏设备，增加了维修经费。模拟软件的出现很好地解决了这种问题。目前市面上有很多土木工程的仿真软件，很好地提高了学生对工程及实验的认识。学生在仿真软件上实现试件的制作、养护以及加载破坏全过程，这样解决了因设备数量有限，多数学生不能动手操作的问题。

5　结语

钢筋混凝土结构实验课程需要正确的功能定位、充足的配套用地、先进的教学方法才能充分实现人才培养的目标。本文通过分析目前该课程存在的问题，提出了一种混合式的试验教学模式。

参考文献：

[1] 韩建军，李亚龙.土木工程结构实验室建设综述[J].山西农经，2016（8）：112.

[2] 伊达.对"翻转课堂"的再认识[J].当代教育与文化，2014（2）：25-27.

[3] 钱保俐.翻转课堂教学模式在高等院校实验课程教学中的应用设计[J].中国教育技术装备，2014，28（6）：114-115.

[4] 张艳美，杨文东，俞然刚，等.基于个性化和翻转课堂的土木工程专业实验教学研究[J].实验技术与管理，2015，32（7）：183-185.

"新工科"背景下非电类工科专业电工电子实验课程教学改革探索与实践

杨　咪　曾新红

摘　要："新工科"背景下，人才的培养模式面临新的变革，实践教学是工程教育的重要组成环节，应该更新发展，以适应"新工科"时代的需求。本文对当前的非电类专业电工电子实验教学进行分析，指出传统教学中存在的关键问题，并建议建立以学生为中心，多样性、差异性和多元化的教学模式，提出了一种基于移动端"雨课堂"的实践教学改革方法，以提高教学质量，使教改取得良好的效果。

关键词：电工电子；实践教学；雨课堂；教学改革

《教育部高等教育司关于开展新工科研究与实践的通知》提出"新工科"相关理念，这对高校尤其是工科背景高校未来的办学走向有较强的引导作用，指引了工程教育改革新路径。[1]"新工科"建设以培养多元化、创新型和复合型的高素质工程人才为目的，旨在把学生培养成创新能力强、工程实践能力强的具有世界竞争力的复合型高素质人才。[2]电工电子实验是一门重要的工程技术基础课程，应用性强，是实践教学过程中极其重要的一个环节，为学生毕业后从事相关的工程技术或研发工作打下理论和实践基础。很多电类和非电类专业都会在不同深度和层次上开设这门课程，是培养学生探索知识、应用知识的重要措施，也是培养学生成为应用型、创新型人才的重要环节。广州航海学院多个非电类专业开设了此类课程，有独立成课的专业，如能源与动力工程专业、机器人工程专业，也有配套理论教学的实验方案，如机械工程专业电工电子技术、船舶与海洋工程专业电工学、轮机工程专业电工学等。非电类专业学生的电类理论基础知识有限，进而影响实验效果，不利于实践教学，在培养新型高素质、复合型工程技术人方面存在明显不足。

1　课程教学现状和存在的问题

1.1　教师主导授课，学生被动学习

长期以来，实验课教学方式单一。在实验室中，多以教师主导为主，采用和理论课类似的模式，教师在课前讲解与示范，学生实验；学生以教师给出的实验指导资料为参考撰写实验报告，缺少思考过程，报告呈现单一，预习报告成为一种形式；教师讲完后，学生完成相同的实验内容，由教师检查实验结果和数据。这种传统的、长期存在的教学模式有其合理性，也存在一些弊端。大多数学生之前缺少思考过程，对实验结果的合理与否缺少个人判断。

1.2 注重知识的传授，忽视学生的差异性

现有的实验课程多遵循制定好的教学大纲，由于电工电子实验是电工技术、电子技术等课程的配套实验课程，项目设置上注重理论教学大纲知识点目标的达成，各项实验步骤设置也都是围绕此目标来设置。在课堂上，学生在同样的时间内完成同样的实验内容，常有学习能力强、准备充分的学生提前完成实验，部分学生因为种种原因不能按时完成，影响教学效果。

这种教学方式的弊端是，没有考虑学生的水平差异。学生的学习兴趣、动力、学习能力差异巨大，有的学生完成得好，后续劲头更足，有的学生则因实验的效果不佳影响其后续的学习积极性。

1.3 验证性实验占比过大

电工电子实验是电工技术、电子技术等课程的配套实验课程，学时有限，独立成课的课程也仅有18个学时，常规教学项目以验证性实验为主，以促进学生对知识的理解和消化吸收，涉及的知识点单一、操作简单，学生只需对着实验箱模块，照着实验指导书连接几根导线调试好仪器测好数据就能完成实验，对电路设计思路和具体的工程应用所知甚少。"互联网+"时代，学生接收信息的渠道丰富，注意力易被分散，设计、创新实验少，固有的教学模式难以引起学生的兴趣，需要加入新鲜元素，提升学生实际应用能力。

这些问题使学生的工程思维和创新应用能力被束缚，自主学习、应用电类基础理论知识解决实际问题的能力得不到培养，不能为后续专业课程的学习奠定扎实的基础，这与工程教育的目标相违背。如何在实践教学中体现工程教育要求，贯彻"新工科"理念，更好地实现人才培养目标，是课程教学改革探索的重点。

2 课程教学改革的措施

2.1 更新教学理念，转变教学模式

高校要改变"教师主导授课，学生被动接受、学习"的现状，教学理念应"以教师为中心"向"以学生为中心"转变。学生成为学习的主体，教师变为学生学习的引领者，甚至是合作者，让学生从被动地接受知识变为主动学习，以学生为本，给学生以一定自由发展空间，有利于创新型、实践能力强的高素质人才的培养。[3-4]

2.2 引入多元化的教学方法，引导学生深度参与

实验课程的学习并不仅限于实验室现场，也可与时俱进，建立新的教学模式。"互联网+"时代，网络早已融入每个人的生活之中，合理地在课堂上利用网络，拓展学习空间，增加互动场景，可提高课堂的活跃性和学生的积极性。教师在实验教学中可引入"雨课堂"，"雨课堂"将复杂的信息技术手段融入PPT和微信，在课外预习与课堂教学间建立沟通桥梁，合理地利用"雨课堂"可以将课前、课中、课后的各个环节赋予全新的体验。[5]

针对课程的同一批授课对象，学生存在个体差异，知识水平参差不齐，教学目标就会不同。为了提高知识向能力的转化，教师可进行教学资源建设，对实验教学项目和步骤的设置进行修正、优化，将教学目标细化为多个小目标，使其更加翔实，对教学PPT进行重新设计：可在一些理论知识点设置主、客观题答题环节，对实验技术和操作注意事项设置

客观题答题环节，尽量覆盖不同水平学生的知识和实践盲点。

教师可将实验内容分为两部分：基础验证部分与能力拓展部分。基础验证部分的实验项目要求选课学生必须完成，能力拓展部分则供学习能力较好、有求知欲的学生自行选择，鼓励他们自主思考、团队协作完成，并在成绩评价上给予一定拔高。拓展性实验项目中，教师可提供参考资料由学生自行选择，或由学生自行查阅资料后进行设计，从而实现差异化教学。

教师可利用"雨课堂"建立移动课堂，课前，通过"雨课堂"推送，学生微信端收到"雨课堂"推送后，在时限内完成答题，并撰写预习报告。课中，学生可针对之前的不足重点听课，自主实验。通过"雨课堂"，学生对本次实验的内容和重点有针对性地学习，答题环节推动学生主动思考；后台可自动批改客观题，实时反馈。教师结合后台反馈数据和主观题批改情况，只需对重点、易忽视点、难点进行讲解，提高课堂的互动性和效率。移动课堂流程如图1所示。

2.3 层次化实验内容，增加设计性实验

教师应对实验内容进行优化，将其层次化。教师应将验证性实验作为第一层次，要求学生熟练掌握；第二层次主要是设计性实验项目，让学生在前一层次的基础上进行模仿、拓展，自主设计或改进；第三层次则是发展创新性实验，不限定具体的实验条件，教师可给出任务，学生自行查阅手册来完成任务，或者学生自由发挥设计电路，可通过硬件实物，也可通过仿真搭建电路来实现既定的实验目标。实验由简到难，从明确具体到灵活发挥的层次化的实验设置，符合学生的学习规律，有利于调动学生的积极性。

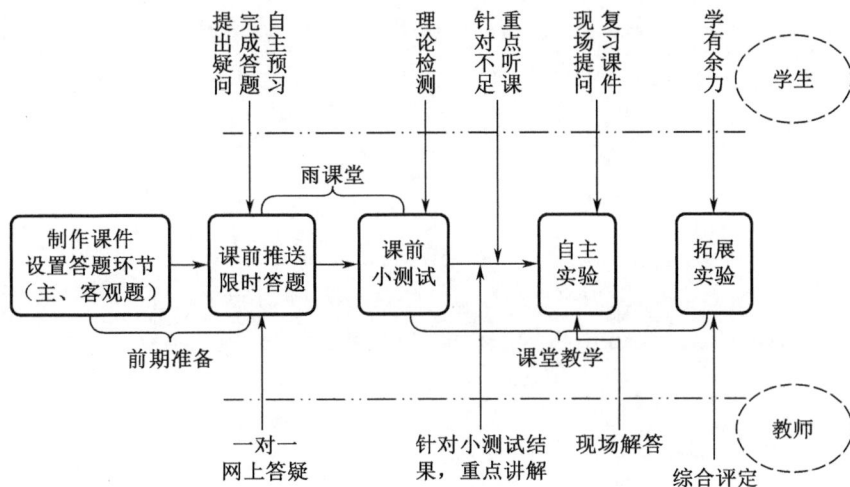

图1 移动课堂

3 结束语

电工电子实验课程是面向工科专业开设的一门基础实践课程，采用多元化的教学方式、差异性教学目标，以学生为中心，将教学目标细化，显著提高了课程的课堂效率，符合"新工科"教学理念。经过在学校多个非电类专业的教学改革探索与实践，取得了良好

的教学效果。学生学习兴趣、学习主动性明显提高，沟通能力、自主学习、独立思考能力和工程思维也明显提升，课堂效果改进明显，进一步促进了学生电工相关理论课程的学习和其他后续专业课程的学习。人才培养是一个长期的过程，教学改革也要在长期实践中结合不同时期的特色要求进行调整，以培养高素质人才，适应社会时代发展。

参考文献：

[1] 张宇敬，安英博，秦响应.多学科交叉融合的金融数据挖掘与分析工程人才培养模式[J].新西部，2019（4）：132-133.

[2] 夏静萍，吴庆宪，姜斌.新工科形势下自动化专业实践教学的分层次培养模式探究[J].云南民族大学学报：自然科学版，2020，29（2）：150-153.

[3] 张薇薇.新工科背景下电工电子实验教学研究与探索[J].物联网技术，2020（10）：110-113.

[4] 梁宏.搭建实验实践一体化平台深化实验实践教学改革[J].实验技术与管理，2013，30（5）：1-4.

[5] 杨春敏.基于雨课堂的食品微生物学翻转课堂教学模式改革研究[J].黑龙江教育：理论与实践，2018（4）：54-55.

基于"雨课堂"和QQ群的船舶强度与结构设计在线课程教学初探

宋　博

摘　要：船舶强度与结构设计是船舶与海洋工程专业的专业核心课。由于课程难度大，力学基础要求高，所以存在学生学习兴趣不高、课堂气氛沉闷等现象，加之教材少有更新，导致学习效果不好。为了改善这种情况，本文结合教学实践，介绍"雨课堂"与QQ群的在线教学手段，在"船舶强度与结构设计"课程中进行应用初探，希望为在线教学提供借鉴。

关键词：船舶强度与结构设计；雨课堂；在线教学

1　课堂概况

船舶强度与结构设计课程是船舶与海洋工程专业的专业核心课，此门课程核心内容是船舶强度的直接计算法以及船舶结构的规范法设计，并能结合专业知识进行船舶强度的校核。根据人才培养方案，将此门课程设置在大三下学期，课程综合性较强，需要较强的力学基础，如理论力学、材料力学、船舶结构力学等，并且由于船舶结构设计与工程实际紧密关联，因此无论对于"教"还是"学"都存在较大难度。

本文的研究是基于船舶强度与结构设计在线开放课程的建设，通过在线课程的教学实践，达到丰富教学资源，整合教学内容，熟练使用现代化教学技术、教学手段，提高教师教学能力，以期达到提升课程质量的教学效果。

同时，从学生角度出发，丰富了学生进行专业知识学习的方式，激发了学生自主学习的积极性，从而在学习过程中逐渐培养了浓厚的学习兴趣，继而才能合理运用知识、提升课内知识的综合实践能力，发挥该门课程在船舶与海洋工程专业应用型工程技术人才培养方面的正面效应。带动船舶与海洋工程专业的整体提升，从而提升学校教学质量，也为其他地方本科院校同类课程的授课教师和社会学习者提供丰富的学习资源。

本文积极思考如何利用现代化教学手段开展在线开放课程的教学，过程中利用两大平台：（1）清华大学在线教育平台"雨课堂"；（2）腾讯QQ平台。结合疫情期间学生学习环境和资源，希望保留传统课堂教学的知识输入，并充分发挥在线课堂和社交软件的及时性和互动性，完成翻转课堂，进行在线教学方法、教学内容的综合设计和改革。采用"雨课堂"进行在线课程的教学，主要原因在于其可以将所有教学过程的资料和数据记录下来，使教师在教师端对于教学效果和学生学习情况有准确的了解。教学资源包括：电子课件、慕课视频、电子习题和试卷等，并赋予新的体验，贯穿于课前预习、课中教学、课后巩固中。

2 课前预习

本文展开的在线课程教学实践在课前预习环节中，是利用"雨课堂"平台中的"课件推送"功能并结合QQ群文件来实现的。首先教师在"雨课堂"创建班级，并可选择是否添加语音，并在开课前将课程预习资料推送到学生手机微信端，如图1所示。由于在线开放课程处于疫情期间，学生无法拿到教材，教师可自主编辑预习课件，如：船舶强度与结构设计课程内容推送到学生手机上，同时还可添加语音讲解，教师可从"雨课堂"教师端及时检查学生的预习完成情况，并能通过"不懂"选项标注，在开课前对本课程知识的理解难点进行了解，（图2）。教师掌握学生预习的反馈信息：开课班级总人数69人，完成预习人数33人，完成率48%；对于教师设置的预习习题学生答题率为52%，教师批改率为81%，可见本次预习学生完成情况需要改善，教师在教学过程中需要加以强调，并可设置奖惩措施以达到培养学生良好学习习惯的目的。而且，通过本次预习发现，有4页PPT，学生通过"不懂"功能传达了对于该部分知识的不理解，教师在授课过程中，可加强讲解，提高学生学习效率。

本文同时结合社交软件QQ，在线开放课程的开展中将预习视频发送至QQ群文件。如图3所示，通过QQ群文件上传慕课视频及网络视频，便于学生更好地自主学习，使学生能够更多地掌握课程的地位，以及先导课程和后续课程。

图1 教师课前推送预习课件

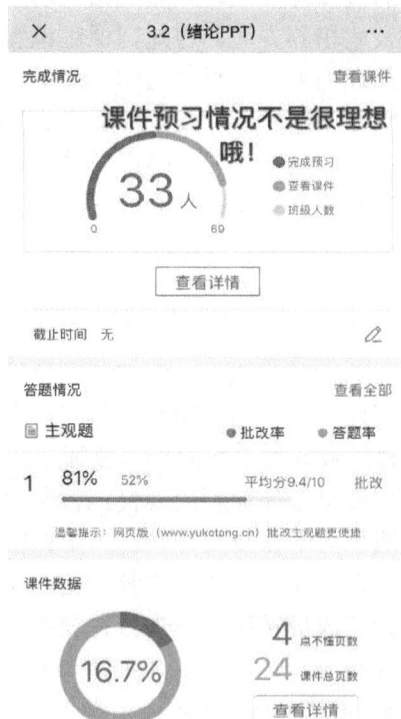

图2 教师端检查学生课件的预习情况

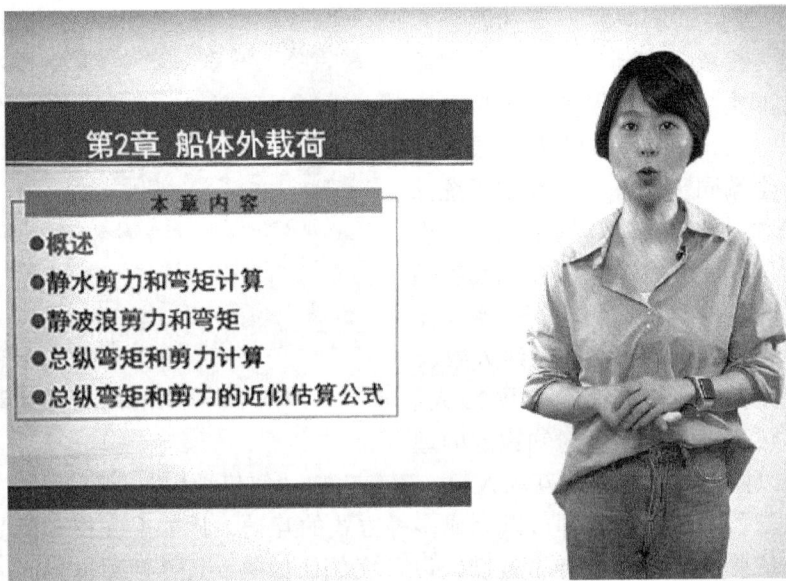

图 3　QQ群发送精品课视频进行预习

3　以"雨课堂"为主的课堂教学

通过"雨课堂"课堂动态可以看到今天的到课率，方便考勤和课堂数据统计。如图 4 所示，班级总人数 75 人，出勤 74 人，到课率达到 99%。教师端课堂动态学生课堂反馈见图 5。

图 4　教师端课堂动态出勤情况

图 5　教师端课堂动态学生课堂反馈

"雨课堂"提供了填空题、单选题、多选题、主观题、投票等互动设置，教师课前将本堂所需的课堂练习题以及所需的情况摸底提前设置成主、客观题和投票，课堂发布，学生在学生端同步作答，答题结果统计即时报送教师端，教师实时掌握学生对知识点理解情况。图6是"雨课堂"客观题答题统计，可以实时了解学生答题的正确率，比如本例中的多选题正确率48%，在线人数66人，答题人数58人，其中正确人数29人。从答题反馈不仅可以表现学生对知识点的理

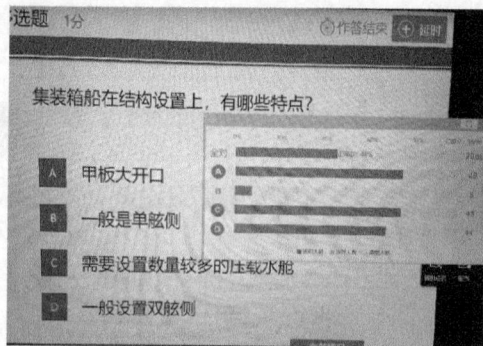

图6 教师端多选题答题情况统计

解情况，还可以监测到实际在线互动人数，避免出现"僵尸学生"，保证学生的听课效果。

在"雨课堂"中学生和教师可以完成多种方式的互动，比如上文提到的实时答题、答题统计，还有广受学生喜欢的弹幕互动，以及案例研讨等。图7是弹幕界面。并且在具体的教学过程中，采用分组讨论，发送投稿，踊跃发表自己观点，大大提高上课质量。采集课堂教学数据。对于力学类课程，主观题作答，学生的参与率很高。可以把优秀答案投屏分享，如图8所示。为了解决教学过程中的批注和指针功能，"雨课堂"设置了白板功能，如图9所示，可以与数位板搭配实时分享主观题的解答过程以及重要的公式推导。

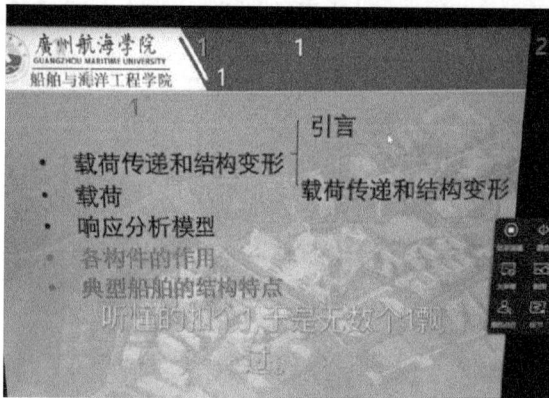

图7 弹幕界面

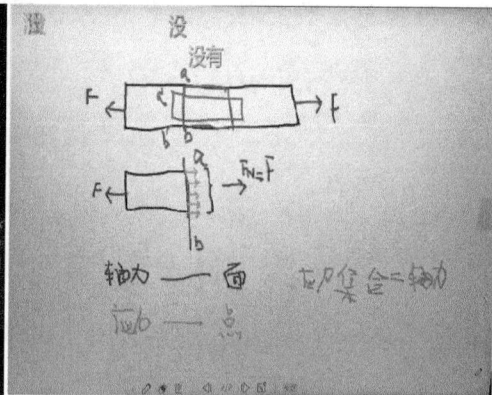

图9 白板功能

图8 主观题答题界面

4 "雨课堂"结合"QQ群作业"的课后总结

授课结束后，"雨课堂"会自动生成课后小结，并发给教师和学生。通过课堂互动情况，反馈出本节课的"优秀"学生和"预警"学生，这些反馈数据有助于老师了解学生的在线学习情况，并且对消极上课的学生发出警告，课堂数据是教师评定本门课程平时成绩的依据。教师也可通过"雨课堂"发布课后习题，推送复习资料，学生作答后可直接查看答案解析。通过数据采集、分析、教师对学生任务完成时间和情况进行统计，掌握每位学生课程的学习情况，从而方便教师制定合理有效的教学组织活动。

"雨课堂"优于其他教学平台之处在于"回放"功能，如图10所示。可以为学生在课后的学习提供帮助，通过回看课堂内容，学生可以在课后查缺补漏，及时解决课上的疑问，可以通过拖动进度条，快速找到需要回看的部分，这一功能是学生最常用的功能。通过"QQ群作业"布置课后作业（图11）。"QQ群作业"是腾讯公司推出的一款方便批改班级作业的应用程序，由于QQ社交软件使用范围广，易操作，即时性好，因此深受学生喜爱。教师可以在线发布作业，勾选是否需要在线提交，布置的作业可以以文字、图片以及文件形式来发布。同时，学生提交作业的方式亦可以采用文字、图片以及文件等形式。教师端可以查看已完成作业，提醒未交作业同学进行提交。并及时批改作业，可以在上交的作业进行批注，并且打分。教师还可以根据学生上交的情况，选择完成优秀的作业作为"模范作业"供本班同学分享并改正。在期末，教师可以通过电脑端下载整个学期，本班同学所有作业完成情况，并相应给出本课程的平时成绩。

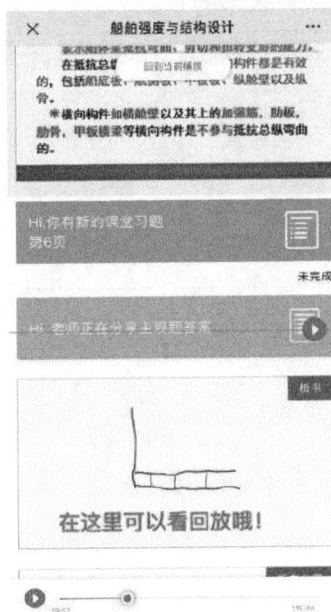

图10 回放界面

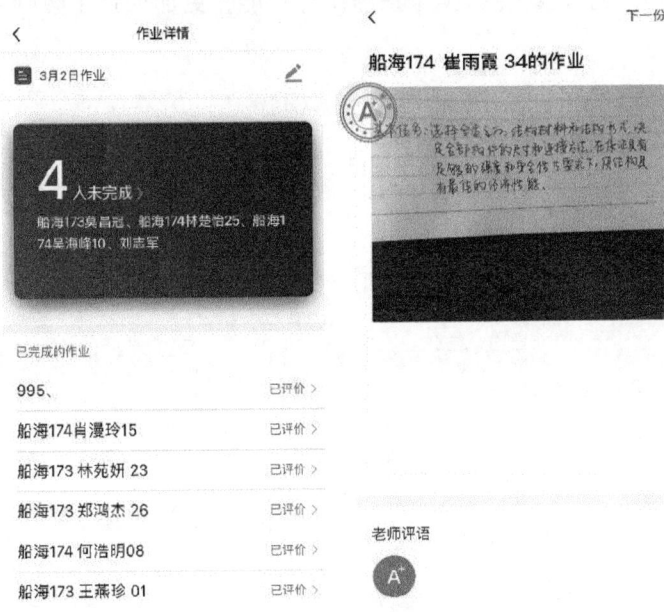

图11 QQ群应用"群作业"

5 教学改革效果

船舶强度与结构设计作为一门专业核心课，是一门考试课。考核成绩由平时成绩和期末考试成绩组成，其中平时成绩占30%，期末成绩占70%。平时成绩分为课堂评定包括出勤和课上表现（20%）以及课后作业（10%）。

结合"雨课堂"和"QQ群作业"的船舶强度与结构设计在线课堂教学，解决了疫情期间学生没有教材和纸质学习资料的问题，为学生的在线学习提供了保障。由于"雨课堂"有强大的互动性，通过实时答题、弹幕、主观题投稿，来达到学生和教师之间的交流，不仅提高了学生的积极性，教师也可以及时掌控班级的学习和知识掌握情况，对教学组织进行合理调控。由于准确的课堂状态统计做监督，旷课率、迟到率大大下降。其次，雨课堂还可以监控到"僵尸学生"对于那些在线但是没有听课的学生，可以通过弹幕统计，答题统计监控到，这也对学生是一个督促，大大提高了学生的听课专注度。对于课下的学习，教师可以布置试卷，学生利用线下时间自由进行测验，教师只需要设置好答案，系统可以自行批改，大大地减少了教师的工作量。最后通过QQ群应用，可以保证作业及时上交，教师不需要等全部学生统一交齐才进行批改，可以利用碎片时间进行批改，并及时反馈给学生作业批改情况，学生有问题可以及时与教师沟通，拉近了教师与学生的距离，力争使教学效果达到最佳。

6 结论

结合强大的社交软件QQ，将"雨课堂"引入船舶强度与结构设计在线开放课堂中，学生利用碎片化的时间进行课后复习、课前预习以及线下测验的自主学习，教师也可以利用碎片化的时间来批改作业和答疑，最大程度上节约了实践，提高了效率。课堂上加强了师生互动，雨课堂数据采集与统计功能，更加加强了教师对课堂和教学的掌控。

基于OBE理念的物流工程专业
采购与库存控制课程教学改革研究

周 艳

摘 要:基于 OBE 理念的高等教育改革是培养高素质、能力强的专业人才的迫切需求,本文分析了基于 OBE 理念物流工程专业采购与库存控制课程的教学目标设计和课程建设,从完善教学体系、加强实训建设、改革考核方式、建设网络课程、加强师资队伍建设等多个方面分析了具体的教学改革内容。

关键词:成果导向;教育教学改革;采购与库存控制

目前,物流专业人才已被列为我国12类紧缺人才之一,缺口达60余万。培养能力强、素质高的物流工程人才是满足社会需求的迫切任务。成果导向教育(Outcome Based Education, OBE)作为一种先进的教育理念,强调"学生中心、产出导向、持续改进",对保障和提高工程教育的人才培养质量具有重要的意义。为适应社会所需,采用工程教育认证和OBE教育理念进行物流工程专业教学改革已迫在眉睫。其中采购与库存控制课程作为物流工程专业的一门核心课程,培养具备较高的职业素养和技术能力的采购和库存管理人才是本课程在OBE理念下进行教学改革的主要研究方向。

在传统教学模式下,教学过程呈现静态化,以教师输出为主,部分知识点老化,不能充分调动学生学习的积极性、主动性,考核以期末考试为主要评价方式,重视学习结果而非过程,考核不到位;以 OBE 理念开展的教学改革,将以教师为中心转变为以学生为中心,对教学目标进行反向设计,从社会所需倒推出教学内容,考核方式灵活多样,重视学习过程。在教学中教师对照教学目标精心进行课堂内容的设计,在课堂上让学生成为主人翁,发挥其主动性、积极性,通过学生积极思考、踊跃参与、主动学习,使学生知识、能力、素质得到全面提升,学习成果呈现动态化,学习效果得到显著提升。为了达到优化教学设计、提高教学效果、培养优质人才的目的,以 OBE 理念为指导的采购与库存控制课程进行了以下内容的改革和实践。[1-4]

1 课程目标体系的重新构建

结合OBE教学理念和物流工程专业人才培养方案对本课程的大纲做进一步科学合理的修订和完善。在对企业进行深入调查的基础上,分析用人单位对人才培养的具体要求,根据这些要求制定本课程的能力目标、知识目标、素质目标,如表1所示。

表1　采购与库存控制课程目标设计

能力目标	采购管理的组织设计；为采购部门拟定任职要求的能力；编制采购计划；掌握询价技巧、进行采购成本控制；具有供应商选择与管理能力；制订谈判方案和熟练使用谈判技巧；采购合同的签订及风险控制；掌握招标采购的过程；能够运用基于供应链的多级库存管理技术等方法进行库存控制和管理
知识目标	熟悉采购基本概念，了解采购组织常见的类型及特点，掌握采购环境分析的方法；理解供应商定价方法、产品成本分析方法；熟悉供应关系管理，掌握供应商评审及考核的步骤和标准；理解采购谈判的含义、阶段、目标；采购合同的日常管理和风险管理；库存控制的基本知识、基本方法、常用策略、技术和模型；供应商管理库存；联合库存管理等现代库存管理技术的内容和原理
素质目标	具备觉悟高、品行端正、大公无私、克己奉公的精神；具备认真敬业的工作精神；在采购中善于处理复杂情况和各种纠纷，心理上能够承受压力；具备虚心、诚心和耐心；在商务活动中做到善于思考、机敏灵活，善于有效沟通；能够和团队伙伴协同合作，发扬团队精神
思政目标	在课程学习过程中，结合教学内容融合穿插相关思政设计，通过潜移默化的教学方式，将学生培养为具有高尚情操、诚信守法、爱国敬业的采购和库存管理人才

2　基于OBE理念的课程建设

2.1　以OBE理念为指导完善教学体系，教学方法灵活多样

基于OBE理念开展教学设计，以学生为中心设计课程学习活动，体现以教师为主导，以学生的学习成果为导向，精准对接社会、行业和企业对采购人才的需求，课程教学设计以最终学生通过学习后能够掌握什么、能够做什么作为教学活动的出发点，以学生的学习成果作为衡量课程教学目标实现的基础。课程改革在教学内容的设计上与行业发展和企业的实际需求相接轨，突出采购行业的前沿发展趋势。根据在理论够用的基础上强调实用性的原则，在采购中，主要学习采购管理基础知识、采购成本管理、供应商管理、采购谈判、采购合同；在库存控制中，主要学习库存控制基础知识、库存控制模型、供应链库存管理。在教学体系的设计上，在保证理论学时的基础上，充实和完善实践教学的课时比例，突出实践教学内容在教学过程中的分量。为了提高学生学习的热情和内驱力，本课程采用了案例分析、情境教学、项目驱动等多种教学方法，使学生能够积极主动地进行专业课程的学习，取得了良好的教学效果。

2.2　丰富实训内容，提高学生的实践能力

完善实践性教学环节，探索多样化的实训方式，和实验室进行充分沟通，在课堂实训的基础上到实验室进行软件实训；不断丰富和优化实训教学内容，提高学生学习的积极性、主动性；在每个章节理论知识的讲授过后，配合以采购管理、库存控制的工作内容为导向设计的实训项目开展实训，在实训教学环节中培养学生的专业技能。根据课程能力目标培养的要求，我们设计了采购流程案例分析、模拟采购谈判、采购合同案例分析、基于供应链的多级库存管理技术开展库存管理的多方面、多内容的实训。让学生在实训中"做中学"，在实践分析、实践操作的基础上获得相应的能力培养。

2.3　改革考核体系，优化考核方法

改善传统教学模式下以期末考试为主要形式的考核方式，建立以学生为中心、以能力为导向、过程与结果并重的教学考核体系，其中平时成绩、期末考核成绩各占总成绩的

50%。平时成绩由出勤5%、课堂表现（课堂积极互动、主动思考问题、回答问题）10%、作业（分组汇报PPT、案例分析报告、资料查找和整理等）15%、实训20%构成；期末考核形式多样化，可以采用综合调查报告、论文等方式进行考核。

2.4 建设网络课程，构建立体化教学环境

进一步完善电子教案和电子课件，完成相关习题、案例的资料充实。通过建设网络课程，学生可以利用碎片化的时间进行学习。基于OBE的教学模式，它需要关注不同学生的学习成果，单从线下的课堂讲授上很难对接不同学生的学习需求，因此在进行课程建设的过程中，可以搭建网络平台，构建一个立体化的教学环境，提供丰富的学习资源，充分考虑学生学习的自主性，从而满足不同学生的学习需求。在学校网络教学平台上建设网络课程，在网络上进行资源的维护和更新。做到每学期整体更新一次，每学期课程资源更新比例须超过5%。课程电子课件、作业、答疑、热点问题讨论等内容可以在每学期的学习中根据学习进度随时进行更新。在网络资源建设中，要重视学习资源的持续发展和进化的能力，重视学习资源的动态性和生成性。改善资源单一的建设方式问题，集思广益，协同开发建设资源，建设能满足从标准化学习到个性化学习需要的学习资源。

2.5 重视师资队伍建设

教师积极参加教材编写、实训室建设、教学研究；经常集体备课；建立相互听课制度；在教研室活动中积极进行基于OBE理念的教学研讨；通过生动活泼、形式多样的教学与研究，锻炼了师资队伍，提高了师资水平。教师积极开展科研项目研究，尤其要重视与企业的横向合作与交流，不断提高自身的实践能力。同时要积极参加各类教学培训活动，关注行业发展动态，参加学术交流，在持续不断的学习中提高自己的教学水平。

3. 结语

通过应用OBE理念对"采购与库存控制"课程的教学改革，开展以教师为主导，以学生为中心的教学任务的实施，采用灵活多样的教学方法，有利于改变传统教学枯燥和乏味的现状，提升学生的主动性和学习热情，可以有效提高教学质量。该教学改革实现了理论与实践的有机融合，同时为社会提供了所需的高素质的物流采购人才。

参考文献：

[1] 常兴华，宋晓岚，金胜明，等.OBE理念下无机材料前沿课程教学改革与实践[J].产业与科技论坛，2021（9）：10-12.

[2] 叶淞文，李军，魏石勇.OBE理念下本科财务管理案例分析课程建设探讨[J].现代商贸工业，2021（9）：23-25.

[3] 杨莉.现代采购管理实训课程项目化教学改革的研究与探讨[J].经营管理者，2013（11）：20.

[4] 蒋明霞，许彤.现代采购管理实务课程项目化教学改革的研究与探讨[J].佳木斯教育学院学报，2012（7）：35-39.

基于机械设计课程教学现状的思考及建议

聂勇军

摘　要：本文研究了机械设计课程的教学过程中存在的问题及实际课程情况，分析了机械设计毕业生在开发新产品能力方面薄弱的影响因素，并给出了改革机械设计课程教学的建议和思路，希望能促进我国在机械设计方面的进步。

关键词：机械设计；课程教学现状；思考；建议

1　引言

机械的意义就是能够在一定程度上减轻或者代替人类劳动力，其主要原理是机械可通过设计使得各部位间能够灵活地运动，然后产生对人们有助力作用的动能或力量。总的来说，可将机械设计过程分为两个方面，一方面是运动设计，另一方面是工作能力设计。前者是依据用户对机械的动作要求以及在实际运行过程中机械所需要的能量来进行设计，设计的主要目的是确保机械在运动过程中保持完整性及合理性。通常而言，要求学习机械设计的人才具备创新思想及创新能力，这也是在机械设计课程学习过程中的必要要求，对于不具备创新能力机械设计人员来说，则需要在实际工作中通过不断地学习和磨炼来锻炼自身能力，如此会花费大量的精力和浪费大量的不必要时间来二次学习。文章基于机械设计教学，简单分析了在教学过程中所存在的问题，并给出了相应的解决建议。[1]

2　我国机械设计教学现状和存在的问题

第一，在以往的机械原理课程教学过程中主要存在过于重视分析，缺乏综合学习，过分重视理论教学，忽视了实践锻炼。在课程设计方面，主要涉及了运动分析以及机械动力分析，但这两方面的学习并不能称之为设计学习，有的机械设计教材甚至提到了机械的运动方案设计是没有规律可循的。经过教学改造后，机械原理新教材中增加了机械运动设计。在新的课程原理，教学设计中涉及各种类型的整机运动设计及实践课题，并且结合了计算机来进行辅助设计，满足当今社会对创新人才的素质培养要求，并紧跟现代科学技术发展的步伐。但由于部分教师（特别是高龄教师）在机械全过程设计方面的学习没有涉及或者没有进行过实践，所以在机械设计教学方面各个高校的发展水平不一，有的高校只安排了机构设计方面的学习，并没有涉及整机运动设计方面的学习，甚至有的高校目前只安排了运动及动力分析课程。但总体而言在机械原理课程中综合结构设计，并辅助学习计算机应用是目前的主流教学趋势。[2]

第二，机械设计课程曾被命名为机械零件课程，对学生机械设计方面的能力培养及提升有较大的意义和作用，特别是对机械设计学生而言的第一个设计课程即减速器设计几乎处于无可替代的地位。而自从机械零件更名为机械设计后，部分高校认为机械设计课程需涉及机械运动设计，否则课程设计是不科学、不全面的。然后部分教师加入了机械原理的课程内容，将该门课程统称为机械设计。在少部分的教材中还涉及凸轮结构设计及强度方面的计算方法。但大部分的机械设计教材中，仍坚持沿用机械零件的课程设计及教学内容。学生在学习该门课程后，并不具备机械结构的设计能力以及相关的计算能力，在实践方面的能力和经验缺乏，就导致了机械原理这门课程与机械设计的能力要求相违背，学生甚至搞不清这两个课程之间的关系，学习效果不佳。[3]

第三，在我国机械设计教学课程中还缺乏对学生基于运动原理进行设计绘图方面的能力培养，比如培养学生绘制工程装配图或者零件图方面的能力。所以对于学生的毕业设计而言参考图十分重要，甚至部分学生认为没有参考图的辅助就无法进行设计。长此以往，我国将缺乏原创性设计人才。学生在毕业实习期间到处搜罗参考图，而毕业设计则基本上不涉及原创方案设计及机械运动设计方面的内容，通常都是抄袭图纸并加以校核，并且这种类型的毕业设计的处理方式也是许多指导老师默认许可的，作为学生只需要搞懂就满足要求。这种培养方式无法培养出创新能力强的机械设计学生。

第四，高校机械设计课程教学过程中，缺少学生自主动手实践的平台和机会。在设计学习时往往处于绘制图纸或者模拟设计阶段，其准确性无法得到检验。部分高校会定期举办机械设计方面的竞赛或开展挑战杯竞赛，但通常只有少部分的学生会参与。

第五，许多高校进行机械设计专业改革时在改革创新思路方面会无从下手，通常会调研其他高校的教学实况，然后将收集的材料综合，这种改革方式无法打破传统思想的禁锢，缺乏创新思想。甚至在高校内部各课程互相竞争课程学时，都在积极教改，强调实践环节的重要性，新的教学内容在不断地增加，但是无法去掉以往的教学课程，所以只能平均压缩各课程，学校整体观念缺失，权威性无法保证，对学生创新思维的培养以及人文素质教育方面无法取得良好的成绩。

3 机械设计教学改革的思路与建议

3.1 培养学生兴趣

在教授机械设计这一门课程时，要向学生强调本课程在所有机械专业课程中所占据的地位，并理清该门课程同其他课程之间的联系，分析该门课程的课程性质，强调该门课程学习的重要性。机械类专业主要用来培养实践能力较强的工程师，对未来经济建设有重要的意义，能满足未来社会发展过程中所需的高素质设计专业人才的需求。为学生分析在我国社会发展过程中，工程师对人类进步与社会发展所做出的贡献，树立学生对所学专业的归属感，以及即将成为一名工程师而具备的自豪感，让学生对未来的发展有清晰的认知，能有效地提升学生对该专业课程学习的积极性。然后再叙述机械设计这门课程的特点，比如因研究对象特殊而具备的一些独特的特点。在教授课程时尽可能向学生展示目前人们所设计的对生活有极大改善作用的机械设备，以及我国目前工程师设计的高端机械设备，培养学生对本门课程的学习兴趣。

3.2 创新课程内容

在机械设计的课程要求中，增添连杆和凸轮结构设计方面的学习，大约10个小时，充分结合机械原理课程的实践结果和机械设计课程的机械设计题目，两门课程的结合，能够锻炼学生全程参与机械设计的能力，在进行毕业设计时学生具备更好的实践能力，锻炼学生的实操能力。如此在未来参加工作时，设计用于各种工作的机器，就可根据所学内容以及相关要求进行机械设计。大可不必将机械专业细致划分为多个二级专业，可通过压缩专业课程的学时，学习各方面的知识，对学生今后的工作适应能力有所帮助。但是曾被普遍认可的减速器设计课程被放弃了，而且对于学生而言，将整机设计作为结构与强度设计学习的第一个课程难度过大。所以建议将这两门课程更改为机械设计与传动设计，并且建议在机械设计授课过程中，按照设计顺序进行讲授，也就是说，先向学生讲解机构的基本原理和概念，然后再讲授对各种机构进行运动设计、结构设计和工作能力设计等，然后再教授组成机构的一些设计方法，以及关于整机的方案设计。绘制整机运动的简要图纸，然后再讲授如何将运动简图转换成工程图。最后讲解组织结构的运动分析，以及各种计算方法等等。在毕业设计时可加入广义机构设计方面的内容，尽力做出有实际作用的原创性毕业设计。此外，这些课程的选修课程也不能落下，比如静力学、动力学、材料力学等。合理安排课程内容，充分调动学生的学习积极性，可将比较枯燥的设计分析部分放在最后讲，也能更好地与强度计算内容相结合。机械设计课程教学体系如图1所示。

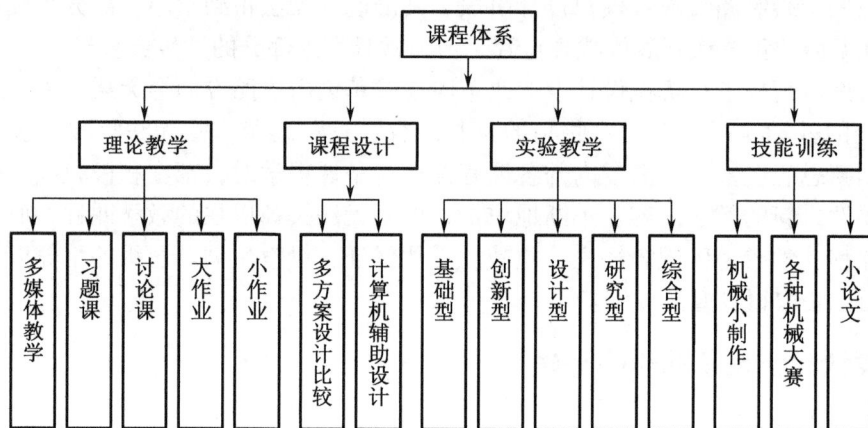

图1　机械设计课程教学体系

3.3　注重开展实践实训活动

　　建议相关高校在讲授整机运动设计课程后，可开设学生自主设计的实践课程内容，比如可以为学生布置设计机器模型或者机械方面的玩具等实践课作业，锻炼学生创新能力和动手能力。这有助于刚学习专业知识的新学员巩固知识，通过最小的成本代价锻炼能力，也能验证学生所学的专业知识是否扎实，以及验证自己所做出的设计能否成为可以使用的实物，也能让学生从运动设计学习很好地过渡到构型设计学习，一方面能够充分地调动学生的学习积极性，另一方面也便于发现学生是否有这方面的天赋，这个活动也是学生最积极最主动的学习环节。图2是学生做的分析题，齿轮轴在只受扭矩作用下的应力分析和同时受扭矩及齿轮齿顶集中载荷作用下的应力分析图，这样使学生由感性认识到理性认识再到应用。

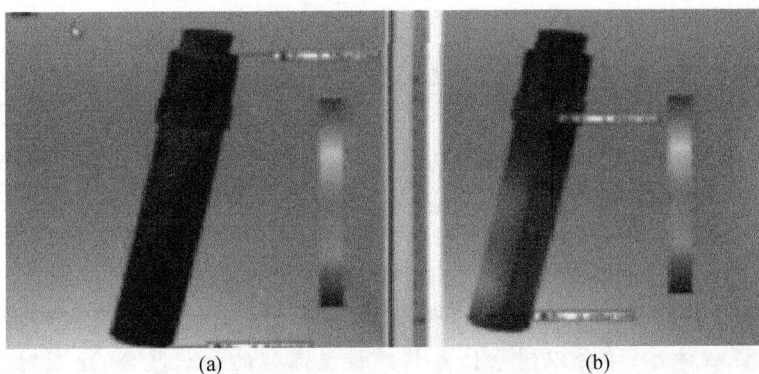

(a)   (b)

图2　齿轮轴的应力分析

　　单纯地通过课堂教学的模式无法让学生深入了解到机械设计的本质，因此，在教学过程中，可以给学生提供实际操作的机会，增加学生的实践操作能力，例如，安排一些对机械设计进行分析的作业，以便于在完成作业的过程中提高学生的综合实践能力，类似"典型机构的综合与分析"一类的内容，这样可以使学生的机械设计不仅仅局限于课堂教学，还可以深入到实际生活当中。除此之外，还可以组织"机构创意设计"竞赛等，让学生运用所学知识来完成机械设计，在比赛过程中，不仅可以加深巩固机械设计基础知识，还能对机械设计产生学习兴趣，从而提高学生的专业能力。

4　结语

　　综上所述，文章中分析了我国目前各高校的机械设计学习的现状，可以得知如今机械设计学习的成果并不乐观，对于学生而言理论仅是理论，无法有效地运用所学知识进行自主创新设计，创新能力和动手能力十分薄弱，在学校打下的专业知识基础无法满足工作岗位的需求。这对于人才培养和人才需求而言都是一种资源浪费，只有基于实际需求与实际教学情况，进行合理的调整，帮助学生进行自主创作并实践，锻炼学生的各方面能力，让学生更好地从学习过渡到实际操作中，为我国机械设计行业的发展奠定良好的基础，培养能为我国机械设计行业做出贡献的优秀人才。

参考文献：

[1]　张小安.机械设计课程教学现状的思考及建议[J].内燃机与配件，2017（7）：150-151.

[2]　罗晓兰，陈建义，张仕民.基于OBE的"机械设计"课程教学方法研究[J].中国校外教育，2020（12）：69-70.

[3]　许贤泽，徐逢秋，鲁兴.精密机械设计MOOC+翻转课堂教学模式研究[J].大学教育，2020（6）：60-62.

经管类本科专业中物流与供应链管理类课程教学研究

张 丽

摘 要：文章从经管类专业开设物流与供应链管理类课程的必要性入手，对比了物流专业与经管专业的物流类课程设置并找出了问题。提出利用学校特色，优化课程体系；学会以情景任务构建该类课程的知识集合；企业对接，真实商业任务贯穿学生的课程学习；合理利用现代化教学工具，结合行业案例进行课程教学改革。

关键词：物流与供应链管理；经管类专业；课程设置；教学实践

1 引言

随着电子商务的发展，无论是每年天猫的双11年度电商盛宴，还是各种跨境电商业务的增加，还是普通的实体店企业产品销售，市场竞争都越来越激烈，已经不再是企业跟企业的竞争，而是供应链与供应链之间的竞争，单独的企业更是难以生存，没有专业的供应链与物流管理，企业很难在竞争中处于有利地位。那么这对于从事经济管理专业的人才也有了不一样的要求。全国很多本科院校都开设有经济管理类专业，经管类专业的学生不仅要熟练掌握传统经济学、管理学和市场营销等课程，还必须要对物流与供应链管理等物流相关课程有比较好的掌握。

物流与供应链管理是一门综合性很强的专业课程，其理论和方法来自企业管理的管理实践，该课程有着知识面广、实践性强的特点，是一门综合性的交叉学科，不仅涉及生产计划和控制、库存管理、采购与物流管理、客户关系管理、信息技术应用、电子商务等内容，还涉及管理学、物流学、生产运作、运筹学等多种学科，重难点多，知识点抽象，学习起来给人感觉缺乏清晰的思路和明确的目标。

2 物流专业和经管类专业的学校课程开设对比

（1）物流管理类专业的大学课程设置情况。中国科教评价院、中国科教评价网、中国科学评价研究中心共同完成了《中国大学及学科专业评价报告（2019—2020）》，分专业大学排行榜单陆续出炉。2019年中国开设物流管理专业的大学有372所，排名前五名分别是：上海海事大学、东南大学、北京交通大学、大连理工大学和华中科技大学。选取这五所排名靠前的大学作为本文的研究基础。纵观这几所学校，它们的人才培养目标集中在：①掌握管理学、经济学、信息及工程技术的基础知识；②具备一定的英语水平或有一定的国际视野；③培养能在各种企业胜任物流业务、物流系统优化以及物流管理的中高级复合型人才。围绕此目标，物流管理专业的课程包括理论课程和实践课程。理论课程主要包括通识课程、基础课程和专业课程三大模块。其中通识课程侧重英语、高等数学、计算机应用能力、政治与人文自然科学教育等方面；基础课程指的是专业基础课程，如管理学、经济学等；专业课程包括专业必修课程和专业选修课程。实践课程包括课内实验、课程设计、教学实习等。专业核心课程包括：现代物流管理、供应链管理、物流运作优化、物流系统仿真、物流信息系统、仓储管理、运输管理等课程。理论课程与实践课程的学时比例大约为8:2。

（2）经济管理类专业的大学课程设置情况，根据人大经济论坛的数据，经济管理专业大学的排名前五名分别是：中国人民大学、北京大学、南开大学、复旦大学和南京大学。这几所学校的经济管理类专业基本引领着整个中国大学的经管类专业的发展，基本可以代表该领域的最高水平，以上述几所高校的课程设置情况作为本文研究的基础。中国人民大学、北京大学、南开大学的经管类专业并未将物流与供应链管理相关课程列为专业核心课程，更多还是与后续的研究生教育或出国留学接轨的理论课程偏多，复旦大学和南京大学的经管类专业人才培养计划中也仅出现了一门物流类课程国际物流在他们的国际经济与贸易专业中。由以上内容可以看出，知名度较高的综合类大学开设的经管类专业，他们培养的人才目标仍然还是固守传统的观念，不愿意将物流类课程作为核心课程的一部分，仍然将物流类相关工作拒绝在外，但殊不知，无论是物流还是电商的发展都远远超过他们的预想，早就波及经济社会的各个角落，未免跟社会现实的发展需要脱节。

3 经管类本科专业物流与供应链管理类课程教学中存在的问题

（1）学生缺乏实操机会，实操能力欠缺。经管类本科专业的人才培养方案中，物流相关课程设置时，更多地参考了其他本科院校的课程设置架构。事实上，原来这些学校在进行课程设置时已经跟现实的社会环境相去甚远。因此，无论是课程设置和具体的教学过程中，都偏向于理论教学，缺乏实际的物流流程和工作任务，学生缺乏实践实操机会，实操能力欠缺。

（2）教师参与开发物流类课程的积极性不高。对于经管类专业而言，迫于如今电商及物流的飞速发展，物流类课程才被得以重视，但也只能是次等重要的专业课程。而此类课程改革的任务烦琐，需要参与教师进入企业锻炼，很多教师也没有时间甚至不愿意进入企业实习，这些因素造成教师整体不愿意参与课程开发。

（3）企业参与意识不强。很多学校都跟企业建立了校企合作机制，一些企业也成为了学校的实训基地，但事实上学校和企业的合作很多都停留在名义上或者简单的招聘合作关系的层面。学校与企业在合作的过程中彼此之间的利益取向不同，目标不同。一般企业参与课程开发的目的一般具有特殊的目的，或者只是"挂羊头卖狗肉"，没有实际地参与校企合作课程开发。

（4）与国外高校的差距明显。与国外高校的课程设置对比发现，我国高校的经济管理类专业存在如下问题：课程体系结构没有突出特点，核心课程方向不明确，实践环节不够灵活，校企结合落实不到位，未能有效考虑物流电商的发展实际情况，培养的学生理论基础多于实践需要。

4 改革建议

（1）利用学校特色，优化课程体系。各高校应充分发挥自有的优势，依托各自原有的优势学科，建设有自己院校特色的经管类本科专业，结合专业培养目标，设计特色鲜明、满足市场需求的课程体系。课程体系的设计时要做到课程体系要与社会实际需求相结合，课程结构应以学生的职业发展为导向，课程的设计要与当下的物流电商产业紧密结合，课程体系应具有鲜明的学校特色。以广州航海学院为例，可以从航运物流的角度，在课程中渗透一些航运物流类专业案例。

（2）学会以情景任务构建该类课程的知识集合。从课程的核心知识点入手，围绕物流与供应链管理中的相关环节，构建真实的情景任务来学习。可以突破原有的比较僵硬的章节顺序，从实际需要出发进行讲授。以采购管理和库存管理两章为例，原来采购管理那章主要讲的是采购管理的模式、采购管理的实施步骤、采购人员的组织、采购的绩效考核；库存管理那章主要讲的是库存的分类、库存的分类、ABC分类法、CVA管理法、定量订货法、定期定货法、供应商管理客户库存、联合库存管理等。两个章节的学习是独立的，但在企业的实践中，采购和库存管理有着紧密的联系。所以我们可以通过构建一个核心任务"如何确定某一企业的某种商品的最优库存并进行采购"就可以将企业为何需要准备库存，如何准备库存，当需要该商品时，如何进行采购下单，通过何种模式采购，采购的实施步骤，以及采购回来后在仓库中采用何种库存管理方法，采购部和仓储部的相关人员如何跟供应商及物流方进行对接等。[1-4]

（3）与企业对接，真实商业任务贯穿学生的课程学习。我们对珠三角多家企业进行调查，和企业代表、行业专家进行研讨，以企业对于供应链与物流管理人才的工作能力要求，对人才的能力需求来确定学习目标，以真实的企业项目为驱动，并以供应链管理工作岗位流程为主线设计学习项目，前期将企业案例，按照专业能力分解为若干个学习项目，让学生练习；后期直接将企业的商业任务交给学生，让学生参与真实的竞争。比如，让学生参与某天猫旗舰店在备战双11的前后过程，真实感受供应链与物流管理各项工作，既帮企业完成任务，又提升了自己的学习实践性，从而保证学生在校学习与今后实际工作的一致性。

（4）合理利用现代化教学工具，结合行业案例进行深入学习。现在学生在课堂上，如果还是以传统的PPT讲授模式，学生的注意力很难长时间集中。应该让老师学会使用云课堂或者课堂派这些工具来让学生跟着老师的思路走。老师可以事先将不同行业的物流与供应链管理的案例放到雨课堂或课堂派的对应班级的课程资源中。比如选择搜集传统零售行业的物流案例；机电设备的物流与供应链案例；服装的物流与供应链案例；食品的物流与供应链案例；家电行业的物流与供应链运作案例；跨国贸易的物流与供应链案例等。将这些不同行业不同运作模式的物流相关案例融入课程中，并在雨课堂或课堂派的工具中跟学生就这些案例进行分析讨论，让学生能够对物流与供应链管理的实际运作模式和流程更加深入有效地理解。

5 结束语

本着应用型本科大学的宗旨，应用型本科大学中经管类专业，应该让物流与供应链管理类课程在此类专业的课程设置中起到应有的作用，既能符合此类专业的整体教学目标和计划，又能确实将经管类专业的学生能力跟时下流行的电商物流相关产业相匹配。围绕物流与供应链运作管理能力的核心知识点，从课程体系优化、课程核心知识集合的构建、真实商业任务的结合，现代化教学工具下各典型行业案例的引入，使得学生对此类课程的学习更有效，更能培养学生的学习能力、应用能力和创新能力。当然，进一步通过课程教学改革实践进一步改进和完善是广大本科院校经管类专业教师的共同之责。未来经管类专业的物流与供应链管理课程的建设和教学内容的丰富，以及跟行业企业的结合方式等，都还任重道远。

参考文献：

[1] 中国大学本科教育专业排名：2019—2020年物流管理专业排名，中国科教评价院，中国科教评价网 [EB/OL].[2019-3-16].http：//www.nseac.com/html/261/681493.html.

[2] 徐海丽，赵玉.物流管理本科专业课程设置中外比较[J].东华理工大学学报（社会科学版），2015（12）：395-398.

[3] 彭秋发，李农勤，余燕.影响当前高校教学质量几个因素的再探讨[J].东华理工大学学报（社会科学版），2010（3）：279-282.

[4] 李贺军.基于物流管理专业的供应链管理课程教学方法改革[J].中国市场，2017（3）：120-121.

面向"智慧海洋"的人工智能课程体系建设研究

吕志胜　封　斌　蒋　翔　闫瑞瑞

摘　要: 国家海洋战略和社会发展对人工智能方面的人才需求日益增长,文章通过分析人工智能课程教育的现状,研究面向"智慧海洋"的电子信息类专业人工智能课程体系的建设,分别从课程设置、教学内容、教学方式、考核方式、实践教学等方面进行阐述,从而为本科院校培养人工智能方向的综合型、创新型人才提供参考方案。

关键词: 智慧海洋;电子信息类专业;人工智能课程体系

1　概述

近年来,世界各海洋国家高度重视海洋领域技术和设备信息化的发展和建设,并将"智慧海洋"作为建设海洋强国的重要战略。随之而来的是,与海洋相关的科学观测、资源、经济和生态环境等数据日益增多,已成为大数据领域的重要应用之一。如何有效分析、挖掘及利用海洋大数据中蕴含的丰富信息,是建设"智慧海洋"必须重点关注和研究的内容。人工智能(Artificial Intelligence,AI)作为电子信息技术领域近年来的创新方向和研究热点之一,已在很多行业取得一定应用,这为分析处理海洋大数据提供了新的方向。

基于国家海洋战略和社会发展对人工智能方向人才的需求,鉴于我校的特色和发展以及目前我院相关课程建设相对滞后的现状,本文通过研究本科院校的人工智能方面课程建设的理论,探索面向"智慧海洋"的电子信息专业人工智能课程体系的建设。结合我校的信息与通信工程学科的发展目标,围绕"海洋大数据信息处理技术"这一方向,提出相应的课程体系建设方案和建议,以期能为本科院校培养人工智能方面的人才和相关知识的普及提供可借鉴的意见。

2　现状分析

人工智能技术作为信息技术的前沿领域,对人类社会的经济、文化、军事、工业等方面的发展影响日益增强,各种智能机器人、智能诊断、无人驾驶、智能翻译等技术已逐渐应用到实际生活中。许多国家已把人工智能列入信息化学科的教学内容中,在高等院校甚至中小学教育中人工智能课程正在逐步推广。

英国1999年将人工智能课程列为中学的信息与通信技术(ICT)方面的选修课。[1]美国2016年对人工智能的伦理、技术标准、培训、人才培养等做出战略部署。日本政府2017年制定了人工智能产业化的分步实施计划。[2]2017年7月,我国国务院发布的《新一代人工智能发展规划》将人工智能研究提升到国家战略层面。[3]2018年5月,国内中等教育体系首次引入人工智能教材,我国人工智能教育正式迈入基础教育阶段。与此同时,关于初高中甚

至小学开设人工智能课程的研究也越来越多。[4-5]

我国部分高校已单独设置人工智能专业或智能机器人专业等。与中等教育不同，高等教育开设人工智能专业或课程的目的是强化学生对相关技术的应用能力，提高学生的创新能力，因此目前的研究较多侧重于教学方法的改革。[6-9]另一方面，相对而言，国内高校在人工智能相关课程的教学内容、教学方式、考核方式等方面较国外高水平大学存在一定的差距，在实验环境和条件、实践应用以及培养创新型人才等方面仍存在一定的提升空间。因此，需要根据各院校的软硬件实际情况进行相关课程体系建设，逐步提升学生的实践能力和创新能力。

3 课程体系建设

人工智能的内容涉及信息科学领域多个学科，包括统计学习、模式识别、数据挖掘等等，而且人工智能有许多尚待解决的问题需要研究，因此开设相关课程具有一定的挑战性。

结合我校的信息与通信工程学科的发展目标，本文围绕"海洋大数据信息处理技术"这一方向，开展利用人工智能技术对海洋数据分析处理的课程建设，拟建设的人工智能教学体系的整体结构图如图1所示。具体内容包括课程设置、教学内容、教学方式方法、考核方式、实践教学、预期效果等几方面。

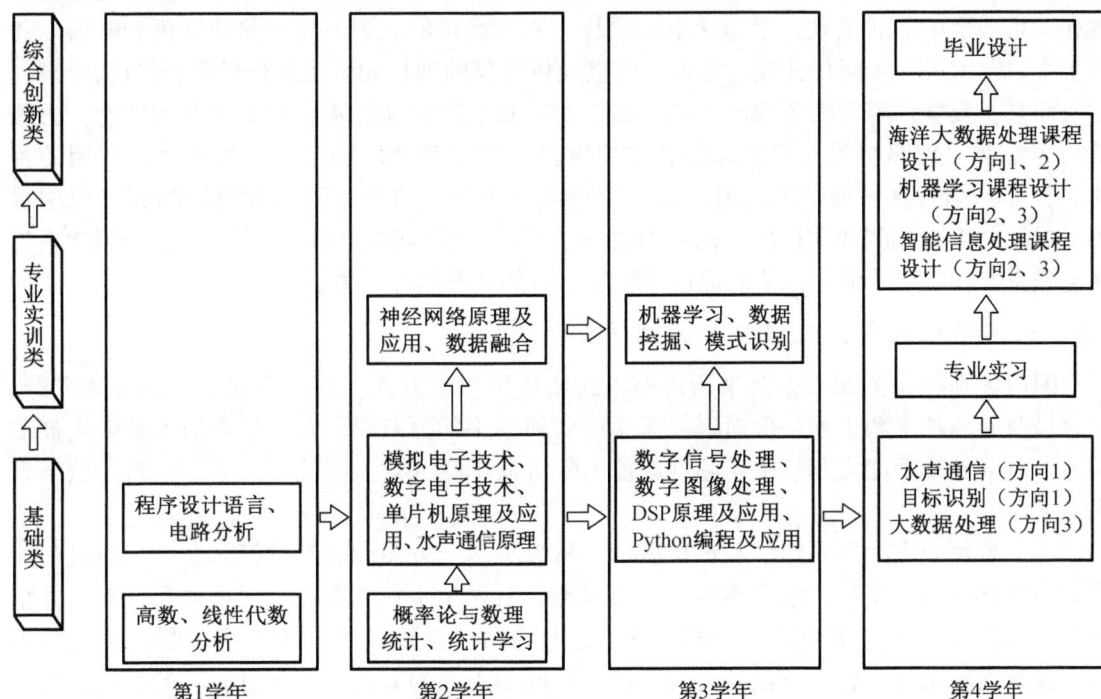

图1 人工智能教学体系结构图

3.1 根据高校的实际情况，设置相应课程

由于各高等院校的招生层次有所区别，为了提高不同基础的各个层次学生的能力，则

需要设置不同难度的课程。另外，由于实践应用对人工智能相关课程非常重要，各高校需根据自身实验室建设情况来设置课程，只有具备相应的实验条件，课程教学才能达到预期的效果，使学生做到学以致用。对于应用型本科院校，可在设置高等数学、概率论与数理统计、C语言程序设计、Python编程等基础课程的基础上，设置传感器及检测技术、数字信号处理、数字图像识别、数字音视频处理、机器学习、神经网络、数据挖掘及信息融合等专业课程。结合我校的特色及发展目标，还应开设水声通信原理、水下目标识别、海洋数据分析等相关课程。

3.2 根据学生层次，设置教学内容

根据各院校学生的自身基础情况，设置不同难度的教学内容。以开设机器学习课程为例：首先应简要介绍机器学习的发展历史、现状及当前流行的技术，然后应重点通过实例阐明常用基本概念的内涵，以及如何利用实践工具实现常用算法从而达到预期功能和目标。对本科生而言，公式原理及数学公式推导相对复杂难度较大，而脱离原理仅讲解几种机器学习工具的使用方法不利于学生后续发展，应将基本概念、常用算法与实践项目操作有机结合，让学生体会到理论在实际应用中的乐趣。

在应用型本科院校中，人工智能相关课程一般是从大三上学期开始的选修课程，由于课时较少、学生更关注实践应用，因此应精简人工智能相关课程教学内容，在讲解基础所需的理论知识后，对难度较深的理论则概括出其用途、特点及适用范围，重点则应是以案例和项目展示的形式呈现，增强学生对课程与实际联系的认识。对于非计算机和电信专业的学生，则需进一步简化其理论知识，以更通俗易懂的项目和示例进行科普和推广。

而且，教学内容需要紧跟时代的发展，更新相关知识和技术，对于复杂的理论，去繁就简，使学生理解相关技术的思想和实现思路，注重其功能和应用，达到学以致用的目的。例如，结合水声通信的内容与人工智能技术为学生讲解水下信号检测的简单应用示例，或结合声呐探测和数据融合的技术讲解水下目标探测的应用示例等，都能加深学生对理论联系实际应用的体会，从而促进学生的学习热情和学习动力。

3.3 根据课程特点，改进教学方式方法

国内各高校相关课程主要采用讲座方式或传统教学方式。前者有利于学生开阔视野、了解最前沿的技术和进展，但对提高学生的实践动手能力有所欠缺；后者通常是学生被动学习，对培养动手能力和解决实际问题能力等方面不尽人意。因此，需要探索新的教学方式方法。

为了激发学生的学习热情和创新激情，从以下两个方面改进教学模式：（1）通过相关领域的最新应用、研究，激发学生的学习兴趣，引导学生独立思考，促进师生互动，并结合教师的科学研究成果和体会对相关内容进行讲解，从而使得学生开阔视野，拓宽知识面，提升创新精神、思维及创新能力。（2）以问题引导的方式结合项目驱动的方式，提高学生的独立思考和动手解决问题的能力。例如，在讲解了基本概念和常用方法后，教师给出应用场景的需求和问题，让学生主动思考并提出对策和方法；在讲解了编程操作语言Python和实践平台Kaggle的基本使用后，设置相应的学习目标，使学生主动完成简易的项目，做到主动与被动学习相结合。

在教学安排时，应重点以具体应用示例讲解各课程中相关技术的使用方法，而复杂的

数学理论、公式推导等难度较深不易理解的内容安排较少课时简要介绍即可。还可灵活设置几个机动学时，对学生感兴趣的技术进行专题讲解，或邀请相关行业具有丰富经验的AI工作人员开展专题讲座。

在教学资源方面，可借助网络课程资源，如腾讯课堂、网易公开课、MOOC资源等。在教学过程中，教师可根据教学计划安排，精选部分内容让学生学习并讨论；部分经典课程可让学生分组自学并分享心得，从而掌握查找文献、资料的方法，培养自我学习的习惯和解决实际问题的能力。

3.4　构建多元化考核方式

由于人工智能课程理论较难、内容覆盖面广，因此传统的考核方式不再适用，需要设置多元化的考核方式。

考核成绩可包含以下指标：（1）教学过程中，鼓励引导学生提问和发表个人看法，对回答问题正确、提出建设性对策或能提出有深度问题的行为均计入考核成绩中；（2）平时出勤情况、随堂作业及测试等也计入考核成绩；（3）学生对人工智能某个专题、技术进行自学，如语音识别、人脸识别和手写识别等，并通过编程实现来验证其功能，以PPT或论文的形式汇报结果，根据完成情况评定成绩；（4）对参与人工智能实际相关项目或研究课题的学生，可对其阶段性成果评定成绩。

总之，为使学生学有所得且兼顾学生的特长和发展，应建立一个多元化灵活的考核形式。

3.5　建设相关实验室，适时调整实验、实训内容

人工智能相关课程的设置，最终目标是为了将所学的知识应用到实际生活中。此类课程在教学过程中，实验及实践部分通常占据较大部分，因此教学实验室建设是整个课程体系中非常重要的部分。在校内实践教学相关实验室的建设中，应充分考虑到相关课程的目标，模拟实际应用场景和生产环境，使其不但能实践基础性实验的内容，且具备完成综合性、创新型实验的条件。并与相关企业联合，实践产学研结合的教学，实验、实训内容与时俱进，适时调整和更新，从而加深学生对人工智能相关理论和技术的理解，提高学生解决实际应用中各种问题的能力和二次开发能力。

3.6　明确课程体系建设最终要达到的效果

通过学习人工智能体系课程，培养学生学习新事物新技术的思维和能力，不断提升学生分析、解决实际问题的能力，为学生将来从事科学研究、技术开发等工作奠定基础。

（1）培养学生的创新能力

在日常教学过程中增强对学生科研素质的培养，对于特定的问题——如当前十分热门的神经网络，在介绍神经网络优势后，也须指出其适用范围及局限性，同时对其他改进型技术进行相关介绍，如为改善BP神经网络易陷入局部最优的现象而提出的随机梯度下降方法，并介绍当前神经网络的发展情况，如深度学习主流的CNN、DBN等，说明深度学习框架的使用方法和各自的特点，从而使学生更好地了解前沿技术的发展，激励学生的创新思维。

（2）培养学生的实践能力

为了增强学生对人工智能相关课程中的各种经典方法的理解，如汉诺塔问题、遗传算法、决策树等，可选择简单问题在课堂上现场演示其实现过程，对复杂问题则可通过事先准备的程序演示其功能和效果。对学生存在的疑问及时交流讨论，激发学生的兴趣，加深学生对相关理论的理解，提高其学习积极性。鼓励、指导学生参加各种与"海洋信息处理"相关的学科竞赛以及参与、申报各种相关的项目，不断提升实践能力。

4　结束语

本文通过分析人工智能课程的教育现状，结合我校的特色、现状和发展方向，围绕"海洋大数据信息处理技术"这一方向，给出了本科院校电子信息类专业人工智能课程体系的建设方案，为培养综合型、创新型人才提供可借鉴的意见。由于人工智能相关技术的发展日新月异，因此在教学过程中应适时更新调整教学内容和实验实训内容，使不同层次的学生都能学有所得、学有所悟、学以致用。

参考文献：

[1] SQA. NQ Review Investigation Report：Computing and Infor¬mation Systems[DB/OL].[2022-2-24].http：//www.sqa.org.uk/sqa/28.139.html.

[2] 戴永辉，徐波，陈海建.人工智能对混合式教学的促进及生态链构建[J].现代远程教育研究，2018（2）：24-31.

[3] 王万森.适应社会需求，办好新一代人工智能教育[J].计算机教育，2017（1）：5.

[4] 孙凯.初高中人工智能课程的开设与改革建议[J].教育现代化，2018，27（7）：72-75.

[5] 张慧华，徐力.中小学人工智能课程开设情况的影响因素分析[J].一线调查，2018（3）：74-77.

[6] 邸书灵.《计算机前沿技术》教学研究与实践[J].教育教学论坛，2016，50（12）：135-136.

[7] 刘建刚，赵军产.大数据与人工智能背景下离散数学教学探讨[J].计算机时代，2018（5）：77-81.

[8] 陈琳.高校机器学习课程教学改革探索[J].教育现代化，2018（6）：99-100.

[9] 陈丽.基于人工智能科学的计算机专业课程体系的革新策略[J].电脑知识与技术，2018（4）：187-188.

实践能力导向的应用型本科船舶类专业课程建设模式研究

关伟嘉　谭文才

摘　要:实践能力的培养是应用型本科船舶类专业教育工作的重中之重,实践能力的缺乏一直以来也是困扰我国应用型本科教育的重要问题。针对这一问题,试图通过增强课程内涵建设的途径来提高学生的实践能力培养质量,以实践能力培养为核心对应用型本科船舶类专业课程进行构建。

关键词:实践能力;应用型本科;船舶类专业;创新培养;课程建设

实践能力的培养是应用型本科船舶类专业教育工作的重中之重,实践能力的缺乏一直以来也是困扰我国应用型本科教育的重要问题。人们对此关注的重心大多在于实践教育的配套资源和制度建设的问题,认为实践基地等资源的不足和校企合作的缺失是大学生实践能力培养不足的主要原因。另一方面,进入实践基地学习的学生,其实践能力的培养效果同样不够理想。目前的应用型本科大学的课程体系并不能真正地围绕着学生实践能力的发展来展开,如何构建应用型本科船舶类专业的课程体系和课程模式是全日制教育的一个亟待解决的问题。

1　对实践能力的概念进行界定

在以实践能力为导向的应用型本科船舶类专业课程建设模式研究中,首先,要明确实践能力的内涵、实践能力发展的本质以及实践能力的发展过程。从认知心理的角度,选定原型理论和内化理论作为研究的理论基础,依照原型理论和内化理论对个体的实践活动和学习行为进行分析,并在此基础上提出实践能力的概念,厘清实践能力的内涵;其次,分析全日制大学生的教育定位和培养特点,厘清应用型本科的培养现状和教育特征;最后,依照实践能力的形成过程、形成机制以及特点对应用型本科的课程结构和课程组织形式进行构建。[1]

1.1　关于实践能力的研究

就目前的研究看,对实践能力并没有一个统一的概念界定。一般来说,实践能力即是做事能力、解决问题的能力。实践能力的内涵和结构划分是实践能力研究的很重要的一部分。庞国斌教授总结了实践能力划分的两种思路,一种是按照实践类型的划分,另一种是按照实践能力的构成要素的划分。第二种分法以傅维利和刘磊的研究最为深入,其研究通过质性的方法形成了由实践动机、一般实践能力、专项实践能力、情境实践能力四个维度14种要素组成的实践能力构成。另外有第三种划分的思路,是将实践能力由低层到高层进行划分,包括基本能力、综合能力、实践创新能力。

1.2 关于应用型本科船舶类专业课程的研究

对于应用型本科课程的研究分为两类。一类是对课程总体结构与课程体系的研究。这类研究强调实践课和理论课、专业课和选修课的综合。在理论课程中强调课程的综合性、模块化、跨学科、多元化。也有学者对传统的课程结构提出批评，认为现有的课程结构和体系实际上是以理论课程为起点的，因此最终必然使得实践课程成为理论课程的附庸。另一类是对课程模式的研究。该研究主要强调真实实践和模拟实践的重要性，并提出诸如项目主导、任务驱动、学做合一、反思性、模拟教学课程等模式。尽管不同研究的命名、分类各有不同，但其基本的逻辑都是依照真实工作过程或问题解决过程进行课程组织。

2 以实践能力为导向，完善船舶类专业课程体系

2.1 以实践能力为导向的课程体系构建

应用型大学是以培养高素质应用型人才为目标的，在制定课程时，应根据社会发展的要求，从学科专业培养和学生身心发展需求的角度出发，以专业教育为基础，将实践能力融入学科教育和专业教育中。本文以此为导向，依据相关专业的人才培养方案，探索教学新模式，并根据应用型大学的特点将课程分为理论课程和实践课程，建立多层次、立体化、全过程的课程体系。基于实践能力概念分析，依据实践能力的内涵和实践能力的发展过程对课程建设模式进行研究，规划应用型本科船舶类专业的课程结构和课程体系，选择课程的组织模式，力图打造完善的船舶类专业的课程体系。图1为以实践能力为导向的应用型本科船舶类专业课程体系。[2]

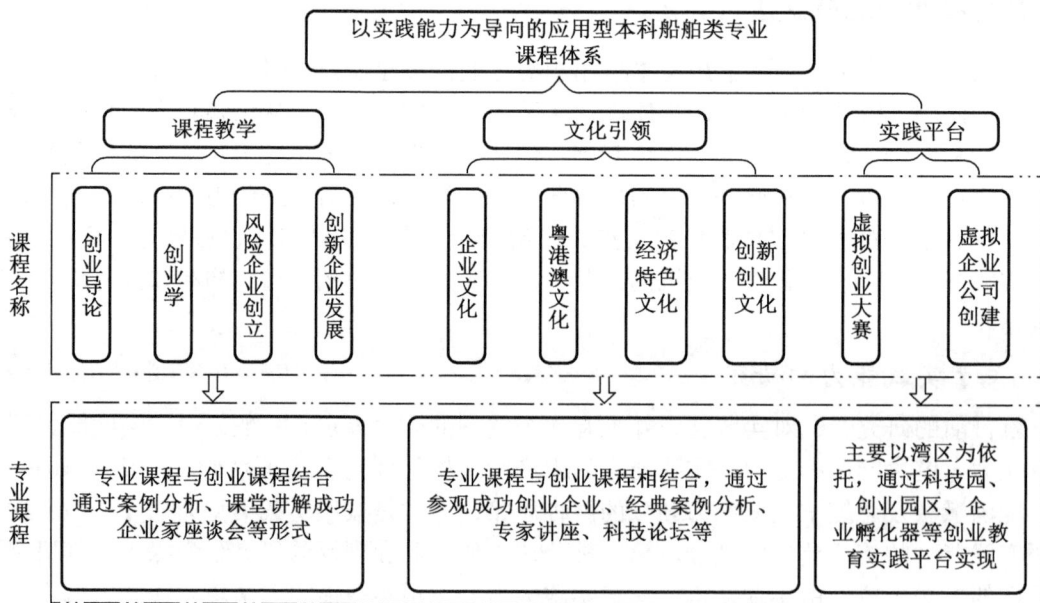

图1 以实践能力为导向的应用型本科船舶类专业课程体系

2.2 数字媒体在船舶类专业课程实验教学中的应用

应用现代化信息手段，加大实践课程的展现形式，如运用现代虚拟技术、数字媒体多

元化的形式对实践课程进行建构。数字媒体形式的多样性给实践课程的教授带来了新的模式，数字媒体的应用给实践教师教学带来了极大的改善和灵活性，使实践教学环境更直观、更便于理解，提高学生的动手能力、创新能力。

3　以专业教学实践基地为依托，加大政府政策扶持，构建保障机制

应用型本科船舶类专业是一个实践性和操作性非常强的专业，单纯基于理论教学上的课程模式建设是很难真正落地的。随着我国"一带一路"倡议、"海洋强国"规划的实施，船舶类专业逐步发展并吸引着越来越多的部门和相关机构加入此专业保障体系的建设中来。相比之下，我国专业性和高校内部的教育体系保障机构的建立还不完善。培养学生的实践能力是高校素质教育的重要体现，船舶类专业课程建设要对校内外学生实习基地的资源进行整合优化，同时加大政府政策的扶持，从而构建企业、政府、高校三位一体的保障机制。

参考文献：

[1]　何新英.应用型本科船舶与海洋工程专业课程体系建设[J].广州航海学院学报，2017，25（2）：56-58.

[2]　林健.面向"卓越工程师"培养的课程体系和教学内容改革[J].高等工程教育研究，2011（5）：1-9.

手机课堂的混合式土木工程实验教学模式探讨

谢志红

摘 要：基于土木工程的专业特点和人才培养方向，以培养学生的创新能力、应用能力和实践能力为目标，转变传统的实验教学模式，构建了土木工程专业实验的混合式教学体系，引入手机+课堂等混合教学模式的核心理念，使学生成为实验课堂主体，激发了学生学习的主动性，提升了学生的创新意识和实践能力。

关键词：混合式教学；土木工程；实验课程；教学方法

1 引言

目前根据我国一些高校制定的应用型人才培养模式的教学改革[1]目标中提出的创建专业特色及加大实践环节等要求，土木工程专业实验教学环节普遍存在一些问题，[2]目前，我校土木工程专业实验仍然是"课前教师准备→课中教师讲解示范而学生机械重复→课后学生撰写报告"的传统教学模式，这严重影响了学生工程实践能力和创新意识的培养。本文提出了"手机+课堂混合模式"的实验教学模式，这对培养学生综合运用专业知识和技术技能、解决工程实际问题的工程应用能力培养为目标具有很重要的意义。

2 "手机+课堂"的核心理念

智能手机和移动互联网的出现，让传统课堂越来越难以为继，老师上课的内容往往没有手机里的内容那么精彩，所以常常被低头族的学生们搞得无能为力，为此一些老师采取了一些例如上课时没收或者暂存学生手机的方式，但往往收效甚微。堵不如疏，采用"手机+课堂"的教学模式，智能手机就像一扇窗户，一个入门，将我们带到课室外的天地，让我们看到外面的人和事，跟外面的人进行交流；同时也将外界的信息带入了课堂，将多元的观点带进了课堂，拉近了学习与生活、理论与实践的距离。今天手机已成为大多数人的生活必需品，给我们带来了巨大的便利。手机应用在我们的土木工程专业的实验教学中也有诸多帮助。[3-6]

3 "手机+课堂"的应用

3.1 课前的准备

课前的准备也为预习，包括的内容有明确学习目标、必要的内容、学生学习的活动、多元化的资源、合理的学习时间（大约一个小时）。拿我们的建筑材料课程为例，在开课之前首先申请一个微信公众号，我们可以通过微信公众平台http://weixin.qq.com来申请，把实验前的准备内容、实验内容、实验注意事项以及实验作业在公众号里准备给学生，在开课前让学生们加入公众号事先了解掌握实验的流程，我们在公众号中也录制了实验录像，这样学生在实验前就对实验的内容以及实验的设备有了初步的认识，杜绝了以往实验课程中老师在中间被几个积极的学生围着，大部分学生在后面听不清、看不明的教学方式。并且在微信公众号中，老师也能清楚地看到学生们的阅读反馈，学生的课前预习情况一目了然。

3.2　课上：手机让课堂动起来

手机应用在课堂中，从上课开始的点名到课中问题的回答再到课后问题的反馈以及作业情况让老师轻松了许多。以往考勤主要靠人工点名和签到，耗时费力。在课堂人数较多的时候尤其困难，有时还会引起不愉快的反应。现在大多数手机教学平台都有签到的功能，而且还提供普通签到、手势签到、二维码签到、数字签到等多种形式，大大提高了考勤的效率，受到师生的共同欢迎。

传统课堂的提问由于受到课堂教学时间的限制，老师往往只能提问少数几个同学，大多数同学没有机会发表意见，或者让大家举手回答问题时，会的同学看到大家都不举手也不好意思举手，那么往往被叫到回答问题的同学回答得很勉强，这时学生们就会质疑讲课的有效性。这时我们可以利用手机发起一个课堂互动投票。我们制作了手机上的图片A、B、C、D，事先让大家保存，提问选择性的问题时，让大家拿出手机来显示回答的问题，大家对这样的回答都表现得非常积极，也能非常清楚地表现出同学们对问题掌握的情况。我们也制作了一些卡片分给同学们，在回答问题的时候让他们举卡片，这个时候利用手机扫一下卡片，就可以清楚地知道学生们选每一个答案的比例，这样就能很好地收到上课的反馈情况。

由于我们实验课堂中仪器设备的有限性，不能人手一台，这就要分组合作。在以往传统教学中，我们的分组往往是老师按学号，或学委按寝室来分，这样的结果往往就是几个同学在操作，其余的同学站着聊天。我们在试验过程中利用手机平台快速分组，每次都是不同的学生一起合作，并且在手机上能清楚地显示每组的组员，让每组同学PK，看哪组做得最快，结果最好，同时给出各组的分数，作为平时成绩的一部分，这样也能方便快捷地记录每个同学每次的分数，大大地提高了学生的参与性和积极性。

3.3　课后的学习

课后的学习包括个人测试、团队测试、组内的讨论互动、实验报告的撰写。一堂课下来，就会利用手机平台给学生完成每次课重点掌握情况的测试，包括实验内容、过程、基本理论。同时也会把每组的实验过程中重要的步骤拍成视频发到平台中，让组内以及其他组的成员一起回看视频问题，对视频中操作过程进行理论及实验的讨论互动，让同学们将撰写的实验报告发到平台中相互打分，作为每次实验课的平时成绩。这样教师可以通过后台查看每一个同学的学习情况分析与统计，还可以给每一个同学发出督促、提醒的讯息。

4　结语

手机进课堂是指将智能手机作为学习工具引入课堂的教学之中，将线上与线下、课内与课外学习连通起来。"手机+课堂"的教学模式在土木工程实验教学中的初步探讨和使用提高了学生的学习热情，提高了上课的效率。目前，这种教学方法还是一种新兴的教学模式，尽管已逐渐受到关注，但是搭建丰富的实验教学平台还存在一定困难，如有些学校缺乏实验视频，因此，还需要针对不同专业的特点进行深入研究。

参考文献：

[1] 黄福君，尹锋.基于移动互联网的图书馆手机客户端[J].企业技术开发，2011（11）：23-25.

[2] 孟丹.新媒体背景下高校课堂教学模式浅析[J].环渤海经济瞭望，2018（4）：20-23.

[3] 龚恕，陈琦敏，周晓红，等.基于手机客户端茶业资讯平台的系统构架与设计[J].中国茶叶，2016（3）：30-32.

[4] 张微."慕课"背景下高校课堂教学改革探究[J].西部素质教育，2018（11）：10-12.

[5] 王雪燕.基于核心素养的高校课堂教学改革研究[J].课程教育研究，2017（47）：39-42.

[6] 黎加厚，王竹立.一场关于学生自带设备进课堂的讨论[J].苏州教育信息化，2016（1）：15-19.

"三本位"教育理念下创业教育课堂教学改革探索

李世红

摘　要：结合创业教育课程的教学改革实践，以教学过程中存在的问题为导向，探讨创业教育课堂教学，提出了"三本位"的创新理念，即育人本位、学生本位、社会本位，实施"课程思政"。把创业者素质、企业家情怀与社会责任教育融入创业教育教学全过程。

关键词：三本位；教育理念；创业教育；教学改革

1　引言

为认真贯彻落实《关于深化高等学校创新创业教育改革的实施意见》（国办发［2015］36号）文件精神，广东省教育厅出台了《关于深化高等学校创新创业教育改革的意见》，明确了高等学校创新创业教育必须改革教学方式和考核方法。广州航海学院在2015年创新强校工程中，设立了重点通识课程创业与中小企业管理，面向全校选修。针对5年来的教学实践中的问题，以"三本位"（育人本位、学生本位、社会本位）教育新理念为指导，提高创业课教学质量为目标，不断深化创业教育课堂教学改革。[1]

2　创业教育课堂教学改革背景与思路

2015年设立了重点通识课程创业与中小企业管理，共36学时，第一次选修的同学达到320人，创全校选修课人数之最。开课以来，共有1 200人次选修此课，涉及全校的所有专业。总结几年的实践探索，不同程度存在以下问题。

（1）以"教师、课堂、教材"为中心的学科理论满堂灌的讲授式教学，不能调动学生的积极性。

（2）不同专业、不同年级的学生对创业课的诉求有明显差异性。绝大多数本科生，特别是理工类学生，对创业教育了解不够，认识不深，知识储备不足。

（3）80%以上的学生有创业梦想和创业意识、但缺乏创业知识与技能；创业管理是一门综合性课程，需要经济学、企业管理学、市场营销学等课程作为理论支撑，而理工科没有开设这些基础课程，知识的系统性和连贯性较差。

（4）10%~20%的同学有创业项目，需要组建团队通过参加各种创业大赛获得资金、人脉等资源支持，但撰写计划书能力不足。创业教育课堂教学改革的思路是以教学中存在的问题为导向，基于"三本位"理念，通过课堂教学顶层设计，改革教学方式和考核方法，解决"怎样培养人"的根本问题。坚持育人本位使创业教育回归以育人为本的初心，把立德树人作为中心，把思政工作贯穿创业教育教学全过程，着力培养创业者素质、企业家情怀与社会责任。坚持学生本位，以学生发展为本，把促进学生全面发展作为核心使命，尊重学生的专业兴趣和职业规划，把创业计划与专业兴趣结合，以创业带动就业，解决学生学习创业知识动力不足的问题。坚持社会本位，以社会需求为导向，适应社会鼓励创新创业发展的大势，把创业建在产业链与需求链上。

3 创业教育课堂教学改革实践

（1）坚持以学生为主体教学理念，改革教学方法，提高学生参与度和学习兴趣。

一是采用学生"每课一讲"的创业故事分享。由主讲老师根据创业过程设计每周的教学题目和教学内容，并根据知识点的要求寻找一位典型创业人物，向全班同学发出邀请，落实创业故事分享的人选。每节课前的15～20分钟由学生PPT上讲解，同时提出学生思考的问题，听讲解的同学回答问题，最后由老师提炼总结本节课的主要知识点，这样全体同学都有任务，注意力非常集中。

二是加大平时考核比重的"过程考核"。运用现代化的教学管理软件"课堂派"提交每节课的练习与作业。及时批改评定，填写平时成绩，让同学都看到自己的成绩录入情况，使学生明白自己的最终成绩在于自己平时的积累中。三是坚持"育人本位"实行"课程思政"。把立德树人，创业者素质、企业家情怀与社会责任教育融入创业教育教学全过程。

（2）针对不同专业、不同年级的学生对创业课的诉求的差异性问题，精心设计创业测试问卷，全方位了学生需求，分类施教、考核。自2015年首期班开始至今已经有1 200多名学员选修创业管理课程，全部参加测试，把学生分为3个层次。见图1和表1。

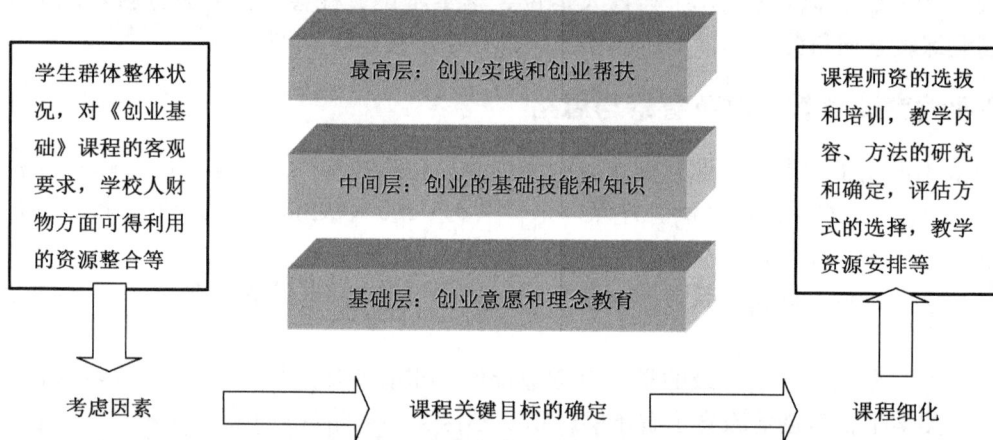

图1　创业模式"阶梯教育"结构

表1　学生层次及分类施教内容与考核方式

学生需求层次	课程目标	分类施教	考核	等级评分
基础层	创业意愿和理念	创业理念和精神教育	创业论文	中、良
中间层	创业基础技能和知识	如何撰写的创业计划书	创业计划书撰写	良、优
最高层	创业实践和帮扶	参赛计划书与PPT的制作	创业大赛模式	优

（3）针对80%有学生"创业知识学习"和"创业能力提升"需求问题，以广州市创业教育课题为载体，建设师德高尚、知识结构合理、实践经验丰富的双师型创业教育课程团

队，构建产教结合协同育人机制。课题完成人把广州市级创业教育课题成果《应用型本科院校"阶梯模式"创业教育研究》运用到教学中，以研促教。

一是"阶梯模式"创业教育体系设计理念与思路。课程设计理念：坚持"理论够用为度，突出实践教学"的宗旨，以创业项目为导向，以案例教学为特色，体现教、学、做一体教学方法。突出学生创业意识创业思维和创业能力的培养。重视提升学生独立分析问题、解决问题的能力和沟通协作能力；突出理论课程与创业实战的紧密联系，教学团队整合企业专家与行业骨干，完善双师结构；突出教学资源建设与行业、企业共同合作，确保内容与创业市场的需求无缝对接。[2]

课程设计思路。根据创办新企业所需的素质、知识、能力结构的调查分析，本课程教学要打破以往以理论知识传授为主的学科课程模式，转变为以创业认知、产品设计与开发、采购业务、人力资源管理、质量管理、信息管理等项目组织课程内容。通过课堂讲授、案例分析、学生讨论、现场考察、实习实训等方法相结合，构建创业项目导向的模块化课程体系。

课程内容突出创业技能性要求。以理论适度、重在实践为原则，将创业管理工作中可能要应用到的基础知识与基本技能作为主要教学内容。在教学方式上，适度采用项目教学和工作任务教学法，按照创业过程的各个环节要求组织教学。教学评价采取过程评价与结果评价相结合的方式，注重基础知识与创业技能双重考核，旨在提升学生综合素质和创业能力。[3]

理论教学设计思路。从课程对应的创业过程分析入手，结合应用性本科教育课程观、教学观、能力观，对课程内容进行选取和组合，以一个完整的创业项目为载体组织课程内容，将各创业项目内容划分为互相联系的学习任务，通过对创业项目学习目标、主要内容、授课方式、师生要求等内容的描述规范课程理论教学。

实践教学设计思路。实践教学是培养学生创新创业能力、自主能力和动手能力的重要手段，以应用型本科培养目标、课程特点及其专业知识结构为指导思想，通过创业项目、校内实训、企业实训、顶岗实习等形式实现教学目标。

二是依据教材创设教学模块，序化教学内容。在教学内容编排上打破传统的章、节概念，按创业能力需求删去重复性知识，创设教学模块，序化教学内容。根据选择的教材把创业管理课程内容分为3个模块：创业头脑模块、创业能力模块、创业实战模块，通过3个模块的学习达到激发创业头脑、提升创业能力、孵化创业成果。第一模块：创业头脑培养目标激活创业头脑的培养目标。通过建立创业心理研究所，成立创业研究中心以及组建开放式创意中心，激发学生的创业意识与创业敏感度；通过在校内外营造创业文化场，加强创业环境的培育；通过选取校内外的成功创业案例，发挥成功创业的榜样作用，激励大学生创业，达到激活创业思维的培养目的。

第二模块：创业能力模块培养目标。从更加微观的领域，通过对经济、管理、领导、营销、融资、法律、战略、信息等相关课程的开设学习，使学生具备创业的基本能力，掌握一些在解决创业过程中所碰到问题的思维方式，为创业者提供理论支持和实践服务。

第三模块：创业实战模块培养目标。本模块着重通过学习创业方案的制定与运动员精神的培养，从而学会制定创业方案，实施创业计划，最后进行总结和评价，旨在提高创业成功的概率，进而实现持续创业。

（4）针对10%~20%最高层创业精英，按"赢在广州互联网+"创业大赛的模式组建创业团队，筛选创业项目，强化撰写计划书和PPT制作，弥补参加创业大赛能力不足、水平欠缺问题。2016年、2018年分别获得第二届赢在广州"互联网+"广东大赛、"挑战杯"大赛铜奖和优胜奖的好成绩。

4 创业教育课堂教学改革

（1）教学理念创新。突出"三本位"理念，通过课堂教学的顶层设计，解决培养什么人的根本问题。使创业教育回归，坚持"育人为本"，把思政工作贯穿创业教育教学全过程，着力培养创业者素质、企业家情怀与社会责任；坚持学生本位，把促进学生全面发展作为核心使命，尊重学生的专业兴趣和职业规划，把创业计划与专业兴趣结合，以创业带动就业，解决学生学习创业知识动力不足问题；坚持社会本位，以社会需求为导向，适应社会鼓励创新创业发展的大势，把创业建在产业链与需求链上。[4]

（2）教学方法与考核方式融合创新。采用学生"每课一讲"的创业故事分享的教学方法与"过程综合评定"的考核方式。由主讲老师根据创业过程设计每周的教学题目和教学内容，并根据知识点的要求寻找一位典型创业人物，向全班同学发出邀请，落实创业故事分享的人选。增加过程考核的力度，依据教学内容选择创业故事分享的公司行业创业者。

经过5年的教学实践，始终贯彻"三本位"的教学理念，把创业者素质、企业家情怀与社会责任教育融入本科教育过程，完善了应用型本科院校通识教育–基础教育–创业教育–专业教育的教育体系，努力实现应用型本科学校复合型、创新型专业人才培养目标。

参考文献：

[1] 逢锦慧，李露，张芹芹，等.互联网时代大学生创新创业人才培养模式研究[J].科技风，2019（22）：248.

[2] 曾琳，蒋平.地方普通高校大学生创新创业政策导向与路径探析[J].西南师范大学学报（自然科学版），2019，44（8）：110-116.

[3] 孙秀香，袁建勤.高校创新创业教育存在的问题及对策研：以江西科技师范大学为例[J].中国商论，2019（14）：230-231.

[4] 陈晓阳，姜峰，郭燕锋."三本位"理念下高校卓越农林人才协同培养的思路、实践及成效[J].中国农业教育，2018（5）：23-27.

土木工程制图课程教学改革探讨

曾凤华

摘　要：基于土木工程制图课程的特点，结合多年教学经验，探讨本课程的教学改革方法。

关键词：土木工程制图；教学改革

1　前言

土木工程制图是土建类各专业非常经典、实用的一门基础学科。该课程有两大模块：画法几何与工程制图。画法几何以正投影原理为主要理论基础，以介绍、贯彻国家有关制图标准为主要内容，培养学生空间想象能力和空间逻辑思维能力。工程制图是投影原理与国家制图标准在各专业的具体运用，培养学生阅读和绘制专业工程图样的基本能力。尽管这门课重要，且内容多，但课时有限，目前54学时，有时节假日还会冲掉几个学时，所以有效的课时数不多，因此要上好这门课，必须根据本课程的特点进行教学改革，改变教学方法、教学模式，才能达到预期的效果。

2　教学内容的改革

画法几何部分主要研究正投影原理，学习投影法的基本理论及其应用，因此在教学过程中，适度删除部分内容并调整深度。重点讲述正投影原理，精讲点、线、面的投影特点、作图方法，减少直线与平面、平面与平面的相对位置关系等对实践性应用不大的内容。详细讲述立体的投影特性、画法，但立体的截切、二补三（根据立体的两个视图补画第三视图）等内容是画法几何教学的难点，要求学生具备很强的空间想象能力，由于学时较少，授课信息量有限，教学中点到为止，以够用为度。至于体与体的相贯等内容难度大，后续运用较少，基本上不涉及。

工程制图模块又包括两部分：建筑施工图与工程制图课程实训。为了把这两部分有机结合起来，教师以一个真实的工程案例为主线来教学，采用学校最近修建好的一栋学生宿舍楼作为教学案例，学生可实地观摩，深入、仔细地弄清图样表达的内容和规定，通过理论与实践相结合，能快速、牢固地掌握专业知识，且以一个现有建筑物作为案例进行绘图实训，不仅增加了绘图难度，还能提高学生的识读能力。[1]

3　教学方法的改革

教学效果好坏很大程度取决于教学方法是否得当，教学方法是每位老师在教学过程中自己摸索出来的，别人的教学方法只能参考，不能人云亦云，照搬照抄。况且教学方法要与时俱进，要根据学生的学习过程中信息反馈来动态调整。根据多年教学经验，教学方法改革在如下几方面进行。

3.1 教师对教学内容融会贯通，对习题集精准掌控，提高教学效果。

老师自己本身要吃透教材，并把配套的工程制图习题集里的习题全部做一遍，在学与做的过程中，空间想象能力与空间逻辑思维能力得到升华。老师在备课的过程中，对该课程知识体系、知识点进行归纳分析，发现、总结规律，如：讲述投影面垂直面的投影特性时，可总结为"两框一斜线"，两框：指平面投影为具有类似性的两个封闭线框；一斜线：指平面投影积聚为一条与投影轴都倾斜的直线，这样学生容易理解与掌握。老师在做题的过程中，能亲身感受学生做制图作业时的苦与乐，同时把我们的体会、经验分享给学生，大大增加师生感情，提高学生学习积极性，达到预期教学效果。

3.2 利用课堂实物，培养学生空间思维、提高专业图的识读能力。

在课堂教学中，利用教室中的实物培养学生空间思维，[2]如：把讲台上的粉笔盒变成空间三个投影面，可演示三面投影体系的建立，物体在三面投影体系中的投影、展开，及三面投影图的旋转归位，展示空间与平面之间的相互关系，帮助学生分析、理解问题。利用粉笔头、铅笔、三角板等给学生演示点、线、面的投影特性和相对位置等。增加学生的感性认识，提高学习积极性。教室中的梁、柱、窗台、门窗、地面、楼面、踢脚、楼梯等实物作为教具，可帮助学生理解建筑物的构件及作用，提高专业图的识读能力。

3.3 在教学过程中，观察学生的学习状态，灵活采用不同的教学方法。

如启发式教学法、互动式教学法、练习式教学法等，使学生能够跟上老师的思维，活跃课堂气氛，在讲解例题之前，先让学生先思考、练习一下，通过这个过程，学生会集中精神，运用刚刚学习的原理、方法解决实际问题，若做不出来，也会更加认真听取老师的讲解过程，达到事半功倍的效果。

4 结论

土木工程制图是一门主干专业基础课，教师要提升自己的教学水平，在教学过程中，采用各种教学方法和手段，提高教学效果，同时还要注重教书育人，培养学生认真负责的工作态度、严谨细致的工作作风，这是学生将来从事工程技术工作所必备的重要素质，实现培养目标。

参考文献:

[1] 杜红霞.浅谈建筑制图与识图课程教学方法的改革[J].科技资讯，2016（18）：90-92.
[2] 姚军.画法几何与建筑制图模块化教学改革研究[J].现代商贸工业，2016（29）：205-206.

项目教学法在数控加工中心实训教学中的应用

张　杰　魏　安　陈海滨　陈杰新　杨文宜

摘　要:项目教学法是指将教学内容融入实际项目中开展的教学方式。通过项目教学法,能够增强学生的动手能力,提高学生理论指导实践的能力,培养学生的工程能力及创新精神,也为学生更好地适应现代化企业的需要打下基础。因此,文章主要阐述了在数控加工中心教学过程中实行项目化教学的意义、策略及取得的效果,以此使项目教学法在数控加工中心实训教学中得到更好的应用。

关键词:项目教学法;数控加工中心;实训教学;工程能力

数控加工中心工艺多适用于加工复杂、工序多、需经过多次装夹及调整且精度要求较高的零件。主要加工对象有箱体类零件、复杂曲面、异形件、盘套板类零件及特殊加工。数控加工中心实训一直是各高校工程训练的重要组成部分,多用于精密加工、先进制造等内容的学习。教学目标就是通过实际加工,磨炼学生的动手能力,提高学生理论指导实践的能力,培养学生的工程能力及创新精神。[1]广州航海学院数控加工中心实训室位于校实验中心,主要由数控仿真实训室及数控加工中心操作室构成。过去的数控加工中心实训教学环节中,通常是指导教师先对操作重点进行讲解及演示,而后邀请数控基础扎实的同学操作一遍,接着指导教师列举其操作过程中出现的错误点,然后指导教师再进行正确示范,最后才把实操机会给到所有同学。经过上述教学流程,虽然学生可以完成既定的工件加工任务,但是缺乏独立思考的空间,一旦更换了工件类型,往往很多学生就会手忙脚乱,没有思路。为此,广州航海学院数控加工实训室通过项目教学法改革,提高学生的独立思考能力,培养满足企业需求的工程技术类人才。

1　在数控加工中心实训教学中采用项目教学法的意义

项目教学法是指将教学内容融入实际项目中开展的教学方式。项目教学法需要根据教学大纲、人才培养目标、社会企业需求,以知识能力特点为根本、以学生为主体来制定符合本课程教学目标的项目。[2]在实施项目教学法时,学生根据教师的指导,独立完成信息的收集、方案的设计及项目的具体实施等工作。在项目教学法中教师扮演的是配角,而真正的课程学习主角是学生本身。项目教学法使学生能够更加自觉地参与实训教学中,从项目的接手、信息的收集、方案的制订、项目的落实、问题的分析和解决,都需要学生独立思考。在此过程中,学生需具备较强的自主学习能力及主观能动性,其通过不断的练习及尝试,克服项目中的困难和瓶颈,最终顺利完成项目。通过项目教学法,可以锻炼学生的自我学习能力和创新精神,为培养创新型应用型人才提供有力支撑,因此,在数控加工中心实训中运用项目教学法是非常具有实践意义的。

2 在数控加工中心实训中采用项目教学法的策略

数控加工中心机床属于昂贵的高精密加工设备。一般在实际操作前，采用数控仿真软件编程及模拟加工刀路的形式进行仿真加工后，再进行上机实操，进而验证程序的准确性。通过项目教学法，把数控加工工艺、数控加工中心编程和数控加工中心实操紧密结合起来，能够让学生在学习中实践，循序渐进地提升其综合工程能力，培养学生的创新意识和能力。[3]文章以涡轮叶片的数控加工中心实训教学为例，探讨项目教学法的实施策略。

2.1 明确教学项目

在涡轮叶片数控加工中心实训教学实施环节中，一共设置三个项目，分别为数控加工基础、CAM刀路设计与模拟加工、综合练习（表1）。

表1 教学项目及工作任务

项目	工作任务
项目1：数控加工基础	任务1：安全文明生产知识
	任务2：数控加工基础知识通识教育
项目2：CAM刀路设计与模拟加工	任务1：涡轮叶片三维建模
	任务2：涡轮叶片加工工艺设计
	任务3：涡轮叶片刀路设计及模拟
项目3：综合练习	任务1：涡轮叶片加工
	任务2：课程答辩

第一个项目数控加工基础，主要以安全文明生产及数控基础知识为主。CAM刀路设计与模拟加工为计算机辅助设计能力训练，让学生在模拟中对方案进行优化，实现从知识到能力的转化。综合练习为综合技能训练，通过涡轮叶片的上机实操加工（图1），加工出符合图纸要求及产品技术要求的产品，让学生熟练掌握五轴加工中心的编程方法。在教学实施过程中，又将每个项目细分为实际的工作任务。工作任务必须立足于教学大纲，由浅入深，由简单到综合，面向工程素质培养宗旨，面向现代社会及企业需求，切实培养学生的工程实践能力和创新能力。

图1 涡轮叶片三维模型

2.2 分工合作，开展项目工作任务

（1）课前学习。在开始实训前，通过线上发布学习任务书，让学生提前明确项目工作任务。可通过大学生慕课等平台，为学生提供课件、实训指导书、视频等学习资料，通过

设立课前预习目标的形式，充分调动学生的课前自主学习能动性，并完成课前测验。教师通过定期开展线上项目讨论会的形式，及时沟通解决学生所遇问题。

（2）分组收集信息。以每组 5 人的形式，将全班学生分为 8 小组。分组时，需协调均衡各组学生的理论基础和实操能力。每组推选一名小组长，负责统筹协调整个组的工作。课程开始后，各组分工收集工件图纸、加工工件所需材料、刀具、夹具、量具及辅具等，以及数控加工中心设备的型号及其选配的系统、数控仿真软件、各种参考资料（如数控加工工艺、数控加工编程书籍、夹具设计手册等）。

（3）分组讨论并制订方案。各组依据项目的工作任务和收集的信息材料，制订出至少两套方案，方案中应包括各种加工工具的选用、加工工艺路线、工序卡片、控制工件精度的措施、后处理文件等信息，再根据数控加工的原则、工艺路线相对优化原则等进行组内筛选，讨论后最终确定一个最优方案，然后每组选出技术代表，以 PPT 形式汇报各组最终的方案，并且把各自方案的刀路仿真设计用视频的形式展现出来。

（4）分组实施方案。在实际操作阶段，指导教师在各组之间巡回指导教学，学生根据方案确定的加工工艺流程，按图加工。对于各组在加工中遇到的问题，小组长通过视频等多种方式进行记录，待加工完毕后进行组内的讨论。教师可以就各组遇到的普遍性问题，集中全部学生进行讲解并讨论解决方案。如果是非普遍性问题，教师可以现场及时指导解决，并作为小的问题点，在全班进行讨论分析。

（5）总结评价。评价反馈是对项目实施的全过程进行问题的总结、意见的提出及优秀评比的过程。评价的标准对标企业加工规范、数控操作手法，并参考企业对加工现场的 5S 管理等做法，对学生进行规范，进而帮助学生养成优良的工作作风，使得学生可以更好地适应现代企业的需要。

3　项目教学法产生的效果

根据项目教学法的具体实施结果可以看出，在此教学方法实施三年后，教学效果获得显著提升。通过此法，数控加工中心工种实训成绩逐年提高，平均分从最初的 75 分，提高到 85 分左右。通过率从之前的 89% 提高到最近一次的 96.5%。除此之外，还从各方面提升学生的综合素质。项目教学法的效果具体如下。

（1）有助于学生全面能力的培养。通过项目教学法的使用，不但可以让学生的职业素养与管理能力得到较大的提升，而且有助于培养学生的组织协调能力及团队合作能力等，使学生在学习知识、提升技能的同时，丰富了自身经历，为其将来的发展奠定良好的基础，全方位地提升学生综合素质水平。

（2）有利于更全面地评价学生。项目教学法使教学评价覆盖了整个项目的全过程，教师下达工作任务后，评价过程就同步开始。教师对于学生的参与度、积极性、完成度及作品成果等表现打分，不仅是以课程考试与最终作品作为成绩的评定参考，同时关注到学生在项目中的工作态度、团队合作能力及创新精神等要素，使得对学生进行全面评价成为现实。此外，实训课程中运用项目教学法时，须着重关注以下两点：①虽然在项目教学法是以学生作为教学主体进行开展，但是教师需在教学环节的全过程中充分发挥组织作用及引导作用；②在组织分组教学时，教师需实时了解关心学生的学习状态，关注学生的学习情况，在学生遇到问题或困难时，教师应及时为其解答，防止出现因自身基础差异所致的两极分化问题。

4 结束语

综上所述，数控加工中心实训教学中应用项目教学法，以具体项目的形式开展教学，不仅丰富了学生的专业知识，还锻炼了学生的实操能力。在项目式教学法营造的学习氛围下，学生积极主动地学习，增强了对数控加工专业知识的认知，该课程教学培养了学生的团队合作精神，激发了学生的创新能力及精神，为其将来适应现代企业打下坚实的基础。因此，在实践教学中，教师应高度重视项目教学法的使用，重视师生之间角色转换问题，营造更有利于学生实训的学习氛围，充分调动学生学习与实践的热情，促进学生工程实践能力的全面发展。

参考文献：

[1] 张英华.论数控机床维修课程实践教学的改革[J].教育与职业，2014（17）：159-160.

[2] 邵彦.应用项目教学法优化中职数控车床实训教学探讨[J].成才之路，2018，590（34）：53-54.

[3] 宋宝玉，李旦，王娜君，等.强化工程创新能力培养的机械专业实践教学建设[J].高等工程教育研究，2018（1）：58-61+106.

以模型制作大赛促进工科类专业实践教学的创新

杨　朋　王雪莲　刘艳红　任志福　刘艳新　彭　峰　韩玉梅

摘　要:依托我校工科类专业的实际,将模型设计与制作融入教学和实验实训中,通过活动的引导及奖励机制,促进了同学们的学习热情和知识的巩固。文章基于我校开展的模型设计大赛具体情况和总结,对相关大赛对工科类的实践教学改革方面进行了探讨。

关键词:模型设计;制作;工科类专业;实践教学;创新

1　概述

模型技术在我国古代就诞生了,模型的主要原材料是陶泥,制作的陶制模型大多用于祭祀和陪葬。随着时代的发展和科技的进步,在工程方案招标和设计中,需要展示相关模型,以增强中标的概率,现代的模型技术可用于项目申报、展示、项目介绍等。在我国的工程行业里,工程模型的制作和展示逐渐被业内人士所关注,主要原因是其可将工程项目设计的形式与内容完美地结合在一起,以其具体生动的形式向人们展示设计方案的三维视觉影像。[1-3]近年来,很多教育学者也将工程模型应用于教学,工程模型制作甚至发展成一门新兴产业。[4-6]

教育工作者会发现在专业技术教学的过程中,受经验所限学生的空间想象能力严重缺乏,仅仅通过平面施工图的学习(CAD制图或手工制图等)无法在脑海中建立起生动活泼的专业知识,学生在学习专业知识中显得力不从心。根据此现象,基于我校现有资源优势,航务工程学院通过模型制作实践大赛来提高学生读图识图的能力,以培养学生的空间思维与创新意识,促进工科类专业实践教学的改革和创新,从而达到工程技术专业培养人才的目标,从而适应当前工程行业的发展。

2　工程模型大赛简介

2016年3月,航务工程学院举办工程模型大赛。本次比赛主要面向我院土木工科类本科专业学生,希望生动的竞赛活动,使学生所学习的工程力学、结构、材料等方面的理论知识得到综合应用,经过创新设计,以实物模型+电脑3D模型的形式展现出来,从而提高学生对专业的兴趣,为本科学生展示专业技能和创新思维提供舞台,增强学生团队合作精神,达到学以致用的目的。

本次模型大赛分三个阶段进行。在大赛开始前,航务工程学院通过申报创新强校项目和争取企业赞助来支持本次模型大赛。此外,参赛学生已学习了理论力学、材料力学、建筑材料等专业基础课程,具备参赛的理论知识基础,鼓励学生查阅资料,向指导老师请教,学生具备参赛的能力。学院的专业教师对参与此次竞赛的指导工作热情较高,对最终参赛作品的水平提供了保证学院具有充足的实验实训场地,可以提供给参赛学生制作实物模型使用，学院的电脑机房课余时间可以供学生制作3D模型。本次模型大赛涉及桥梁、港口码头、游艇、房屋等领域，申报书见图1。

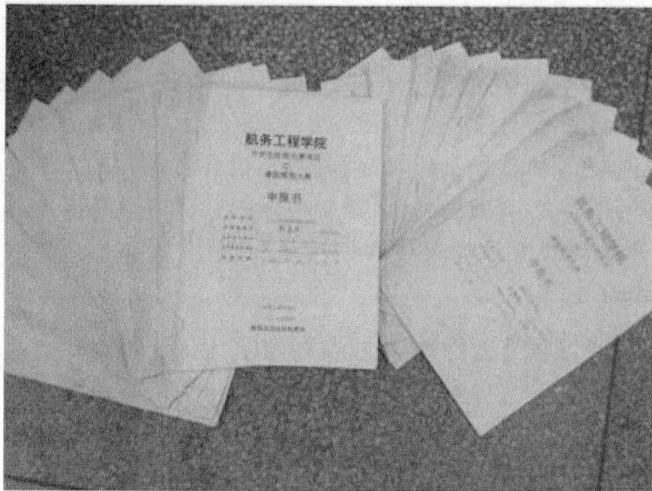

图1 学生提交的模型大赛申报书

2.1 学生递交申报书和制作模型

2016年5月，航务学院面向全校征集作品。通过广泛发动，学生报名热情很高，全校五十余组学生报名参赛并向学院递交了申报书。学院组织相关老师对项目的合理性与创新性进行审核评比，最终筛选出23个优秀申报书进入模型制作阶段。为了达到更好的制作效果，顺利将作品在电脑上呈现出来，我们邀请到了广州市港航工程研究所的工程师前来给学生们进行为期一周的BIM课程培训（图2）。在制作过程中，各个参赛小组自行购买材料和工具，指导老师积极指导学生制作模型，及时解答学生制作过程中遇到的问题，鼓励学生查阅相关资料.将知识融入实际制作过程中（图3）。考虑到经费问题，我们将各组模型的造价作为评比的指标之一。因此，学生在制作过程中充分利用周边的物品，如废旧纸板、废旧泡沫板、木棍、竹签等。

图2 开展BIM制图软件培训

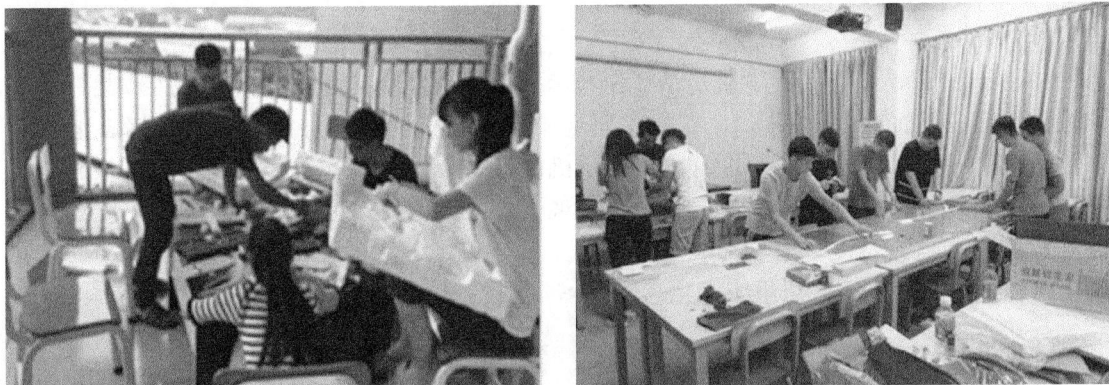

图3　学生协同合作制作模型

2.2　中期审核和评比

跟进每一组作品制作的进程，及时督促学生完成作品。学生经过四个月的精心设计和制作，2016年9月评审嘉宾们对同学们的作品提出改进意见，学生用一周的时间，在老师给出的指导意见基础上对模型进行再次改进。9月29日，学院组织评审嘉宾对工程模型作品进行评审，学生需要介绍的内容包括作品的3D模型图、创意来源、制作过程、最大亮点等基本信息（图4）。通过评比，让同学们对自己的作品有更深入的了解，同时让学生们项目学习，对日后的专业学习产生积极的作用。

图4　模型评审现场

2.3 颁奖和模型展示

2016年10月，航务工程学院邀请了全校有关领导对本次工程模型大赛进行颁奖并参观了陈列于图书馆的作品（图5）。在本次比赛中吉斯塔夫·福楼拜桥模型获得诸多老师好评，其吸引评审团的原因之一是附加了电子机械设备，采用升降式开启装置能让桥面灵活升降，使船只通行便捷。另外其结构轻巧美观、桥梁造型设计新颖。其余参赛小组的作品各有特色，极具代表性，充分地展示了航务工程学院的学生的创造力和行动力（图6）在颁奖典礼之后，学院还特意组织学生参观学习（图7）。

图5　模型大赛颁奖典礼

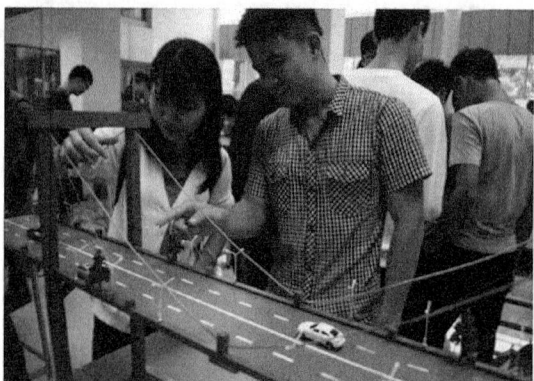

图6　老师和学生参观模型展览

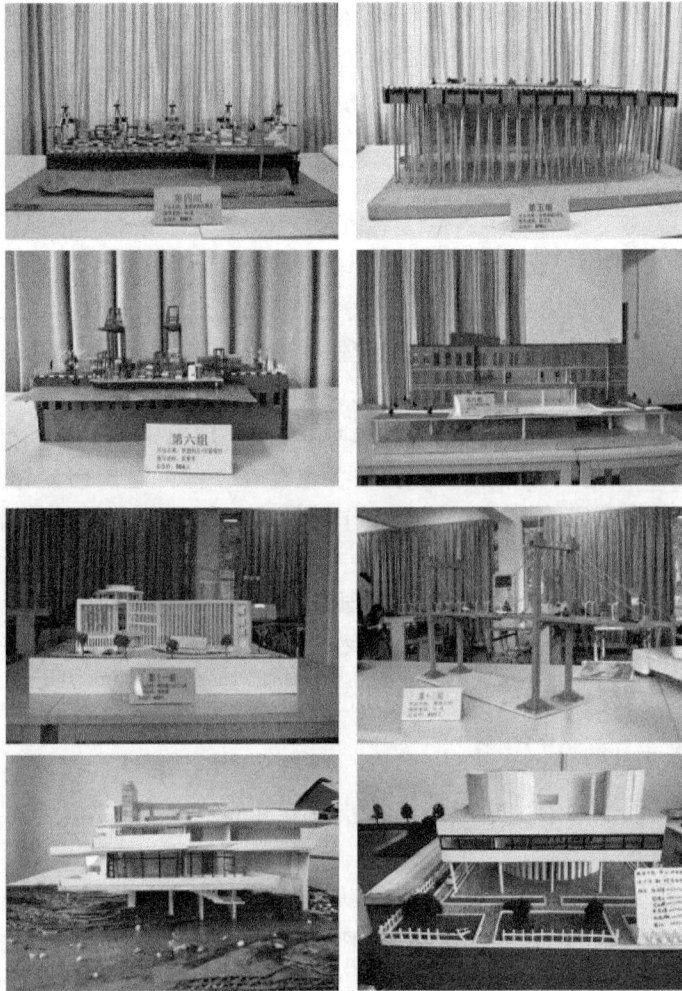

图7　工程模型作品

3　工程模型大赛的意义

参赛学生都表现出了浓厚的兴趣和积极性。本次模型制作大赛也体现出了多层次的积极意义，主要表现在以下几个方面。

第一，模型制作激发了学生自发学习的积极性。传统的"满堂灌"教学模式已无法调动学生的学习热情，必须做出改变才能将学生从课外拉到课内。近年来，"雨课堂""MOOC"课和"Flipped Class Model（翻转课堂）"等教学模式和方法逐渐被人们所重视。我国教育主管部门也加大力度"淘汰水课"，打造"金课"。在此背景下，高校根据自身情况有必要找出适合自己本校的教育教学方法。本次大赛，从方案讨论，再到最终确定和模型制作，整个过程以"学生活动为主，指导教师引导为辅"的原则，极大地调动了学生的学习积极性。模型大赛对学生的吸引力还表现在模型制作过程中，不断有全校其他专业低年级的学生观摩并跃跃欲试。第二，模型制作提高了学生的动手能力。本次模型大赛参加的学生主体为本科二年级和三年级的学生，已经通过相关专业学习，基本掌握了工程专业的知识。通过制作模型，学生将课本上知识运用到模型中，不仅使同学们深化和细化工程构造的正确认识，而且还大大锻炼了动手能力。第三，增强了学生的合作团队意识。模型制作过程中工序繁多、分工细致，工序间的相互干扰非常大，只有合作默契才能完成质量上乘的作品。因此，在大赛过程中，学生们克服困难，默契合作，培养了团队合作精神和集体荣誉感。

4　存在问题

本次模型大赛顺利开展得到了航务工程学院施斌院长、余景良副院长的大力支持，还得到了广州港航研究所有限公司吴永明总经理的大力支持，部分作品也突出了创新意识和专业特色，能够将最新的工程项目展现出来。如港珠澳大桥是 2018 年 9 月份才开始通车的，而学生能够通过模型将此超级项目完美地用模型展现出来，且该模型在制作过程中还用到了 3D 打印技术。但是在整个制作过程中，也存在一些问题。（1）作品质量需要提升。限于工程经验和动手能力影响，大部分模型作品外表比较简单，细节部分粗糙。还有很多需要质量提升的空间；（2）三维空间想象和专业基础不牢。模型的制作需要良好的空间想象能力和较强的软件使用能力（CAD 或 BIM 画图），部分同学基础不牢，还需要他人的帮助才能完成；（3）缺乏模型指导课。我校虽然有模型协会，但同学们的积极性不高。由于没有开设专门的模型课程，学生们对模型概念的缺乏，动手能力严重不足。

5　对工科教学改革的一点思考

整个模型大赛对教师和学生来说，有收获也有挑战。模型制作已经结束，作者需对未来教学改革的思考如下。

（1）开设模型指导课程。模型指导课可以将生涩难懂的专业知识融入其中，通过开设模型制作有利于学生对专业课程有具体生动的认识，不但可以提高学生们的积极性和热情，还能锻炼学生的动手能力和空间思维能力。由于其重要性，本类课程建议为必修。

（2）加深教师学生间联系。一直以来，教师学生间的联系十分有限。通过组织丰富多彩的师生间社会、科研活动，拉近师生距离，学生才能学到更多的知识。

（3）专业课程小班制工科专业知识难度大、难于接受和理解，采取专业课程小班制（8~15 人），师生可以更加轻松有趣地学习知识。

参考文献：

[1]　张妮.模型教学法在土力学与基础工程课程中的应用研究[J].居舍，2019（7）：194.

[2]　李丽，张先勇，王冠培.基于建筑信息模型的协同教学体系构建与改革[J].教育现代化，2019，6（25）：33-35+54.

[3]　王春翔.基于建筑信息化模型的工程管理实践教学改革分析[J].南方农机，2018，49（23）：54，

[4]　李真，王晓华."经典建筑模型制作"研讨式教学法应用探索[J].山西建筑，2018，44（35）：221-222.

[5]　孙巍巍，周广荣，范进.基于BIM技术的土木工程专业课程协同教学改革研究：以南京理工大学土木工程系为例[J].教育教学论坛，2018（35）：138-139，

[6]　邓华.应用微缩模型提升土木工程施工教学效果[J].天津中德应用技术大学学报，2018（4）：111-114.

实验教学改革与高校物理教学的关联性探讨

张绍安　李振彰

摘　要：文章对实验教学的意义进行了总结，并对高校物理教学现状进行了讨论。从互利共生、你追我赶的关系入手，进行了实验教学改革与高校物理教学的关联性讨论。又根据转变教学观念、优化教学手段、提高实验室的开放程度、提升教师综合素养方面进行了高校物理实验教学改革的策略分析。

关键词：实验教学；改革；物理教学

1　引言

现阶段各行各业的人才竞争较为激烈，高校在进行人才培养时，需要提高对物理实验改革的重视程度，并优化课程构建形式，提高教师的综合素养，达到帮助学生形成良好的思维能力的目的。

2　实验教学的意义

2.1　激发求知欲

物理教学中融入实验教学，能够激发学生的求知欲，物理课程中存在大量的理论内容，应用传统的灌输式教学难以提升学生的学习兴趣，但在授课中融入实验教学，学生可以在动手操作中了解物理知识，能够达到激发求知欲的目的，进一步推进物理教学工作运行发展。实验操作能够提高学生运用设备的应用能力，了解物理理念的建立过程，加深对物理知识的了解程度，帮助学生领会物理理论知识，提高物理学习质量。

2.2　形成严谨的科学态度

进行实验教学时，能够帮助学生形成严谨的科学态度。物理实验中，需要学生严格按照实验步骤进行操作，并规范实验设备的应用方式，在这一过程中，能够使学生逐渐养成良好的科学态度，提高物理综合素养，为之后的学习奠定良好的基础。在进行物理实验时，会发现问题，并探究问题，有利于形成严谨的科学态度，进一步了解物理知识。

2.3　提升思维能力

实验教学具有提升思维能力的意义，学生在实验研究中，需要自主设计实验流程、方式，并在这一过程中提高思维能力、问题分析能力，为之后的物理学习奠定基础。随着社会经济的不断发展，各个单位不断提高人才招聘标准，学生通过实验学习，能够提升物理实验的综合能力，深刻地领会物理知识，达到素质教育的目的。

3 高校物理教学现状

3.1 学生物理能力参差不齐

现阶段，高校物理教学中存在学生物理能力参差不齐的现状，为了达到普及教育的目的，高校降低了招生标准，虽然这一方法能够提高大学就读率，但学生的学习能力参差不齐，甚至部分学生存在严重的偏科问题，物理学习积极性不高，这就间接地提高了高校物理教学工作的难度，教师应用传统方法进行教学时，难以提高学生学习物理的积极性，制约了学生的学习和发展。

3.2 教学方式不合理

高校物理教学存在教学方法不合理的问题，部分高校教师还在应用传统的教学方式，没有按照新课改的需求调整教学形式，课堂缺乏活跃度，难以发挥出实验教学的实际意义，制约了学生发展，降低了高校物理的教学质量。物理课程学习具有培养学生思维能力、提高动手能力的意义，对学生之后的物理学习有一定的帮助，但部分教师的综合能力不高，没有将学生作为课堂主体，导致学生难以提高学习积极性。

3.3 实验条件落后

高校物理教学存在的主要问题是实验条件落后，由于物理学习需要融入实验操作，这样能够使学生深入理解理论知识，但部分高校对物理实验的重视程度不高，没有投入足够的资金购买实验设备，甚至没有安排教师进行实验室管理，实验室部分设备严重受损，难以满足实验需求，阻碍了学生物理综合能力的发展。

4 实验教学改革与高校物理教学的关联性

4.1 互利共生的关系

实验教学改革与高校物理教学之间存在互利共生的关系，大部分教师在进行物理教学时会将教学重点放在理论教学中，没有消耗大量时间进行实验学习，但在实验教学改革之后，能够将实验与理论课程融合到一起，达到相互促进发展的目的，这能为之后的物理课程学习奠定良好的基础。例如：将物理实验融入理论知识讲解中时，学生能够更好地理解物理知识，达到提高学习效率与质量的目的，能够推进物理教学工作改革发展，帮助学生提高物理实验的动手操作能力，发挥出实验教学的实际意义。[1]

4.2 你追我赶的关系

实验教学改革与高校物理教学存在极大的关联性，实验教学改革的目的是提高教学的有效性，虽然影响物理实验教学工作质量的缘由较多，但教学方式是其中最重要的一点，在实验教学改革之后，学生有足够的时间进行动作操作，按照自己的想法进行实验分析，教师优化教学方式之后，能够带动学生物理综合能力的发展。

5 高校物理实验教学改革策略

5.1 转变教学观念

为了能够进一步提高高校物理实验教学改革的有效性，需要转变教学观念部分高校物理教师对实验的重视程度不高，没有按照新课改的需求进行改革，导致学生在学习中虽然能够提高物理考核成绩，但动手、实验能力不高，难以提高综合素养培养有效性的现状；需要高校领导明确物理教学方向，使教师转变物理实验教学观念，并按照这一方面进行学习，提升对物理实验课程的认知程度，为之后的物理实验改革奠定良好的基础。

5.2 优化教学手段

高校物理实验教学改革中，教学手段直接影响教学质量，在调整教学手段时，教师可以将信息技术融入其中，例如：教师可以在物理授课时，应用仿真实验软件进行演示实验，使学生能够了解实验效果，并且提高安全性。学生在应用这一软件进行实验操作时，可以先设计多个实验形式，依次进行实验分析，了解不同实验方法产生的实验现象，提高实验分析的效率，进一步推动物理实验教学工作运行发展。[2]

5.3 提高实验室的开放程度

高校物理实验教学改革时，在应试教学的环境下，高校需要提高实验室管理工作的重视程度，安排专门教师负责实验室管理，定时开放实验室，让学生进行自主实验操作，例如：高校领导可以制定完善的实验室制度，明确实验设备损坏的赔偿方法、实验室纪律、实验室卫生等，保障学生能够在学习中提高自身综合素养，为之后的物理学习奠定良好的基础。[3]

5.4 提升教师综合素养

为了提高高校物理实验教学改革质量，需要提升教师的综合素养，教师对学生有直接的影响，但现阶段部分高校物理教师的实验教学能力不高，难以按照相关标准进行实验分析，对学生综合能力培养有一定的影响。为了转变这一现状，高校可以定期进行教师培训工作，例如：物理教师在开展教师会议时，可以进行实验演示课，其他教师指出教学中存在的问题，教师可以有针对性地优化教学方式，达到提高实验课程教学有效性的目的。[4]

6 结论

综上所述，高校物理实验教学改革的目的是提高学生的物理实验能力，需要教师有针对性地构建优教学形式，定期开展教师培训工作，使学生能够养成物理实验学习意识，为之后的课程学习奠定良好的基础。

参考文献：

[1] 李琦.实验教学改革与高校物理教学的关系[J].黑龙江科技信息，2017（18）：28.

[2] 常培荣.实验教学改革与高校物理教学的关系[J].当代教育实践与教学研究，2017（1）：151+153.

[3] 吴延斌.当前我国高校物理教学的现状分析及改革探究[J].科技展望，2016，26（16）：207.

[4] 聂国政.高校物理教学的现状与改革策略[J].科技展望，2016，26（4）：210.

三、海工装备类专业德智体美劳全面教育

　　培养德智体美劳全面发展的应用型人才，在德育方面，针对海工装备类专业的国防特色及纪律要求，实施了"半军事化"管理，并在三全育人环节，推行"四进四导"，举办了"活力在基层""灯塔计划"等育人活动，实现立德树人；智育方面，主要是通过第一和第二课堂，实现应用型人才职业能力的培养；体育方面，按照航海人才对学生体质要求，构建了"常规体育、保健体育、航海体育"三大模块，实施"合格+特长"体育模式；美育方面，形成了"思政+"的美育模式，将思政元素通过美育课堂和活动进行"浸润"式培养；劳育方面，弘扬劳模精神，形成了"广航劳动实践实施方案+广航劳动教育教材+劳动教育课程+生产实践劳动活动"系列成果。

　　德育：交通是兴国之要、强国之基，交通强国已经是国家发展的重要战略。建设交通强国，航海的发展不可或缺。随着近年来随着航海院校的发展，旧的半军事管理模式不符合新时代学生发展等现象逐步显现，并成为制约和困扰各航海类院校深层次发展、内涵建设的一大瓶颈，不能很好地促进学生学习的积极性，不能很好地为学生备考大证打下自律性的基础。本文重点分析了半军事管理的现状和困境，阐述了航海院校半军事管理模式的几点思考，提出了构建半军事管理模式、航海文化、党员模范建设以及传统管理模式的基本思路，探索军队、党员引导模式与校园航海文化结合新模式，树立学生热爱学习认真备考大证。怎样创造符合新时代大学生发展的半军事管理模式，推进航海类高校持续健康的发展，是值得关注的重要问题。

　　专业课教师担任班导师工作，是高校打通"三全育人最后一公里"系列难题中的关键一环，是高校立德树人根本任务和三全育人工作的必然要求。文章根据专业课教师既有优势及专业性，通过确立专业课教师担任班导师形式，构建其与全员育人主体之间的耦合机制，并提出班导师的选聘标准、配备调整、工作培训、沟通平台、考核激励机制等，以期为专业课教师做好班导师工作提供重要保障和策略。

　　大学生主题班会课程是大学为积极提高学生的思政意识和加强学生主题教育的一种重要措施。但其参与度却不高，主要表现在：学生对班会内容没有兴趣，频繁玩手机，消极应对，更有甚者旷掉班会。由此，本文通过对主题班会开展的现状以及现存问题的分析与总结，提出优化、解决的对策。

　　航海类院校为我国海洋强国战略的实施提供了有利的人才保障，学生党员是这些人才中的佼佼者。本文介绍了航海类院校学生的特殊性，分析目前航海类院校学生党员教育与管理存在的问题，基于引导党员想优秀、会优秀、能优秀的研究思路，从德育、人文、机制角度出发积极探索当下该领域学生党员教育与管理的新途径。

　　工匠精神的主要内涵是严谨、专注、坚持、精益求精、一丝不苟。应用型本科高校的

实践实训教学中应该植入工匠精神。工匠精神的植入对于高校开展工程素质教育有着助力作用，使得金工实训课程安排更加完善。以培养创新能力为导向的金工实训课程，各个课程环节均需要工匠精神来构建。工匠精神的植入，能够促进我国应用型本科实践教学的长久发展，同时为我国从"制造大国"到"制造强国"的转变，输送更多具有较强综合工程素质的应用型人才。

美育："船舶设计原理"作为船舶与海洋工程专业核心专业课之一，从社会主义核心价值观、辩证唯物主义、工程素养三个培养角度目标出发，通过"案例分析法""以问题为导向""隐性渗透式""专题嵌入式"等不同的教学设计方法，进行船舶设计原理思政课堂的整体设计，并对爱国、励志、力行、求真等品格塑造方面展开具体示例分析。面向听课学生进行了思政课堂示范效果的问卷调查。调查结果显示，船舶设计原理思政课堂效果理想。

新世纪由计算机、多媒体和现代通信等技术相结合而形成的互联网和手机等新媒介，从根本上改变了当代高校大学生的生活、学习、工作和思维等多种方式。信息传播媒介和传播方式的深刻变化、多元文化、西方各种思潮和多样化的网络环境等，都给高校大学生的思想政治教育工作带来新的机遇和挑战。作为高校应该抓住时代契机，采用主动而为的态度，积极主动和有针对性地创新思想政治教育工作；不断加强网络环境下的师生新媒介素养培养，尊重思想政治工作规律，遵从新媒介的传播规律，努力提升高校思想政治教育的有效性；还要以网络舆论为载体，对高校思政教学内容与方式、教育内容和途径、校园文化和媒介素养等多个维度，进行教学资源的更新和教学方式的创新；应当加强高校思想政治教育队伍建设，优化网络思想政治教育队伍结构，完善网络舆论疏导和监管体系。

随着高校学生社团的蓬勃发展，其逐渐成为校园文化建设的重要组成部分，更是高校思想政治教育的阵地之一。文章从分析高校学生社团的思想政治教育功能及其实现的制约因素出发，结合时代诉求和背景，提出了新时代高校学生社团思想政治教育功能的实现路径。其实现路径主要有以下四个方面：以社会主义核心价值观为引领，确保社团的发展方向；加大学校对社团的思想政治功能实现的扶持力度；继续激发各类社团的思想政治教育功能；完善社团骨干培养体制，纳入团学干部培训体系。

高校艺术设计专业要将教学改革作为重要契机，充分迎合社会行业需求，服务于地方经济的发展，培养出更多优秀的艺术设计人才，为设计工作的长效发展提供必要支持。艺术设计对于人才需求朝着多元化的方向发展，同时国家形势以及地方的发展状态都已经发生了很大的变化，需要有更多高素质和应用型艺术设计人才推动国家以及地方经济的发展。高校要认清教育形式和教学要求，加大对艺术设计专业教学的改革力度，运用创造性的教学方法逐步和国际教育接轨。

随着人们对虚拟现实技术在教育领域的应用越来越感兴趣，通过讨论当下民间美术的创新创业思维，民间美术元素在虚拟现实广告设计中的应用实例来分析艺术设计学院的虚拟现实实训平台建设的基本原则，以阐述艺术设计学院虚拟现实实训平台的任务及学生培养模式的转变。

体育：近年来，随着国家对体育教育的重视，学习游泳的人数也逐年增多。游泳是一项典型的水上运动，在运动方式和教学方法上都与陆地运动有很大的区别，对于从没有接触过水上运动的学生来说，游泳既有趣又难学。这就要求游泳教师在开展游泳学习课程的时候要积极创新教学方式，构建游泳教学导向、激励与评价三位一体的教学模式。在陆地运动教学过程中，反馈教学法是比较实用的一种教学方法，教师在开展游泳教学时也可将反馈教学法运用到游泳教学中来，这样对于改革游泳教学具有非常深远的意义。

劳育：以金工加工实训教学为例，探讨了在金工实训教学与管理中应用7S管理的具体实施方法。经过研究和实践得出，在金工实训室开展7S管理，使得金工实训室环境卫生得到有效改善、使得金工实训教学秩序更加有条不紊，并且提升金工实训教学质量，锻炼学生的综合素质。

新工科教育改革对高等学校的工程素质教育提出了新要求，而金工实训作为培养学生工程实践能力的重要一环，应主动适应新工科教育的建设，改革并创新教学模式，加强学生创新思维与工程意识的培养。本文以广州航海学院为例，对金工实训教学过程中存在的现状进行分析，提出构建多层次、模块化、开放式的金工实训教学体系，通过教学理念革新、教学内容调整、教学模式改革，提高金工实训课程的教学质量。通过提高学生的工程实践能力、完善学生的知识结构、养成学生的工程素质，达到提升学生能力的目的。

随着现代科学技术的迅速发展，虚拟现实技术具有的沉浸式体验和良好人机交互特点，越来越多地应用到复杂的实验教学或职业培训等现代教育领域中。传统的金工实训，如车床加工零件等，不但具有一定危险性，还需要消耗大量材料，实验教学过程也具有一定抽象性。基于此，项目小组对金工实训课程改革进行探讨，介绍了虚拟仿真技术在金工实训课程教学中的应用，并指出了虚拟仿真实训教学的优点。教学实践表明：虚拟现实技术应用到金工实训中，不仅可以提高教学课程的生动性，还能降低实训成本，提高实训效率。

船舶设计原理思政课堂的定位与整体设计

端木玉　蔡伟杰

摘　要：以作为船舶与海洋工程专业核心专业课之一的船舶设计原理为基础，从社会主义核心价值观、辩证唯物主义、工程素养三个培养角度目标出发，通过"案例分析法""以问题为导向""隐性渗透式""专题嵌入式"等教学方法，进行船舶设计原理思政课堂的整体设计，并对爱国、励志、力行、求真等品格塑造方面展开具体示例分析。面向听课学生进行了思政课堂示范效果的问卷调查。调查结果显示，船舶设计原理思政课堂效果理想。

关键词：船舶设计原理；思政课堂；整体设计；示范效果

习近平总书记在全国高校思政工作会议上强调，所有课堂都有育人功能，要用好课堂教学这个主渠道，各类课程都要与思想政治理论课形成协同效应。教书育人已不再是局限于教育知识，传播知识，更是包括了立德树人，思政育人。短短的三尺讲台，近距离的是师生之间心与心的距离，延长的是知识底蕴的价值，刷新的是学生人生价值的认知，铸造的是学生个人灵魂的价值导向。因此，课堂思政的建设是重中之重的，是各个高校教学工作都要直面的难题，需大家共同探讨发掘思政课堂的闪亮点。船舶与海洋工程学科是本校"十三五"重点建设学科，是广东省优势重点学科。其中，船舶设计原理是船舶与海洋工程专业重要的专业核心课程。而船舶设计原理课程内容十分广泛，知识点繁多，是十分值得进行课堂思政探讨的。目前也有部分课题组在这方面进行了探索，它们主要集中于船舶设计原理专业课程实践环节的考虑、船舶设计原理教学中融入辩证唯物主义思想、PBL教学法在船舶设计原理课程中的可行性、船舶设计原理课程教学的探讨等方面，但是因为课程培养方向、教师团队、课程思政内涵等的不同，而导致船舶设计原理课堂思政建设缺少整体设计架构。现在以本校的船舶设计原理（省级课程思政示范项目）为基点，结合该课程的定位、课程思政内涵、思政教学方法、实践内容、实施效果等，来与大家一同交流探讨一门思政课堂建设的整体设计。

1　船舶设计原理课程定位

船舶设计原理课程目标是培养学生的船舶设计能力。通过本课程的学习，要求学生掌握船舶设计的基本概念、原理和方法，能够综合运用这些知识计算船舶重量与重心、舱容、干舷等，并能进行总体方案构思和主尺度选择，重点掌握进行线型设计和总布置设计的基本原则及方法，从而能够分析和解决船舶总体设计中碰到的各种问题，切实掌握工程实际问题的解决方法。同时，使学生掌握船舶总体设计的基本原理和方法，能够综合运用各种专业知识开展船舶总体设计，分析解决船舶设计中遇到的问题，提高学生分析问题和解决问题的能力，有助于学生掌握船舶设计的技术特征、技术规律，减少船舶设计工作中的盲目性，使得设计船舶有可靠的技术基础，为后续专业的学习提高坚实的知识堡垒。[1]

2 船舶设计原理课程思政内涵

本课程从三个角度实施思政育人目标。角度一，课程思政教育须引领学生树立正确的世界观、人生观和价值观；课程思政的思路确定为基于社会主义核心价值观，重点对公民个人层面的"爱国、敬业、诚信、友善"加强引领，引导学生要爱国，忠于祖国，忠于人民，同时要励志，立鸿鹄志，做中国船舶工业的奋斗者；角度二，课程的思政设计围绕哲学及辩证唯物主义思想，从主要矛盾与次要矛盾、继承与发展、方法论、否定之否定等角度开展课程的思政教育，引导学生求真，求真学问；角度三，结合课程的工程特点，从船舶工业国情分析、创新精神、工匠精神、职业素养、劳动精神、团队合作等多角度设计课程的思政教育，鼓励学生要力行，知行合一，做实干家（表1）。

表1 船舶设计原理各章节知识点与思政案例的融合途径

章节	专业课知识点	思政目标	相关思政元素设计内容	备注
第一章 船舶设计概论	船舶设计特点	职业素养	"系统工程思想"——船舶设计必须深入贯彻系统工程的思想，权衡考虑各方面的因素；	案例分析
	船舶设计的工作法	职业素养	"船舶设计要树立全面的观点"——分析设计问题要周密，在各种错综复杂的关系中理出头绪，强调综合分析；	课堂讨论
	母型改造法	辩证法	"继承和发展"——吸取以往人们的造船、用船经验的结晶，不是不加分析地生搬硬套，缺少创新不可能产生优良新船；	分组展示
第二章 船舶重量重心	船舶重量估算	哲学	"否定之否定规律"——事物发展的前进性与曲折性的统一，船舶重量的计算过程也符合螺旋性与前进性的规律；	案例分析
	船舶重量组成	辩证法	"整体与部分"——船舶重量组成体现整体与部分的辩证关系	案例分析
第三章 船舶舱容	豪华邮轮	核心价值观——富强	"十九大精神：建设海洋强国"——我国有全世界增长速度最快的豪华邮轮市场，但直到2019年10月才正式开工建造国产首艘自主型豪华邮轮；	时事新闻

章节	专业课知识点	思政目标	相关思政元素设计内容	备注
	舱容校核	方法论	"平衡的哲学原理"——平衡是相对的，但平衡力是绝对的。不论从主船体的总容积还是各个分舱容积都要达到所需舱容与所能供舱容的平衡；	案例分析
	集装箱船	创新能力	"勇于创新"——第一艘集装箱船发明人马尔克姆，并不是一名船舶设计师，却一直思考怎样让运输速度及效率更快；	历史人物
第四章 船舶技术性能	舰船的技术性能——快速性	核心价值观——爱国	"富强、爱国"——中国第一艘航母"山东舰"交付海军。不断增强我国的海洋实力。使我国具有远洋和远距离海上打击的能力；	时事新闻
	舰船的技术性能——操纵性	核心价值观——爱国	"中国核潜体之父-黄旭华"——隐姓埋名三十年，突破瓶颈。为国奉献；	历史人物
第五章 船舶主设计中主要要素	设计中主要要素的选择	方法论	"主次矛盾"—— 船舶设计中处处存在矛盾，要求把握主要矛盾，抓重点、抓中心。又不忽视次要矛盾的解决，统筹兼顾；	案例分析
	船舶设计能力	国情分析	"造船国情分析"——我国是世界第一的造船大国，但还不是造船强国；	行业分析
第六章 船舶型线设计	型线设计过程	方法论	"认知过程的复杂性"—— 船舶设计是逐步完善的设计过程，组成复杂，专业众多；	案例分析
	型线设计方法	职业素养	"核心价值观之敬业"——船舶设计师保持初心，恪守岗位职责，养成职业素养；	课堂讨论
第七章 总布置设计	总布置设计的内容	工匠精神	"精益求精"——也是工匠精神的要求，立足本职，勤奋工作，保持一股强大的活力和不懈的动力；	课堂讨论

章节	专业课知识点	思政目标	相关思政元素设计内容	备注
	课内实验——绘图	劳动精神	"责任担当"——对待设计要有责任心，积极向上的工作态度。工作态度和工作责任心相辅相成；	操作展示
	课内实验——绘图	个人与集体	"团队协作"——船舶设计是分专业分任务配合完成，善于表达和倾听，齐心协力，求同存异；	操作展示

3 船舶设计原理课程思政实践

3.1 思政实践内容

3.1.1 教学方法

课程思政的育人内容往往是连接学生精神世界、掌握融入的最佳时机，把思政元素合理巧妙地嵌入专业课程知识传授的过程。[2]融入的方式灵活多样，凡是能够引起学生兴趣、激发学生理想信念的方法都可以。本课程可采用"案例分析法""以问题为导向""隐性渗透式""专题嵌入式"等不同的教学设计方法，将思政内容润物细无声式地融入教学内容中去。

（1）"案例分析法"是课程思政中最常采用的方法，这些案例可以是历史事件、时事新闻、身边的人或事的触发点、共鸣点、热点、关注点。作为授课教师，要不断通过"学习强国""新闻联播""时事要点"等加强政治学习，不断更新拓展"思政素材库"内的案例，只有用最"新"最"潮"的案例，才能抓住学生眼球，达到有效思政。

（2）"以问题为导向"是课程思政融入时常采用的教学方法，通过在不断启发中让学生水到渠成得出结论，引导学生发现问题、分析问题、思考问题。问题既可以是学生现实生活中的困惑，也可以是热点理论问题的思考，"以问题为导向"提高了学生内心情感认同，有利于解决课程思政中学生积极性不高、参与度不足的问题。"以问题为导向"的教学方法，形式多样，可以是分组讨论、翻转课堂等，拓展思政教学的内容、思路，充分激发学生在探究中的积极性和主动性。

（3）"隐性渗透式"思政教学方法，是让授课教师将课程思政内容潜移默化地融入大学生头脑，是学生自觉或不自觉地接收思想教育，形成正确的世界观、人生观、价值观。例如，在船舶设计原理课程思政中应渗透融合船舶设计师的职业素养教育，从而对学生良好职业素养的形成起到"随风潜入夜、润物细无声"的效果。在教学实践中，将课本理论知识融入人物、故事的讲述之中。可利用历届劳模精神，增强职业道德的渗透；可利用时代精神，促进职业意识的渗透；

可利用工匠精神，强化职业习惯的渗透。

（4）"专题嵌入式"的教学法是通过专门的讨论而进行的教学方式，将某次课的教学内容围绕某个核心问题开展，运用课堂讨论、播放视频等手段，深化对核心问题的认识，提高课程思政教学的实效性。例如：可在"船舶设计原理"中穿插"十九大"专题，围绕我国船舶工业的发展,从郑和下西洋到新中国刚成立时期,再到新时代,以时间脉络,穿插视频素材,介绍我国船舶工业的发展,再引入十九大报告提出:"坚持陆海统筹,加快建设海洋强国。"从海洋经济、军事、政治、国家主权、科技、海上丝绸之路、一带一路战略等多个角度对十九大报告进行深入解读。

3.1.2 教学手段

在教学模式方面,船舶原理设计课程基于学校网络教学综合平台建立了船舶设计原理在线开放课程。通过在线课程平台上传的视频资源,学生通过碎片化时间观看视频完成预习任务。除此之外,课程还利用"91速课""雨课堂"等平台信息化教学,运用"雨课堂"的答题功能、"91速课"的"头脑风暴"来改变不同以往的传统的教学模式。另外,本校与其他高校一同合作共建思政课程,共享已建设资源,把思政课程建设得更加完善。在课后与学生交流沟通方面,任课老师建立课程QQ群,在课程群中发布预习内容及预习要求,要求同学们带着思考题去预习,同时利用QQ群解答学生的疑惑。在教学辅助工具方面,专业知识点讲解时,为了加深学生的理论与实践联系,可基于专业的虚拟仿真教学平台开展课程讲解,例如:讲解船舶机舱设计时,可通过船舶机舱资源管理虚拟仿真教学平台,展示船舶机舱组成,分析机电设备的影响因素。

3.1.3 考核评价方式

对原有的课程考核方式进行改革,通过课程思政让学生足够重视职业素养和工匠精神的提升,把重心放在课堂和平时学习,而不是期末的一张试卷。基于围绕"以学生为中心"的OBE核心教育理念,本课程采用基于工程问题的项目教学法,让学生通过项目锻炼自己,采用的方式如下:第一步,先让教师在课堂上示范项目案例,例如:教师分析一17500DWT多用途船的总体设计的方法过程;第二步,让学生自组团队进行分组;第三步:教师围绕不同船型的主要要素各布置一个工程问题;第四步,学生课外查阅资料,利用课程专业知识,与老师沟通,解决一艘新船的总体设计问题;第五步,对总体设计方案形成PPT,在课堂进行汇报和讨论。通过上述项目教学法,大幅度锻炼了学生的团队合作能力、创新能力、分析能力。任课老师可根据每组的汇报进行点评和打分,将该成绩计入总评成绩。[3]

3.2 思政培养目标具体示例

本课程以习近平总书记2018年5月在北京大学考察时的讲话,为设计本课程思政主题的出发点。围绕"爱国"和"励志"两个思政主题,课程根据总书记的讲话精神,从正确认识世界和中国发展大势,正确认识中国特色和国际比较,正确认识时代责任和历史使命,正确认识远大抱负和脚踏实地,这四个方面思考思政切入点来开展课程思政育人工作[4]。基于船舶设计原理课程思政建设,充分结合我国船舶工业的国情分析,船舶工业的发展,与国际造船强国比较,融入"十九大"精神及社会主义核心价值观,让学生认识到肩负的使命,立下报效祖国、建设祖国船舶事业的伟大志向;围绕"求真"和"力行"两个思政主题,课程结合船舶设计原理课程的特点:综合性、实践性、创新性。基于辩证唯物主义思想,从设计理念、工程思想、继承发展三个方面,开展船舶设计原理课程思政。具体内涵建设如图1所示。

	忠诚爱国	现代造船业成就	第一艘国产航母"山东舰"、皇冠上的三颗明珠等
		科学家的忘我奉献	"中国核潜艇之父"——黄旭华等
		立德树人、学新思想	"十九大"精神及社会主义核心价值观等
船舶设计原理思政课堂设计	励志奋斗	科学发展观、用长远的目光看问题	中国船舶工业的国情分析,我国船舶工业的发展及与国际上的差距等
		个人构想与国家目标	十九大报告中"海洋强国"相关内容等
		辩证观:认清不足	客观评价与造船强国之间的差距等
	求真务实	马克思主义科学的世界观和方法论	不同船型采用不同的方法分析等
		继承和发展的思想	船舶设计广泛采用"母型改造法"
		平衡的哲学原理	分析所需舱容与设计船所能提供的舱容等
	知行合一	工程思想	船舶设计的各方面并不是彼此孤立存在的
		设计理念	船舶设计的基于用船部门的要求展开工作的
		职业素养	船舶总布置图的设计与绘制等

图1 船舶设计原理课程思政内涵建设示意图

3.2.1 爱国,忠于祖国,做忠诚者

本课程的第四章船舶技术性能的教学内容中涉及航母及潜艇的快速性、操纵性等技术性能。引入我国的第一艘航母,开展爱国主义教育。2019年12月,第一艘国产航母"山东舰"在海南三亚交付海军,人们等待了10年,历经了重重困难。我国的海洋实力在不断增强,唯有祖国强大、民族复兴,才能让国人站起来,激发学生的爱国热情。同时在第四章潜艇的技术性能中顺其自然地插入"中国核潜艇之父"——黄旭华,中国工程院院士的相关内容。核潜艇的研制工作高度保密,黄旭华曾经三十多年没有回老家探望双亲,他说对国家的忠,就是对父母最大的孝。他带领设计人员搞出了水下阻力更小的水滴形潜艇,同时解决了核潜艇的操纵性问题。用伟人事迹点燃学生热爱祖国,报效祖国的热情。通过课程学习来增强学生民族自豪感和民族自信心,同时也注意引导学生对"建设海洋强国"的使命感。从"三颗船舶工业明珠"到"太空空间站",中国在各个领域取得了举世瞩目的成绩,增强学生的爱国情怀和专业认同。同时指出我国船舶行业还存在的不足,建设"海洋强国"还需要莘莘学子的努力和奋斗。

3.2.2 励志,立鸿鹄志,做奋斗者

本课程第一章船舶设计概论包括中国船舶工业的国情分析、我国船舶工业的发展及与国际上的差距,自然地融入进十九大报告中"海洋强国"相关内容。我国是"造船大国,

而非造船强国”，既要看到我国船舶行业的进步及取得成就，也要客观评价与造船强国之间的差距，激发学生为祖国船舶事业奋斗的志向。除此之外，第一章船舶设计概论涉及船舶种类繁多，其中有三种船被誉为“皇冠上的三颗明珠”。过去我国不具备建造明珠的实力，在一代代船舶人的不懈努力下，我国造船技术水平的突飞猛进，具备了建造三颗明珠的实力，加强学生的专业认同感、民族自豪感。

3.2.3 求真，求真学问，练真本领

求真务实，坚持马克思主义科学的世界观和方法论。船舶设计处处需要设计者保持实事求是、与时俱进的思路。例如，船舶设计广泛采用“母型改造法”，用继承和发展的思想，吸取过往设计船舶的精华，但继承不代表生搬硬套，处理好共性与个性的关系，缺少创新不可能产生优良新船。本课程第三章船舶舱容，舱室容积的计算遵循“具体问题具体分析”的方法论，载重型船、布置地位型船、单元货物型船采用不同的方法分析和计算舱容。舱容校核采用平衡的哲学原理，分析所需舱容与设计船所能提供的舱容。

3.2.4 力行，知行合一，做实干家

“纸上得来终觉浅，绝知此事要躬行”，船舶设计的理论、方法，需接受实践的检验。通过课内实践进行船舶总布置图的设计与绘制，向学生传递船舶设计师应具备的职业素养，要求学生考虑问题应细致全面，精益求精。同时采用分组合作，通过课堂汇报及互动，让每组学生应用相关理论知识，给出新船设计的主要要素确定的方案，强调团队协作，既要善于表达与倾听，也要能大胆地说出自己的想法，求同存异。另外，更重要的是基于船舶设计原理课程培养系统全面的工程思想。首先，要树立全面的观点，强调综合分析的重要性，学会在各种错综复杂的关系中理出头绪，寻找解决问题办法。其次，要树立普遍联系的观点，船舶设计中涉及的各方面内容并不是彼此孤立存在的，存在着千丝万缕的联系。最后，要善于抓住主要矛盾，引导学生在设计中善于抓住主要矛盾，并合理地加以解决，这是设计成功的关键，也是一名实干家该具备的职业能力。[4]

4 船舶设计原理思政课程示范效果

为了明确知道船舶设计原理思政课堂的示范成效，课程组每学期末都会在教务系统上进行听课学生的思政课堂收获问卷小调查。问卷题目设置主要集中于听课学生通过课程的学习对于相关时事新闻历史人物、名人事迹等方面的兴趣程度和了解情况，以及对专业相关领域前沿科研成果和未解决难题的知悉情况。本学期共发放82份调查问卷，回收82份。据统计，96.9%听课学生反映他们对于专业前沿情况更了解了，有助于职业规划的考虑；98.7%听课学生表示他们对于相关专业的名人事迹，科研成果更熟知，增强了民族自信心和自豪感。为了更加完善船舶设计原理的思政课堂建设，课程组计划根据优化后的思政建设方案，需要更新与之相关的授课课件和教案。在思政课程建设过程中，会更加实时更新、补充的时事新闻、人物事迹、行业事件等不断更新课程的思政素材库。以此激发学生投身我国船舶制造大业的行列，为打造“海洋强国”而奋斗。[5]

5 结语

本文介绍了船舶设计原理课程思政的整体设计，并从课程思政教学实践内容、实施效果等方面进行了深入探讨。由此可见，对大学生教学的思想政治理论教育必须要遵循大学

生成长成才规律，要在思政课堂教学中努力构建一个互动、对话、入脑、入心、和谐的教育生态环境。以本校的船舶设计原理思政课程为例子，一门思政课程的建设可以结合课程本身的特点，围绕辩证唯物主义思想，从设计理念、工程思想、继承发展等多角度设计课程的思政教育。全国高校的课堂思政建设在不断推进中，本课堂的思政建设也在不断完善，力求在思政课堂中培育好每一个学生，为中国建设"海洋强国"不断输送高素质职业人才。本文以本校的船舶设计原理思政课程为基点，介绍了一种较为完整的思政课堂整体设计，以供大家参考。

参考文献：

[1] 孔宇，龙建纲，李剑君.生物化学的课程思政内涵与实施范式探索及效果分析[J].生命的化学，2021，41（7）：1441-1446..

[2] 严谨，侯玲，张娟，等.在《船舶设计原理》教学中融入辩证唯物主义思想[J].高教学刊，2020（26）：79-81.

[3] 谢云平.关于船舶设计原理专业课程实践环节的几点考虑[J].中国科技信息，2008（20）：275+277.

[4] 侯玲，陈志明，黄技，等.PBL教学法在专业课中的应用初探：以广东海洋大学船舶设计原理课程为例[J].科教导刊（上旬刊），2020（13）：129-130..

[5] 赵晶.船舶设计原理课程教学探讨[J].青岛科技大学学报（自然科学版），2017，38（S1）：216-217.

航海院校提高大证考试的半军管探索与创新研究

田慧玉　王其林　张志宏

摘　要：交通是兴国之要、强国之基，交通强国已经是国家发展的重要战略。建设交通强国，航海的发展不可或缺。随着近年来随着航海院校的发展，旧的半军事管理模式不符合新时代学生发展等现象逐步显现，并成为制约和困扰各航海类院校深层次发展、内涵建设的一大瓶颈，不能很好地促进学生学习的积极性，不能很好地为学生备考大证打下自律性的基础。本文重点分析了半军事管理的现状和困境，阐述了航海院校半军事管理模式的几点思考，提出了构建半军事管理模式、航海文化、党员模范建设以及传统管理模式的基本思路，探索军队、党员引导模式与校园航海文化结合新模式，树立学生热爱学习认真备考大证。怎样创造符合新时代大学生发展的半军事管理模式，推进航海类高校持续健康的发展，是值得关注的重要问题。

关键词：航海院校；半军事管理；创新研究

1　引言

为统筹推进交通强国建设，提高航海类学生船员适任证书通过率，提高学生思想意识，特开展半军管探索与创新研究。在这多维度视域下对于航海类人才的培养极为迫切，是对航海类院校及学生面临前所未有的新考验、新机遇和新挑战。多维度的新时代下正处于一带一路战略、海洋强国战略、粤港澳大湾区建设与建设交通强国的多重机遇期。半军事管理是航海院校独特的文化及管理模式，促进着航海教育、航海业的发展。从航海院校执行军事管理开始，一直得到各界的支持和赞扬，可以说半军事管理模式是为国家培养高素质航运类人才的基石，通过完善半军事管理模式，建立、开展适合航海学生发展的相关活动，可以有助于航海学生培养大局意识、服从意识、责任意识以及提高航海学生适应海上环境的能力。党员建设也可以是航海学生培养的重要举措，通过培训学生党员，引导学生培养专业自信、职业自信及行业自信，更好地发挥学生党员模范带头作用，稳步提高党员发展质量。培养出具有强烈的国防意识、深厚的爱国主义思想、顽强的斗志和勇于奉献的精神，有良好的学习生活作风和过硬的本领与心理素质，从而为国家海防和航运事业输送优秀的人才。[1]

2　半军事管理及航海学生党员现状

目前，我国航海院校对半军事管理的关注度和重视度明显不足，半军事管理体系不健全，不能充分发挥作用。

2.1 对半军事管理认识不足

半军事管理作为航海院校、航海文化的重要组成部分，对航海学生培养起着重要的作用，对航运的发展也有重要的推动作用。目前国内许多航海院校对半军事管理并不重视，未给与半军事管理应有的人力、物力、财力，甚至部分院校不执行半军事管理，导致半军事管理的发展停滞不前，甚至名存实亡，这种现状对半军事管理造成了严重的影响。

2.2 半军事管理体系不健全

半军事管理体系的健全需要一个积累的过程，许多航海院校在半军事管理体系建设过程中，没有组建专门的机构和工作人员，没有制定相关的规章制度。半军事管理体系缺乏及时性、系统性以及长远性。很多院校半军事管理实施过程中拘泥于形式，并未真正地发挥作用。导致半军事管理过程中学生处于被动接受、存在抵触情绪，并不利于半军事管理工作的开展。

航海类专业学生党员发展良好。航海院校对学生党员具有严格的管理体系，各种事情可以有章可循、有法可依，尤其近几年中央对党员提出新的十六字方针：控制总量、优化结构、提高质量、发挥作用，更为学生党员的发展提供了标准。[2]

半军事管理模式有利于党员的发展。目前大多数航海类院校都执行半军事管理，各项半军事管理体系初有规模，各项工作有章可循。在此模式下更培养了学生坚强的意志、服从意识以及爱国意识，更有利于学生党员的培养。半军事管理模式也为学生党建工作提供了坚实、牢靠的教育平台。

2.3 半军管模式下党员发展有趋于形式化的问题

现阶段一些高校通过党课等对积极分子、重点培养对象及学生党员只是简单的灌输，学习时间短、内容不集中。尤其航海类学生考证压力较大，对政治理论学习缺乏主动性。半军管拥有详细的管理模式，容易照常学生把严格服从半军管作为自己党员信念的正确。对其他道德、品行、信念的考核存在一定的漏洞，这样并不利于学生党员的培养。[3]

3 半军事管理体系的完善

3.1 依据针对性原则，航海专业要加强半军事管理

对学生从入学到毕业的整个过程都要进行严格的日常管理。航海类专业学生入学军训要严格要求，增加训练科目，强化训练强度。入学前在新生入学须知中注明专业半军事管理相关专业，入学后在着装、内务、学习、训练、晚熄灯、晚点名等一日生活规章制度上要进行落实，确保整齐划一、令行禁止，提高学生的服从意识。

3.2 深化教育内容

通过不同阶段的主题教育，形成航海文化特色、提高航海学生的综合素质，提升海员意识以及增强行业竞争力。不同年级的培养重点应对不同，可以分为航海文化、诚信文化、纪律意识以及职业精神。培养时候应该从实际出发，切实可行地为学生提高人生建议。[4]

3.3 健全保障制度

管理队伍应对专业化、职业化以及专家化，通过提高管理队伍的专业水平，从而提高学生质量的保障。应对学生后勤工作也要做到配套化，可以随时解决学生生活或学生中碰到的后勤问题。学校还应该为航海类学生提供独立的空间，来配套半军事管理的实施。此外还应当加强学生干部的培养，让学生去深入学生，更有利于工作的开展。

4 创新性半军事化管理

4.1 强调精神文明建设

将半军事管理的建设进行多层次的发展，引进文化体系的建设，真正的半军管文化深入到学生的日常生活中。文化体系建设中充分发挥航海学生党员在学生中的引领作用，以及举办各式特色活动来营造航海文化氛围，还要以第二课堂的形式提高学生认知，为学生价值观的培养提供基础。

4.2 推进校园"军民合作"

充分发挥退伍大学生的中坚力量。开展退役士兵指导学习，组建教导员组，以退役士兵为骨干，尤其海军退役同学为核心，发挥退役大学生中坚力量，以他们的军旅生涯传播航海事业。

4.3 开展航海实践活动

开展船上实训认知学习、军事会操等航海特色实践活动，从实践出发增强学生的动手能力，为理论学生积累经验；通过半军管增强航海类院校学生组织纪律性和服从意识。在"统一"中培养集体主义观念（即国家意识）。

5 健全半军事化管理文化体系

5.1 引领航海类党员学生，文化氛围育人

以培养高素质航海类学生党员为着力点、出发点、落脚点，充分发挥了作为基层党组织的战斗堡垒作用，及作为海事院校服务战略布局的支点作用。举办特色活动"航海大比武""水上运动会"，营造航海文化校园氛围，通过第二课堂活动提高航海学生认知，为培养优秀航海人才打好价值观引领基础。

5.2 推行半军事管理组织，科学管理育人

从科研角度来思考和剖析航海类院校如何培养优秀的航海人才教育问题，深入探索航海类院校教育与培养学生综合素质之间的内在逻辑联系，进而激发出航海类学生服务于航海事业的内在动力。

5.3 加强航运类企业合作，开放学习育人

加强认识拓展，"走出去"学习。积极倡导参加航运事业会议、讲座，在理论中升华价值引领。通过参加相关会议讲座，将内学转化为外能，进而储备知识。同时，到企业交流学习，学习航运实践性技能，为今后从事航运事业打下基础。

6 丰富半军事化管理实践活动

6.1 开展退役士兵指导学习

组建教导员组，以退役士兵为骨干，尤其海军退役同学为核心，发挥退役大学生中坚力量，以他们军旅生涯传播航海事业，践行航海先锋，内化于学外化于行。

6.2 开展船上实训认知学习

海员是海洋强国的基石，海洋强国战略的推进及完成需要航海教育源源不断地为国家输送高素质的航海人才。开展航海类学生上船认知实习，为学习专业基础打下基础，将课堂理论知识同船上认知实习转化为实践的技能上来，提升实践实操技能水平。进而，为今后从事航海事业做好实践实操准备，成为一名理论水平高、实践能力强和应用水平高的航海应用型人才。

6.3 开展军事会操动手能力学习

半军事管理的实施有利于增强航海类院校学生组织纪律性和服从意识。在"统一"中培养集体主义观念（即国家意识），在"严格"中提高组织纪性念，在"有序"中养成良好的学习生活习惯。半事军管理旨在对学子们进行考察和肯定，端正态度、转换角色、遵守纪律、勤学苦练、认真锤炼自己的思想和作风。能使我们同学养成严明的纪律性以及雷厉风行的作风。

7 半军管对大证考试的作用

半军管促进学风建设，很好地为同学们树立认真学习的榜样，为后续工作备考大证打下牢实的课程知识基础。如半军管学风督促小组负责早起床签到、课堂考勤和学风督促，以全面检查、抽检两种方式轮换交替进行，对具体班级的课堂情况进行督察。课堂考勤严格执行，课前5分钟考勤，营造学生爱学和尊敬师长的氛围；学风督促是课中突击巡查，登记上课期间班级睡觉、玩手机、早退等现象。进而，提高教学质量、改善学生学风双管齐下，切实提高教学质量，培育良好的育人氛围，加强人才培养质量半军管对大证的影响。

8 结束语

半军事管理是符合航运业发展、航海类人才培养的优秀管理模式，能很好地提高学生服务交通强国建设意识，更好地投入船员适任证书备考中，提高学习积极性，不能将其遗忘，应将其继承好、发展好，新的时代有了新的背景、新的发展形势，就应该有新的方案，制定符合新时代发展的半军事管理模式才是最有价值的管理方案。学生管理工作要做到以学生为中心，符合学生发展，能够提高学生竞争力并且能够得到认可。

参考文献：

[1] 耿鹤军.航海类专业准军事化管理模式探讨[J].航海教育研究，2007（2）：15-19.

[2] 何立居.以科学发展观为指导振兴航海教育[J].航海教育研究，2008（1）：22-24.

[3] 陆宝忠.高校航海类专业准军事化管理研究[D].厦门：厦门大学，2009.

[4] 李红强.强化航海类专业学生半军事管理新举措[D].广州：广州航海学院，2010.

"三全育人"视域下高校专业课教师担任班导师工作研究

陈磊磊

摘　要:专业课教师担任班导师工作,是高校打通"三全育人最后一公里"系列难题中的关键一环,是高校立德树人根本任务和"三全育人"工作的必然要求。文章根据专业课教师既有优势及专业性,通过确立专业课教师担任班导师形式,构建其与全员育人主体之间的耦合机制,并提出班导师的选聘标准、配备调整、工作培训、沟通平台、考核激励机制等,以期为专业课教师做好班导师工作提供重要保障和策略。

关键词:三全育人;专业课教师;班导师;职责与机制;路径与策略

"三全育人"理念自2005年正式提出后,经过多年的研究和发展,特别是2016年习近平总书记在全国高校思想政治工作会议上强调,"要坚持把立德树人作为中心环节,把思想政治工作贯穿教育教学全过程,实现全员育人、全程育人、全方位育人,努力开创我国高等教育事业发展新局面"后,如何尽快推动"三全育人",解决当前高校不断增长的学生规模与新时代青年学生全面、个性化发展的需求之间的矛盾;如何尽快解决高校传统日常管理无法满足党和国家对不断提高的人才综合素质的要求之间的矛盾;如何充分调动和发挥高校专业课教师在全员育人过程中的积极性和主体作用,扭转多年来高校部分专业课教师重"教书"、轻"育人"的局面,愈发成为高校三全育人工作中的突出问题。

笔者认为,高校专业课教师担任班导师工作是破解高校全员育人有效衔接、全程全方位育人有机联动、打通"三全育人最后一公里"系列难题中的关键一环。[1]

1 专业课教师担任班导师工作是高校"三全育人"工作的必然要求

2016年12月,习近平总书记在全国高校思想政治工作会议上指出:"所有课堂都有育人功能,不能把思想政治工作当作思想政治理论课的事,其他各门课程都要守好一段渠、种好责任田……使各类课程与思想政治课同向同行,形成协同效应","教书育人"是教师的本职,每一位教师在"教书"的同时,理应承担着"育人"的职责。

当下,高校专业课教师受传统惯性思维、社会舆论风气、职称晋升与业绩考核等主客观因素的影响,对学生专业知识技能传授与思想政治教育同行同向没有统一认识,往往更倾向于传授学生以专业知识、实践技能,而对学生的思想意识、行为模式、学习状态、科研精神、学术诚信等方面关注较少。部分专业课教师较少深入研究、挖掘本专业教学过程中所蕴含的育人资源,重教书而轻育人、重完成教学任务而罔顾教育效果,在思想认识误区的持久拉锯和博弈中,消耗着个人"育人"的热情与动力,直至主动抽身"育人"的队列之外。

作为高校思想政治教育主体之一的党政管理干部,一方面由于传统惯性思维,认为专业课教师会自觉、主动地进行"教书""育人"工作，而缺少关注和强调；另一方面也确实很难量化专业课教师的"育人"范围、功能和内容。最后，基层学生管理主体就在彼此"臆想"中，导致育人意识模糊，在"默认"责任中，无意识地忽略了专业课教师的引领作用，加剧了专业课教师主动放弃"课堂思政"阵地建设，没有形成有效的认识指引和意识提醒，"育人"思维惯性缺失，最终"育人失位"成为常态。同时，思想政治理论素养不足、处理学生思想问题缺乏经验和技巧、专项育人平台不明确和对象泛化等次要因素，也愈发逼迫专业课教师"不得不"避开育人职责。

除专业课教师主观上"思政育人失位"外，高校在行政管理和绩效激励制度上也有后天缺陷。部分高校以往不但较少有解决此问题的专项举措，反而还有不少"妨碍"专业课教师进行"育人"的不利因素，比如教学工作量、教学成果、科研工作量等是专业课教师年终考评、职称晋升、评奖评优的可量化、关键性指标，而师德师风、思政育人实效等指标，由于种种原因，仍然停留在"底线"层面，没有可以量化的标准和硬性的要求，专业课教师在分身乏术、顾此失彼的磨蹭状态中，加剧了普遍重"教书"而轻"育人"的严峻形势。因此，笔者认为，在全员育人的基础上，引入专业课教师担任班导师工作制，作为"精准""靶向"方案，打通全员育人的"最后一公里"。

2 专业课教师担任班导师工作是高校落实立德树人根本任务的必然要求

与专业课教师相比，高校思想政治课教师由于并不了解学生所学专业，仅凭课上问答的简短交流，很难了解学生的实际需求；灌输式理论教学方法又极易引起学生的抵触心理；思想政治课与专业教育之间的严重脱节，也极容易导致思政课变成空谈思想、道理，而无法引起学生共鸣。同时，学生自身普遍缺乏学习思政理论课程的兴趣，低年级学生由于思政课程是必修课，学习目标大多是获得学分，高年级学生普遍有1~2年时间没有系统学习思政理论知识的经历，只有部分学生因考研、公务员等目的而被动地展开学习，主动学习思想政治内容的学生并不多。[2]

作为高校党政管理干部，尤其是辅导员来说，1∶200的配备比例已经远远不能满足当代青年学生日益增长的对于自身全面、个性发展的需求，加上辅导员本身也常常被迫置身于高校学生奖勤助贷、综合测评、心理健康教育与咨询、就业指导与服务等学生日常管理事务中无法自拔的现状，更遑论我国高等教育日益大众化、普及化阶段学生规模迅猛增加的情况下，高校辅导员配备往往不达标的现实情况，这些都让高校立德树人工作陷于课程相对被动、主体捉襟见肘、效果差强人意的窘境。

也正是有鉴于此，习近平总书记曾多次在不同场合中高屋建瓴地指出，各类课程必须与思想政治理论课同向同行，形成协同效应，甚至在全国范围内构建课程思政，这就意味着所有课程教师，尤其是专业课教师都应该主动挖掘课程中的思政资源，自觉承担起育人的责任。笔者认为，适时引入"三全育人"的理念，尤其是首先发动全员，已经成为高校更好地推进、落实立德树人根本任务的必然要求，而专业课教师担任班导师工作制就是完成这种必然要求、实现育人主体之间有效衔接的必然选择。

3 专业课教师担任班导师工作的可能性分析

除了教师职责和客观环境需要外，专业课教师担任班导师工作，主动参与全员育人工作既有自身的优势，也有现实的可能性，更有教学相长、反哺教学的好处。

与思想政治教师相似，专业课教师本身即具备责任心，能够率先垂范、言传身教，以良好的思想、道德、品质和人格给大学生以潜移默化的影响，给学生心灵埋下真善美的种子，引导学生扣好人生第一粒扣子。不同的是，专业课教师有思政教师所无法比拟的学科背景优势。专业课教师既熟悉教学环节和教学规律，又了解该专业学习过程中的心理特点，与学生有很多共同语言，完全可以以"过来人"的经验或过往优秀学生典型案例对学生进行引导，让学生从心底产生共鸣，学生也更易于接受，因此，专业课教师在专业学科上拥有值得学生信任的基础。

教学相长。在与学生紧密接触的过程中，专业课教师能及时、精准地观察到学生的动态，关注到学生的心理波动，结合具体情况因势利导，注重人文关怀，满足学生的个性化发展需求，运用个人的人格魅力、思想觉悟、示范作用代替简单说教，在完成对学生知识传授的同时，也有助于学生树立正确的世界观、人生观和价值观，真正做到了"教书"与"育人"的统一。[3]师生在平等互信的关系下，更加容易达成共识，促使学生更加信任、喜欢与专业课教师进行交流。况且在大学四年中，专业课教师与学生接触的时间最多，能够完成及时指正、言传身教、行动感召的教育目标。

施煜、刘薇、闫金龙等人的调查数据统计结果，也证实了笔者的观点。[2,4,5]研究数据表明，专业课教师的学历和职称越高，大学生主动找其沟通交流的意愿越强，过半的学生更加乐于向专业课教师求助，学生更渴望从经验丰富和有威望的专业课教师处，不仅学到学科专业知识，而且学到处事方式、思考方式和分析问题的方式，专业课教师通常也很乐意充当学生学习和成长过程中的人生导师和知心朋友。

进一步从教学相长层面来说，思想状况、心理状态、学习方法、职业规划等都将直接影响到学生学习的态度和动机，专业课教师通过担任班导师能够更加了解自己所教的学生，及时调整自己的教学手段和教学内容；信息化革命背景下，"弟子不必不如师"的紧迫感也日渐督促专业课教师要不断提高自身专业研究的深度，掌握跨学科知识以增加知识广度，锻炼自己处理学生问题的能力，激励自身不断提升自身的综合素养。

4 班导师及国内专业课教师担任班导师工作的现状

专业课教师担任班导师工作，既有高等教育落实立德树人中心任务的必要性，也为当下高校尽快推进"三全育人"工作、"打通全员育人最后一公里"提供了现实可能性。那么，什么是导师制？

导师制起源于14世纪英国的牛津大学，经过较长时间的理论探索与教育实践，直至19世纪后期才逐步成熟，[6]后为世界诸多著名高校采用，并取得良好教育效果。牛津大学班导师的主要职责，是通过论文、读书笔记、读书摘要、讨论等形式，督促学生进行独立思考，比起传授知识，导师更加注重培养学生独立思考的能力、批判思维素养和批判思维意识，发展学生不断应对现代社会层出不穷的新挑战的能力，具有以培养学生的全面发展为目标、以关注学生的学习为教学过程、以平等合作的师生关系为基本特点等特征。[7]

诚如杜智萍所说，"他们是具有建构意识的评论者，帮助学生对信息进行分类整理；他们是某一学科领域的专家学者或是活跃于科研前沿的研究人员，能够就某一问题与学生展开细致而深入的讨论；他们是学生观点的批判者，但同时又时刻要面对学生的种种质疑；他们是学生学习的合作者，帮助学生了解专业课学习与以往学习的种种差异，不断去接受新的学习观念。在这样的师生合作关系中，学生个人的努力远比导师的指导更为重要。在导师辅导课上，学生和导师都'无处藏身'。学生不可能躲在他人身后以隐藏自己的无知，而导师也要时刻面对学生的发问和质疑"。[7]这理应是我们引入并试行班导师的初衷。

然而，通过研究不难发现，当下部分高校的班导师在新生教育管理、学生思想政治教育、就业指导、学风建设、职业生涯规划、创新创业、心理健康教育等方面，都发挥着非常重要的作用[5]，国内各大高校围绕班导师制的配套实施方案也如雨后春笋般蔚为大观，并且绝大多数方案都将专业课教师纳入班导师工作的实施主体中，专业课教师一时间成了"万金油"，不仅要从事教学科研工作，还要负责学生从入学教育到专业学习，从思想引导到人生规划，从就业指导到心理健康等一系列工作，这明显与牛津大学所倡导、实施的导师制"元典精神"存在很大差别，我们的"班导师制"名不副实，明显是走了样。

没有专属性质、专业职责的工作约略等于没有必要的工作。国内有些高校在班导师工作的内涵外延、职能要求、侧重点等方面的泛化，约略可以等同，甚至是替代高校党政管理的职能。这也就难怪曾有研究者诟病说，"本科生导师制在国内高校偏离了牛津导师制的质的规定性，形式主义的特征使得它对于提升学生的批判思维素养没有多少助益"。[8]

因此，笔者认为，高校目前只有将研究的目光聚焦到"专业课教师"担任班导师工作上来，真正围绕班导师工作制提供配套服务与制度保障，厘定专业课教师在班导师工作中的专属性、职责性、侧重点和与党政管理干部之间的运行机制，才能真正打通"全员育人的最后一公里"，才能使班导师制真正在落实立德树人根本任务过程中落地生根、开枝散叶，才能使我们的班导师在更国际的基础上，更中国。

5　专业课教师担任班导师工作的职责与路径

专业课教师担任班导师工作的主要职责，既要区别于党政管理干部，尤其是辅导员的思想理论教育和价值引领、党团和班级建设、学风建设等九大工作职责，[9]又要区别于传统班主任更加关注班级整体建设、侧重学生学习生活组织管理和指导的职能。[10]除了专业课教学、课程思政构建、师德师风表率、学风建设推行外，笔者认为专业课教师在担任班导师工作中，重点就是要力争回到牛津大学所提出的"导师制"内涵与元典中去，在突出"专业性"的基础上，实现"课程思政""精准思政""靶向思政"。

具体来说，专业课教师在担任班导师工作过程中，主要做好学生入学专业介绍与教育工作，帮助学生认识学科的内涵和外延，了解本科四年的专业培养方案与课程体系，尤其是要讲解清楚高等数学、大学英语、大学物理等基础课程与专业课程之间的联系，有预见性地化解学生今后学习过程中可能存在的基础课程无用的疑虑，让学生对本学科有一个客观的认识，制定相对明确的学业规划，并根据实际情况不断调整，尽量尽早避免、解决学生学非所愿的情况；介绍本学科专业的就业领域、就业方向、就业前景等，根据学生的实际情况，指导学生及早确立考研、出国或就业等目标，本科四年过程中适时调整，利用自身资源推荐专业对口的就业单位，提高学生就业质量；指导学生开展专业性社会调研调查，协助学生制定调研提纲，最终形成调研报告；借助高校普遍推行的学分制体系，根据学生的兴趣特点、能力专长、学业规划和目标等，指导学生进行专业方向选择、选课，因材施教，重拾论文写作、读书笔记、读书摘要、主题讨论等形式，指点学生学习方法，培育学生独立思考能力、批评思维能力和意识；鼓励学有余力的高年级学生加入课题组，以专题的形式加强学生思考问题的深度，从要求学生写作课题文献研究综述和翻译外文文献开始，指引有能力的本科学生深入学科研究；指导学生参加专业竞赛，组织专业学术教育讲座，激发学有余力的本科生不断有新的突破。

从班导师选聘的角度来讲，专业课教师在师德师风优秀的基础上，还应该具有讲师及以上职称，要具有较丰富的专业知识和合理的知识结构，熟悉教育规律，熟悉本专业教学计划和课程结构特点，具有专业学习指导能力。值得注意的是，良好的个人品质非常重要，德才兼备的导师才是最需要的。[11]从专业课教师配备班导师工作的比例上来讲，笔者倡导的，主要是从建立在班建制基础上的班导师开始，专业课教师与所带学生之间配备比例，首先可以考虑在低年级中满足班导师≥1:40的比例，然后考虑从班导师的"点对面"，在条件允许的高年级中高质量、有步骤地推进"点对点"（1:10-12）进程。[12]

从组织形式上来说，专业课教师担任班导师有全程导师制、年级导师制、高年级导师制、优秀本科生导师制等多种形式，[13]伴随着学生与导师接触的增多和对导师的了解，班导师与学生在配备上应该有阶段性调整，师生之间的双向选择可能是一种相对融通的办法。

从培训方面来说，学生的成长是全面、整体性的发展，专业课教师与学生之间肯定存在着年龄、阅历、代沟、成长背景等诸多差异，因此，专业课教师要想做好班导师，除了扎实的专业技术知识储备外，学校学院层面还应该加强对专业课教师思想政治教育理论知识、学生事务管理知识、学生就业指导知识、心理健康教育知识及形势与政策知识等多方面的培训，拓宽其知识面，为树立班导师的权威形象助力。

从全员育人主体之间的有效衔接来说，学校学院层面要建立育人信息共享沟通交流的平台，促进全员育人工作的有机结合，形成信息化、系统性工程。平台可以是"党政联席会"，也可以是"教学管理与学生管理一体化"等形式，专业课教师与党政管理干部、辅导员等当面交流，对学生的相关信息互通有无，对班导师工作的方法进行交流，对涉及的理论进行研讨，对学生个案进行集中分析研判；平台还可以是网络信息交流平台，充分利用第三次科学技术革命的成果，师生之间、师师之间通过线上，如微信、QQ、微博、第二课堂成绩单系统等新媒体、信息化手段的沟通，共享最新的动态信息和政策导向，让交流更加及时、更加便捷。

从学校行政管理考评、激励政策、推进策略上来说，在条件允许的情况下，专业课教师担任班导师工作也应该适当给予工作补贴，在班导师工作考评中获得优秀的专业课教师，可以适当减少其教学和科研工作量；不断制定完善高校第二课堂制度，推进第二课堂学分制，为专业课教师参与第二课堂提供制度保障；在激励政策上，学校学院可在评奖评优、职称晋升和岗位竞聘中，优先考虑担任班导师工作，尤其是班导师工作相对优秀的专业课教师，适当提高该工作在考评中的比重；在推进策略上，学校学院可以借助全国上下贯彻落实"不忘初心牢记使命"主题教育的机会，动员专业课教师党员、教授党员等带头参与担任班导师工作，动员新晋入职的青年教师担任班导师等，从年级试点到学院推荐，再到学校铺开，形成"虹吸效应"。

参考文献：

[1] 杨晓慧.高等教育"三全育人"：理论意蕴、现实难题与实践路径[J].中国高等教育，2018（18）：15-19.

[2] 施煜，张春莹，张伟玉，等.专业课教师发挥思想政治教育功能的实践与思考：以工科专业为例[J].大学教育，2018（9）:25-27.

[3] 李艳艳，姜晖.协同育人视域下专业教师在大学生思想政治教育中角色解析[J].高教学刊，2017（19）:10-12.

[4] 刘薇.专业教师与思想政治工作者协同育人机制探讨：基于湖北某高校的问卷调查数据[J].管理观察，2018（36）：19-21.

[5] 闫金龙，黄介彬，党威.大学生视野下班导师制度的实施效果调查[J].大学教育，2019（11）:25-26.

[6] 杜智萍.19世纪以来牛津大学导师制发展研究[D].保定：河北大学，2008.

[7] 杜智萍."以学生为中心"牛津大学本科生导师制的一个质量保障因素[J].河北大学学报（哲学社会科学版），2014（1）：35-37.

[8] 何齐宗，蔡连玉.本科生导师制：形式主义与思想共识[J].高等教育研究，2012（1）:15-16.

[9] 中华人民共和国教育部.普通高等学校辅导员队伍建设规定[EB/OL].（2017-09-29）[2020-10-30].http：//www.moe.gov.cn/srcsite/A02/s5911/moe_621/201709/1201709 29_315781.html.

[10] 曾玲，谭保华.班导师制与班主任制的比较分析[J].台声新视角，2005（1）:28-30.

[11] 黄世虎.新时期高校班导师工作新思路探讨[J].继续教育研究，2008（8）:4-6.

[12] 梁蓉.论班导师制的实施[D].成都：四川师范大学，2010.

[13] 韦卫星，韦文山，农亮勤，等.本科生教学实施导师制的研究与实践[J].广西民族学院学报（自然科学版），2004（4）：11-13.

试论新时代航海类学生主题教育存在的问题及应对策略

田慧玉　陈小思　陈　云

摘　要：大学生主题班会课程是大学为积极提高学生的思政意识和加强学生主题教育的一种重要措施。但其参与度却不高，主要表现在：学生对班会内容没有兴趣，频繁玩手机，消极应对，更有甚者旷掉班会。由此，本文通过对主题班会开展的现状以及现存问题的分析与总结，提出优化、解决的对策。

关键词：大学生；主题班会；参与度

1　现状

新时代下，主题班会是高校辅导员对大学生进行思想政治教育的一种重要形式，是增强大学生团队合作精神和集体意识的一种重要途径，是培养和提升大学生综合素质的重要载体。然而，随着航海类院校大学生的思想渐渐趋于多元化，传统的主题班会教学模式已经满足不了学生的实际发展需求，主题班会的育人效果呈现下降趋势。正是因为千篇一律的形式与内容，纵然主题班会开展的次数越来越远多却呈现出同学消极应对、参与度不高的问题。本文所指的参与度不是指单纯的班级有多少学生参与了这次活动，而是指这次活动是否与学生的思想产生碰撞，引发他们思考，引起学生的至我反省和至我教育，最终转化为至觉活动。

为了走出这种困境，本文拟从新时代的创新思维出发，结合主题班会的内涵、现状及优化措施等方面，来探讨航海类学生如何开好主题班会，提高主题班会的育人效果。

2　内涵以及优化方案

主题班会的形式多种多样，如：专题讲座、主题报告、观看红色革命视频、知识竞赛等。在一次班会中可以选用一种形式，也可以安排多种形式。但殊途应同归，形式是为了其育人目的所服务的，主题班会的开展，万万不能忘初心。总之，在笔者看来新时代下一堂有意义的主题班会教育课程其形式应是要多种多样，其主题形式也应不拘一格。更重要的是要让学生在思想上有所提升，有所收获。这要使班会课程发挥意义，同学要融入内容，这也是班会课程最重要的一个环节，这也是提高班会课程质量的突破点和思考点所在。

2.1　提高组织者的专题意识和思想教育

一场班会课程通常是由一至两名主持者共同配合完成，主持者主要起到班会流程演示与观众互动配合的作用，这极其考验主持者的临场应变能力和场所气氛调控的能力，与一场晚会中主持人的作用相似，主持人在晚会中的重要性与整场晚会的优劣直接相关。所以主持者在班会课程里的重要性也不言而喻了。因此，主题班会的建设首先必须加强对主持者的培育。对于主持者的培训方向，可以由注意仪态仪表入手，激发其新时代的创新思维，督促其多多关注实事和爱国主义思想价值引导以及培训其临场应变的能力。例如，"关注实事"可以向主持者推荐一些新闻节目和一些新闻网址，"爱国主义思想价值引导"可以向其多进行爱国主义教育课程，多观看爱国主义教育纪录片，"临场应变"能力可以通过培训读稿能力，仪态仪表和随机思维练习。

2.2 增加主题班会课程的趣味性

在传统的主题班会课程上，采用的往往是呆板的流程模式，导致学生会把主题班会课程看成是约束人、规范人的一项强制活动，而非引导提升学生的自我道德要求、促进航海类学生内在德性与道德精神的建设。显然，新时代下，这种一味地高高在上的灌输式教育是行不通的。鲁迅先生曾说过："中国青年应摆脱冷气，只是向上走。"主题班会的建设亦是如此，应摆脱"冷气"，更加贴近青少年。如果可以把有趣味并且和本堂班会课程有关的音频结合起来，那所达到的效果也足以调起同学们的兴趣从而达到提升参与度的目的。例如，若开展一个关于梦想的主题班会，用有趣的方式开场，会呈现出意想不到的效果。

主题班会上，老师："小康，你的梦想是什么呀？"

小康："老师，我希望你以后再也不要让我滚出去。"

老师："我以后不会了。"

小康："老师你真好！我以后再也不往你杯子吐口水了。"

小康被抬出去了……

就是这么简简单单的几句话也许就可以调起同学们的兴趣，使主题班会课程效果达到一个更高层次。又或者在主题班会课程里面穿插一些更为年轻，更为幽默，更为贴近学生生活的元素，这样会让同学更为容易理解和吸收主题班会课程的意义。

2.3 将主题班会课程与实践活动相关联

倘若主题班会课程一味以我说你听的形式传输理论，这种单一的方式和泛空的理论会使学生对这门课程产生排斥和隔阂，会认为班会课程是抽象的、附带的甚至没有真正地位、没有意义的一门课程。因此，在新时代下，主题班会的开展可以将其与实践活动进行联系。与实践活动关联有利于增强课程趣味性，首先它们的共同目的都是增强同学的参与度，其次它们的不同又体现在实践关联有一定的严肃性和纪律性，它不能将重心转移到仅仅吸引同学的注意和眼球，更多的是将主题班会课程和生活实践紧密联系起来，可以让其有更多的生活实际作用，将其更容易地在生活中运用。例如，开展关于红色历史方面的主题班会时，可以向学校申请，组织同学们一起到附近的历史景点参观，（例如位于黄埔区的高校可以到黄埔军校参观学习），开展热爱校园共创美好校园的主题班会课程时，可以参观学校校史馆，或者组织同学们开展校内清洁活动、垃圾分类比赛。开展团结友爱的主题班会课程，可以组织同学们一起做一些关于团体合作，积极友爱的游戏。在进行课外实践时，应当保障同学们的安全。

当然还有更多的新颖的形式有待组织者们去思考去探索与发现，总之班会课程的开展应当做到在内容上有新意，题材上精心。

3 主题班会课程的目的，影响及意义

一次成功的主题班会课程能够对同学的人生规划、职业规划产生一定的引导性作用，对培养同学的国际视野和行业竞争力更有标杆性指导作用。而在新时代下，想要完成一次成功的主题班会课程一方面需要主持者在整个活动中变说服教育为起到循循善诱、抛砖引玉的作用。另一方面，航海类学生作为主题班会开展的主要参与人员，应当做到心灵参与、主动接受、有所感悟与收获。而现阶段所存在的在主题班会教育中，航海类学生参与度不高的问题的主要原因，也是这两方面所导致的。或是主持者一味说服教育，或是学生不愿放下成见主动参与。诚然，短时间内想要改变这个现状不切实际，观念的转变不是能够一蹴而就的，行百里者半九十，推进主题班会的改革更不是轻轻松松敲锣打鼓就能完成的。新时代发展下，获取信息的渠道越发丰富，青年的思想也越发多彩，灌输式的主题班会教育模式已然不适应青年的身心发展。解决主题班会模式化、流程化、学生参与度不高的问题是迫在眉睫的。由此，我们必须遵循习近平总书记的教诲，认真学习十九大精神，贯彻落实中国特色社会主义核心价值观，发展沟通式、创新型主题班会教育，培养对祖国社会有用的新青年。

参考文献：

[1] 曹栋.关于高校有效开展主题班会的几点思考[J].改革与开放，2018（3）：129-130.

[2] 宋巧，保晓美，彭涛，等.高校辅导员举办好主题班会之对策探析[J].卫生职业教育，2018，36（24）：44-46.

[3] 梁玉丽.高校班会环节创新形式研究：以3分钟表演为例[J].劳动保障世界，2015（18）：39.

新媒介环境下高校思想政治教育创新研究

——评《新媒介环境下高校思想政治教育效果研究》

雷尊敏

新世纪由计算机、多媒体和现代通信等技术相结合而形成的互联网和手机等新媒介，从根本上改变了当代高校大学生的生活、学习、工作和思维等多种方式。信息传播媒介和传播方式的深刻变化、多元文化、西方各种思潮和多样化的网络环境等，都给高校大学生的思想政治教育工作带来新的机遇和挑战。作为高校应该抓住时代契机，采用主动而为的态度，积极主动和有针对性的创新思想政治教育工作；不断加强网络环境下的师生新媒介素养培养，尊重思想政治工作规律，遵从新媒介的传播规律，努力提升高校思想政治教育的有效性；还要以网络舆论为载体，对高校思政教学内容与方式、教育内容和途径、校园文化和媒介素养等多个维度，进行教学资源的更新和教学方式的创新；应当加强高校思想政治教育队伍建设，优化网络思想政治教育队伍结构，完善网络舆论疏导和监管体系。

新媒体为高校思政教育提供了新手段和新方法，增强了思政教育手段的灵活性和多样性，大大丰富了思想政治教育资源，提升了思想政治教育的实效性。坚持虚实结合、交互主体和渗透引导原则，建立网络思想政治教育信息收集制度和信息反馈渠道，为提升高校思政教育的实效性开辟了新路径。为此，由刘华丽和王喜荣撰写的《新媒介环境下高校思想政 治教育效果研究》一书，对新媒介环境下高校思想政治教育创新研究具有参考意义。该书分析了新媒介环境下，我国高校思想政治教育所面临的新问题和新挑战，并提出了重视新媒介环境对高校思想政治教育的影响。在知识经济时代高校思想政治教育面临着很多不断变化的新形势，当前大学校园的主体已经发生了根本性的变化，在校大学生整体思想观念、价值观、世界观和人生观都发生了巨大改变，传统的思想政治教育教学方式方法已经无法适应新时代的快速发展，大学校园面对新媒介环境所形成的新挑战，需要加以创新才能进行应对。本书具有专业性强、实践性突出和理论结合实际等特点，非常适用于一线教学。

在书中，第一，概述了媒介环境，并对新媒介进行了界定，阐述了新媒介的发展历程、基本特征和对社会的影响。在此基础上，论述了新媒介环境下高校思想政治教育出现的新变化，具体阐述了新媒介环境下高校思想政治教育内容的丰富、载体的变革、主客体特点变化、双主体性特点和环体变化。第二，论述了新媒体环境下，加强高校思想政治教育的必要性。具体阐述了新媒体环境下高校思想政治教育出现的问题、高校思想政治教育的含义与特点、加强高校思想政治教育的重要性、高校思想政治教育苗目标和内容等问题。并探究了贝罗SMCR理论及其在高校思想政治教育中的实践和教育传播学中的运用，还阐述了大学生思想政治教育实效性的内涵及其影响因素。第三，论述了思想政治教育传播主体，即思想政治教育工作者所起到的作用。阐述了大学生思想政治教育队伍的含义及类型，并运用了贝罗SMCR理论，分析了影响思想政治教育者的传播因素；以辅导员为主阐述了当前思想政治教育工作者队伍现状，在新媒介环境下，高校思政教育传播主体出现了新变化，并对教育传播主体提出了新要求及应对策略。第四，论述了高校思想政治教育的传播内容和传播通道。具体阐述了新媒体环境下，思想政治教育的内容及其发生的新变化、新媒体为思想政治教育工作带来的难题；阐述了高校思想政治教育载体及其特点、建设思想政治教育网站、利用QQ群空间开展思想政治教育工作、利用博客进行网络思想政治教育、利用手机短信和微信开展思想政治教育。第五，论述了高校思想政治教育传播的受众问题。具体阐述了媒介素养及媒介素养教育定义和内涵、大学生在新媒介环境下发生的思想特点改变、当前高校大学生媒介素养的现状、当前大学生媒介素养存在的问题和难题，以及思想政治教育视域下，加强大学生媒介素养教育的意义。同时，还探析了思政工作者对大学生进行媒介素养教育途径等方面的问题。

新媒介环境对高校思想政治教育会产生正负面影响。正面影响会使高校思想政治教育工作变得方便快捷、手段变得丰富多彩、形式得到拓展；负面影响弱化了思想政治教育的效果，加大了思想政治教育管理的难度，缩减了思想政治教育的时间。因此，要积极探究创新新媒介环境下，高校思想政治教育工作的途径与策略。

第一，要创新传统的思想政治教育方法使之符合新媒介环境的需要。创造新的思想政治教育方法，运用现代高新技术平台进行有效的思想政治工作。增强学生接受网络思想政治教育的主动性和自觉性，提高网络思想政治教育资源的利用率。第二，创新高校思政教育教学形式以增强吸引力。在新媒介环境下创新思想政治教育形必须坚持继承与创新相结合的原则、形式服从内容的原则、合理的原则。第三，创新高校思政教育内容，以增强针对性。要认清形势，科学地判断是非曲直，并提供有说服力的论据；要更新知识以适应信息技术高速发展的需要，提高个人的工作适应力；要创新理论，以理论创新推动思想政治教育内容创新。第四，在网络环境下采取主动型和互动型的高校思想政治教育方法。使学生获得更多知识的获取渠道，帮助教师有针对性地教学，同时也可以培养大学生的学术是非辨别的能力，有助教师了解学生的内心想法，在双向性的教学中可以正确引导学生进行思想政治学习。第五，强化督导检查，精准落实实施方案；构建思政教育的良好互动；增强思政教育内容的可接受性，加强而生的新媒介素养。

新时代高校学生社团思想政治教育功能实现路径探析

郑德华

摘　要:随着高校学生社团的蓬勃发展,其逐渐成为校园文化建设的重要组成部分,更是高校思想政治教育的阵地之一。文章从分析高校学生社团的思想政治教育功能及其实现的制约因素出发,结合时代诉求和背景,提出了新时代高校学生社团思想政治教育功能的实现路径。其实现路径主要有以下四个方面:以社会主义核心价值观为引领,确保社团的发展方向;加大学校对社团的思想政治功能实现的扶持力度;继续激发各类社团的思想政治教育功能;完善社团骨干培养体制,纳入团学干部培训体系。

关键词:高校;学生社团;路径;思想政治教育

1　强化高校学生社团思想政治教育的时代背景

高校学生社团是指由具有正式学籍的全日制学生自愿组成,为发展成员的共同兴趣爱好,实现共同志愿,按照章程开展活动的群众性学生组织。[1]据2015年共青团中央和中国青少年研究中心开展的一项有关学生社团现状的课题报告显示,每所高校学生社团的数量有60～140个,在校大学生参加学生社团的比例为59.7%,每个学生平均参加1.8个社团。[2]2016年团中央、教育部下发的《高校共青团改革实施方案》中明确指出,在高校党委领导下,构建"一心双环"组织格局。以团委为核心,将学生会和学生社团组织纳入团学组织的双环架构中。同年,共青团中央、教育部、全国学联联合印发的《高校学生社团管理暂行办法》指出,高校党委统一领导本校学生社团工作,要把加强和改进学生社团工作作为高校贯彻党的教育方针、推进素质教育的重要组成部分。[3]2020年中共教育部党组和共青团印发了《高校学生社团建设管理办法》,办法明确规定学校党委要压实主体责任,把学生社团工作纳入学校思想政治工作整体格局进行谋划部署,并且将学生社团的指导教师指导学生社团情况纳入教师的思想政治教育和师德师风表现中。[4]从教育部和团中央有关学生社团管理的文件演变过程可以看出,学生社团日益走到高校校园文化的舞台中央,其思想政治教育功能日益凸显,做好学生社团思想政治教育是时代的迫切需要,也是落实党的立德树人教育方针的需要。

2　高校学生社团的思想政治教育功能内涵

2.1　价值导向功能

高校思想政治教育是多措并举、全方位的教育工程。思想政治理论的教学活动是高校思想政治教育的第一课堂,学生组织和学生社团活动是思想政治教育的第二课堂。2015年教育部哲学社会发展建设报告《大学生思想政治教育发展报告》调查显示,思想理论课教学对大学生道德观的影响明显，对大学生价值观的影响小；而第二课堂思想政治教育对大学生价值观的影响明显。社团文化是社团成员价值理念、行为方式和价值取向的共同符号，社团文化的建设过程是社团成员价值观的构筑、凝聚、辐射和引领的过程。因此社团成员在参加社团活动的过程中，自主地完成了价值观的知行合一，丰富了精神追求，规范了价值行为，形成了自觉奉行的价值理念。

2.2 素质拓展功能

作为学生自主、综合实践的重要平台，高校学生社团一是有助于大学生综合素质的全面提升。高校学生社团是学生自主开展活动的组织，设计社团章程制度、开展活动、调配资源、社团管理等行为活动可以培养学生的团队合作意识、组织协调能力和沟通表达能力，促进学生素质拓展和全面发展。二是高校学生社团有助于大学生把理论与实践更好地结合。理论性专业社团可以在促进学生专业学习的同时，让学生变被动接受知识为主动输出，实现了理论与实践的结合，完成了大学生思想认知向行为践行的转化。三是高校学生社团有助于大学生更好地融入社会。大部分社团在举办活动时，已经走出校园，走向社会，其与社会组织的各种合作为社团成员日后走向社会奠定了良好的基础。

2.3 凝聚辐射功能

学生社团是以共同的兴趣爱好为基础组成的团体，社团对大学生的凝聚辐射功能主要体现在社团形成和发展的两个阶段。一是社团创立阶段。若干大学生秉承共同的价值观创建一个新社团，而社团成员的加入也是基于对该社团价值观的认同，这个过程实现了价值观的凝聚功能。二是社团的运行阶段。社团在运行过程中产生了包括社团品牌、社团活动、制度章程和管理方式等的社团文化，积极健康的社团文化能对社团群体产生正向的辐射功能，从而实现对更多成员的价值凝聚，这也是社团得以存在和继续发展的基础。[5]

2.4 调节优化功能

高校学生社团的调节优化功能主要表现在以下三个方面。一是心理调节。近年来，大学生心理健康问题时有发生。通过参加艺术、心理协会或公益性社团，大学生心理问题可以在社团活动中得到感染熏陶而实现自我调适。二是人际关系优化。学生社团是高校学生的重要交友圈，不同年级、院系、专业的学生因为社团而组成一个相对固定的集体，成员的交际能力能够得到锻炼和培养。三是情绪调节。社团是以兴趣和爱好为纽带组合起来的团体，学生在日常生活和学习中遇到挫折和困难时产生的情绪，可以通过轻松的社团活动、共同价值观的群体交流和日常的教育方式来调节。

3 高校学生社团思想政治教育功能实现的制约因素

研究如何发挥高校学生社团的思想政治教育功能以及团中央有关社团管理文件精神的落地落细，是高校大学生思想政治教育的前沿问题，是从理论到实践的转化研究环节。就目前社团的发展现状而言，大学生社团思想政治教育的工作还存在很多制约因素。理论研究层面、社团自身建设层面、社团成员个体层面、学校顶层设计层面和学校宏观管理层面都存在短板。这些问题在不同程度上制约了高校学生社团的发展，限制了其思想政治教育功能的有效发挥。

3.1 基础理论研究不完善

当前关于大学生社团思想政治教育的理论研究还处于起步阶段，研究高校社团建设的较多，体现社团思想政治教育功能的理论研究较少，将社团建设和思想政治功能有机结合的理论研究更少，未提炼出指导思想政治教育实现方面的系统理论，有关社团工作中怎样加强学生思想政治工作的理论则更加缺乏。这不仅使社团本身建设存在价值缺失或定位不准确的情况，同时也使管理社团的相关职能部门缺乏系统的、有规划的指导方向。

3.2 党团组织和职能部门扶持力度不大

（1）社团指导"越位"

目前各高校对学生社团的指导和管理，主要存在以下两种情况。一种是过分管教。这类学校意识到高校学生社团已经成为新时期思想政治教育的重要阵地，担心因过度重视学校社团的建设和管理，造成学校对社团管理"越位"，干预有余，引导不足。社团的管理部门会制订一套规则制度或固定程序来管理社团的各项活动，社团活动会受到很多"政策"限制，这种"强制性"的规章制度在一定程度上与社团成员开放、自由发展的需求不符，造成社团发展缺乏内在动力和特色，影响了社团成员的参与兴趣，弱化了社团的凝聚功能，影响了其思想政治功能的发挥。

（2）社团指导"不到位"

另一种是不善管理。学校职能部门或教学单位对学生社团活动甩手不管，任由其自生自灭，即所谓的"不到位"。随着教育部、团中央对高校学生社团的管理越来越重视，政策逐渐完善，高校对社团也日渐关注。但是因为当前国内还缺乏成熟、系统的社团建设和实践理论，学校对社团指导存在诸多掣肘，如不知从何下手、不同职能部门之间的统筹衔接不足、不同类型的社团指导经验不足、社团管理专职人员缺乏等问题，导致高校学生社团出现管理不善、活动质量不高、内部建设层次低、指导教师的定期指导不足、社团长期发展规划性不够、社团活动资金缺乏、社团的思想意识形态缺乏把控等现象，这些问题影响了其思想政治教育功能的发挥。

3.3 社团自身发展不充分

（1）部分社团定位价值取向偏移，教育功能弱化

随着社会经济的发展和社会网络化的不断演变，高校学生社团也不再是净土，逐步走向"商业化"和"社会化"运作，这对思想政治工作提出了严峻的考验。调查数据也显示，目前休闲、娱乐、体育性社团占绝大多数，最受学生欢迎；而学术型的社团尤其是服务型的社团相对较少，或停留于低层次交流，社会服务和学术研究功能严重不足。即使是兴趣爱好类社团，也更多停留在社团内部成员的娱乐休闲层次上，大部分社团活动的主要内容也摆脱不了表现型、娱乐性、消费性的倾向和特点。社团的教育价值让位于社团的娱乐消遣，社团活动形式化、娱乐化。[6]

（2）部分社团建设水平不高，限制了社团功能的发挥高校学生社团在不同地区、不同学校间的发展很不平衡，同一学校不同社团的发展也参差不齐。一个社团自身的可持续发展需要从章程、制度、指导到硬件配套等多方面提供保障，目前高校学生社团建设普遍存在以下问题。

①社团成员流动性大，结构松散

学生社团成员构成比较单一，成员几乎都是在校生。社团的组织结构更多是以一种相对松散、非正式、不系统的形态存在，成员的组成打破了班级、年级的界限，成员的进出比较容易，社团的流动性大；同时成员更换社团的自由度大，社团的结构也更松散；再加上目前高校参加社团的学生主要以大一、大二年级为主，大三、大四的学生较少，这些因素都限制了社团思想政治功能的发挥。

②社团活动形式化、娱乐化

大部分学生是抱着休闲和调节生活的心态来参加社团的，所以社团活动大部分处于懒散的闲歇状态，缺乏创新力和规划性，很少结合社会热点、新出现的社会问题开展活动，这些都限制了社团思想政治功能的发挥。从活动的性质看，社团活动从满足成长需要变成了迎合需要，活动品味不高，出现忽视或者淡化精神引领的倾向，活动的教育性被娱乐性、功利性、趣味性和随意性冲淡，甚至出现与主流价值观偏离的情况，这与国家的教育方针是不相符的。目前社团间的横向沟通和交流不够，与社会的联系也很少，活动场域和服务领域仅限于学校或本社团内部，社团间的互相交流学习激励的机会不多，参与社会服务的意识也不强。

③社团指导成员单一

为保障社团的健康有序发展，需要配备经验丰富、有相关专业学科背景或了解社团性质和运作的指导教师。而从目前高校学生社团的行政管理归属看，社团工作都是在团委的指导下开展的，其无法对每个社团进行专业和全方位的指导，社团的建设主要依赖社团成员的传帮带，社团活动档次很难提升，社团停留在低水平建设阶段。

④社团制度不完善

社团的制度在加强社团的管理、使社团朝有序健康的方向发展方面具有非常重要的作用。社团的制度包括学校的宏观管理制度和社团内部的各项内部制度。近年来高校对教育部、团中央社团的管理办法还未落地落细，职能部门间的各司其职、统筹协调的齐抓共管的管理模式尚未形成，高校社团管理制度仍不完善。学生在社团建设过程中，更加侧重于活动设计，忽略了社团的宗旨、长期规划、活动目标、成员管理等方面的制度建设，导致社团因内部制度的不完善而出现"虎头蛇尾"的情况，很多社团昙花一现后就偃旗息鼓了。

⑤经费和配套硬件设施不够

社团活动的开展离不开三个要素：活动经费、成员和活动场地。目前高校社团的活动经费主要来源于会员会费、社会赞助和学校拨款。因社团活动一般影响力较小，规模不大，获得社会赞助的途径比较少。另外，由于数量繁多，社团获取学校经费和活动场地、办公场所的支持力度有限，这制约了社团活动的开展，影响了社团教育功能的发挥。

⑥社团骨干和成员的素质不高

社团负责人是社团的领袖，是社团发展的关键所在。社团领袖需要具备良好的学业水平、良好的沟通能力、过硬的业务素质和组织管理能力，这样才能带领社团朝健康的方向发展，团结更多的成员加入社团中，为共同的价值追求而努力。

社团门槛较低，新生入学时凭个人兴趣或热情就可以加入，这导致社团成员的素质良莠不齐。如果在社团的发展过程中正向引导和规划不足，社团成员和骨干的素质不高，学生加入社团的动机不纯，这些会对社团思想政治教育功能的发挥起负面作用。

4　新时代高校优化学生社团思想政治功能的路径

4.1　将社会主义核心价值观与社团文化建设有机融合，确保社团保持正确的发展方向

社会主义核心价值观和社团文化的建设是相辅相成的。只有在社会主义核心价值观引领下的社团文化建设，才能保持正确的发展方向，焕发蓬勃的生命力；同时，只有健康发展的学生社团才能为社会主义核心价值观在高校的落地找到广阔的实践阵地和落实思想教育的有效载体。因此，应不断探索、丰富社会主义核心观和社团文化建设有机融合的方式，引领社团关注社会的发展与需求，传播先进思想，弘扬先进文化，帮助学生深刻领悟社会主义核心价值观的内涵，使其自觉养成良好品行，并在实践中将其作为自身的行为准则，真正实现社团发展与社会主义核心价值观教育的良性互动。

4.2　加大学校对社团思想政治教育功能实现的扶持力度

（1）加快社团管理的制度化进程

社团可持续发展的一个重要条件就是实现学生社团活动的制度化、规范化。系统的、完备的、稳定的管理制度是学生社团可持续发展的重要保障。团中央、教育部最新出台的《高校学生社团管理办法》为社团的管理提供了根本遵循，应构建学生处、教务处、人事处、组织部、保卫处和思想政治等二级教学部门多位一体的社团管理和指导机制，各部门各司其职，齐抓共管。学工处负责协调有关各部门对社团进行管理；教务处负责指导教师选聘和学生第二课堂学分认定工作；人事处负责指导教师的工作量认定；组织部负责指导学生社团开展党建工作；团委负责社团的成立和注册、活动审批等日常管理工作；思想政治和二级教学部门负责社团的专业指导；保卫处负责社团活动的政治安全和人身安全教育，配套制定相应的制度和实施细则。各部门同向发力，保证社团在可持续发展中实现最大的思想政治教育功能。

（2）鼓励社团建立团支部、党支部，强化思想政治教育功能

随着国际政治局势的风云变幻，社会各种思潮涌动，历史虚无主义、国际分裂势力等都利用各种渠道传播反动思想，自由度高的学生团体很容易受这类思想的影响，进而被反动组织利用。社团的组织结构没有了班级管理的固定化和模式化，不像班级那样相对固定、统一，社团成员之间的关系属于"共存和共生"，社团只有依赖自身的努力才能获得更多成员的支持。因此，在发展相对成熟的社团里探索建立团支部、党支部，引入支部、班级等相对固化的组织模式参与社团建设，从而进一步增强社团的凝聚功能，构建党—团—社团联动机制，这既是社团发展的内在需求，又可以更好地发挥学生社团的思想政治教育功能。

（3）健全社团指导教师交流和激励机制

当前高校里社团指导教师的工作大部分属于志愿、义务劳动，这导致指导教师对社团的指导积极性不高。专业、定期、长期的指导不足是影响社团可持续发展的重要因素。可以将社团教师的指导工作与教师的职称评聘、工作量认定、评优评先等挂钩，从而激发专业教师参与社团指导的积极性。如体育类社团可以选聘体育专业教师、思想类社团选聘马

克思主义学院的专业教师，这样既可以对口指导，又可以加强思想的引领，为社团的思想政治教育赋能。因为指导社团所需的业务和理念与课堂教育完全不同，所以注重指导教师的岗位培训，健全指导教师的交流沟通机制也是刚需。如举办指导教师研讨会，让教师互相了解政策和交流工作开展过程中遇到的困惑及感受，就是一种很好的举措。

4.3 培育各类社团的思想政治教育功能

（1）进一步挖掘文化艺术类社团的育人功能

文化艺术类社团因其群众基础广泛，在大学校园受众面最广，其在丰富学生课余文化生活之余，还可以充分发挥调节转化功能。要利用文化艺术类社团，充分挖掘社会主义先进文化的内涵，利用社团的自由和创造性，积极打造传承文化经典的校园文化活动，形成品牌效应，以点带面营造文化育人的氛围，逐步引领广大学生进一步认知传统文化、研读经典，提升文化素养，涵养思想品德。

（2）扶持红色理论社团的发展

红色理论社团是高校社团思想政治教育的生力军。打造马克思主义理论学习团队必须始终坚持以马克思主义和习近平新时代中国特色社会主义思想为指导。除了必要的理论学习外，可以开展学生关注的社会热点问题研讨会、中国梦系列主题教育活动等，提高学生的政治修养。[7]学生以社团活动的主体参与方式、同辈教育的方式，用青年的话语体系，实现马克思主义、红色理论由被动接受转化为主动践行。

（3）发展公益类社团，增强社团的凝聚功能

志愿服务精神是社会主义核心价值观的重要组成部分，而绿色公益更是时代发展的呼唤。目前高校志愿服务类社团较多，而且大部分以团委领导为主，行政管理性较强。专业化指导的公益类社团较少，依托此类社团发挥思想政治教育功能的工作开展不足。可以大力倡导志愿奉献精神，贴合时代公益需求，以专业指导为导向，以项目化运转为载体，培育公益、志愿服务类社团，提升社团活动的社会回报率，从而提升学生的社会责任感，培养学生无私的奉献精神。如开展三下乡、到山村志愿支教、绿色环保社团等公益活动，都可以激发学生报效祖国、回馈社会的热情。

4.4 完善社团骨干培养体制，提高社团骨干发挥思想政治教育功能的主动性

社团负责人对社团的发展起着举足轻重的作用。他们的价值判断影响社团发展的方向。他们的行为方式影响低年级社团成员的行动方向。当前高校社团骨干的培养还属于空白地带，对社团骨干的定性不明朗，社会工作认定和综合测评加分都没有加以明确。可以将社团骨干培训纳入团学干部培训体系中，如青马工程、党课教育等强化对社团骨干思想政治素养的培养；另外，还可通过定期开展社团管理的业务、人际交流、活动策划等内容的培训，增强社团干部的责任心、领导能力和口头表达能力等综合素质。日常管理中可以在入党、推优等方面，在原则范围内对其给予适当的照顾和倾斜，潜移默化地从多维度对社团负责人进行引领，保证其社团的健康发展。

参考文献：

[1] 共青团中央教育部关于印发《高校共青团改革实施方案》的通知[EB/OL].（2016-11-14）[2020-03-18].http://www.moe.gov.cn/jyb_xxgk/moe_1777/moe_1779/201703/t20170320_300172.html.

[2] 沈壮海，王迎迎.2015年度大学生思想政治及其教育状况调查分析[J].中国高等教育，2016（8）：5-12.

[3] 共青团中央、教育部、全国学联印发《高校学生社团管理暂行办法》[EB/OL].（2016-01-12）[2020-04-16].http：//www.moe.gov.cn/jyb_xwfb/s5147/201601/t20160113_227746.html.

[4] 张静，吴荣生.大学生理论社团与高校马克思主义大众化研究[M].天津：南开大学出版社，2011：142.

[5] 张瑞.大学生社团的思想政治教育功能及其实现路径和措施探析[D].杨凌：西北农林科技大学，2010：5.

[6] 谭维智，赵瑞情.学生社团生活：一种学习的新视野[M].济南：山东教育出版社，2013：7.

[7] 中共教育部党组共青团中央关于印发《高校学生社团交涉管理办法》的通知[Z].2020.

航海类院校学生党员后续教育与管理研究

赵　垒　欧金池　秦志勇　王芷彤　杨　灵　杨世明　骆歆妍

摘　要：航海类院校为我国海洋强国战略的实施提供了有利的人才保障，学生党员是这些人才中的佼佼者。本文介绍了航海类院校学生的特殊性，分析目前航海类院校学生党员教育与管理存在的问题，基于引导党员想优秀、会优秀、能优秀的研究思路，从德育、人文、机制角度出发积极探索当下该领域学生党员教育与管理的新途径。

关键词：海洋强国；航海类党员

海洋运输是国际贸易中最主要的运输方式，占比超过国际贸易总运量的三分之二，我国绝大部分进出口货物，都是通过海洋运输方式运输的。党的十八大报告提出了海洋强国战略，十九大报告提出了坚持海陆统筹，加快建设海洋强国，并提出了交通强国战略。实施这些战略需要航海类院校提供有力的人才保障，在这些人才中学生党员发挥着引领和中流砥柱的作用，因此，探索当下航海类院校学生党员教育与管理的新途径意义深远。

1　航海类院校学生特殊性

航海类院校学生除了与普通大学生具有一定的共性外，还具有一定的特殊性，如工作领域在国民经济中占主导地位，工作中需勇于担当、甘于奉献，工作流动性大等。

1.1　工作领域在国民经济中占主导地位

航海类院校学生毕业后主要在航运、港口、航道、海事、海关、船厂、海上救助、海上打捞、海上旅游、科考等企事业单位工作，这些领域基本涵盖海洋强国建设的方方面面。经过多年的发展，航海类院校已经成为推动我国国民经济发展不可或缺的力量。

1.2　工作中需勇于担当、甘于奉献

航海类院校毕业生多数在港口、船舶、海上、海底隧道、钻井平台等一线工作，工作环境艰苦、强度大、远离家人，工作中加班加点已是常态化，休假也很难正常化，有时收入和付出不一定成正比，但这些领域又都涉及国之重器，需要国家一代又一代的工匠们去传承和弘扬工匠精神，需要他们坚守岗位、勇于担当、甘于奉献。

1.3　工作流动性大

航海类院校学生毕业后，在工程一线就职的比较多，由于工程项目的需要，员工的工作地点变动较大，有时突然从寒冷的地方要到炎热的地方，有时又要去国外。一起工作的同事，由于休假时间不同，同事变动也很频繁。因工作艰苦，"90后""00后"能长期坚持的也不多。

2 目前航海类院校学生党员教育与管理存在的问题

2.1 党员未能有效做到树立远大理想，担当时代责任

"新时代中国青年要树立远大理想。"在纪念五四运动100周年大会上，习总书记对新时代中国青年提出六点希望，第一点就是树立远大理想。而研究参考文献得知2017届全国航海类专业学生上船比例分别是本科43.85%，专科73.21%，毕业3年后仍在船的学生更少，其中不乏学生党员。如果我们的学生党员都不能心系祖国，心系人民，只顾个人的安乐，毕业后不愿长期投身所学专业，更不愿在艰苦行业奉献青春，那么何谈引领、服务广大人民群众，何谈带领更多的青年为祖国建功立业。

2.2 对党员的人文关怀不够

无论在党内还是党外，提到党员我们更多想到的是党员的义务，需要其充分发挥先锋模范作用。但在很多时候不是党员们不愿发挥他的优秀，只是遇到了困难。如家庭经济困难、家庭发生重大变故、严峻的就业形势、付出未得到肯定、外界负面舆论、工作压力，等等，这些都会挫伤党员为民服务的信心与决心。

2.3 缺乏对党员的量化考核机制

时常看到对基层党支部的考核要求，但对于党员特别是学生党员什么样的表现才算达标或者优秀呢，很多时候未能做到细化或者量化，特别是在学生发展成为党员后，这种考核和监督越来越少了。那么直接导致学生入党后，先锋模范到底发挥得怎么样，往往取决于其自身的主观能动性。

2.4 与毕业生党员的联系有待加强

因学生事务繁杂等原因，往往在学生毕业后，党支部对于学生党员、入党积极分子的联系比较少，但实际上，党员和入党积极分子代表着一届同学中的优秀群体，他们毕业后发展得如何不仅意味着学校人才培养的质量，也反馈出学生党支部党建工作水平的高低，所以加强与毕业生党员的联系，有助于检测、提升支部的工作质量。

3 提升航海类院校学生党员后续教育与管理水平的途径

3.1 引导学生励志，立鸿鹄之志，做奋斗者

在2020年五四青年节到来之际，习近平总书记寄语新时代青年"坚定理想信念、站稳人民立场、练就过硬本领、投身强国伟业"，大学生在青年中是最有活力一族，是推动社会进步的栋梁之才，因此引导大学生立志，报效祖国意义深远。从学生开学典礼到毕业典礼，学校可通过第一课堂、第二课堂结合线上、线下资源引导学生树立远大理想，将个人的命运紧密与实现中华民族伟大复兴相结合，在祖国最需要的地方建功立业。从思政课到专业课，从理论课到实践课，从宿管到教授，从师兄师姐到校友，从课上到课下，从学校到家庭，学校要坚持全员全过程全方位育人，落实立德树人根本任务，深层次激发学生爱校、爱家、爱国之情。党支部各项活动要厚植爱国情怀，崇尚奋斗精神，引导学生除学习理论外，多去体验、思考与践行。校园文化建设方面，要将某领域、某方向最前沿、最具

影响力的资讯、人与事在师生中宣传，使学生切身体会到其身处知识的前沿，背负着国家的期望，那么其报国之情将更强烈，报国之行将更彻底。

3.2 加强对学生党员的人文关怀，为其保驾护航

党员只有放下内心包袱，才能更好地服务社会。党支部在开展任何活动时，要多听取党员们的困难，如生活、情感、经历等；在支部内部实施党内帮扶机制，提升支部的凝聚力；在微信公众号、学院网站等栏目设置支部书记信箱，及时收集党员的意见与建议；改善支部活动形式、丰富活动内容、降低沟通姿态，在支部中营造轻松的交流氛围。一旦发现党员需要帮助，支部将不遗余力借助校内外资源给予帮扶，让党员获得更多的幸福感、安全感、归属感。

3.3 实施党员量化考核办法

实施考核，旨在促使党员永远走在前列。任何时候都要对学生党员学习成果进行考核，特别是在转正时，要对其学习成绩、考证情况、获奖信息、科研成果等进行全面考核；实施以党带团、党团共建制度，党员对应帮扶团支部，定期对共建成果进行考核，不断给党员压担子、分任务；实行党员工作总结与计划管理制度，每学期末要求全体学生党员撰写工作总结与计划，并将总结与计划在党内外公示；到毕业季详细梳理所有毕业生党员的在校表现，如学习、生活、就业表现等；实行党小组管理制度，将支部分成若干个党小组，每个组长、副组长由党员担任，每个月对于各党小组分配不同任务，保证每个党员都能得到充分的锻炼。

3.4 强化与毕业生党员的联系，助推支部党员培养质量

衡量党支部工作质量好坏的一个很关键的指标就是毕业生党员近几年的先进性。如果一个毕业生党员和普通的毕业生没有什么区别，那么用人单位就不会优先考虑党员了。所以很有必要在学生支部中设立联络组，主要联系毕业生，听听他们在思想认识、工作态度、工作效果方面先锋模范作用发挥得如何，有没有那些需要完善的，对此党支部会在毕业季组织毕业师兄师姐大讲堂，将党员的优秀事迹、做法、精神在学生中广泛宣传，同时也会通过腾讯会议、微信等渠道关心、支持、帮助所有的毕业生党员，并邀请其回校或者线上指导支部工作。

4 结束语

实现中华民族的伟大复兴，离不开这些航海类院校的在校生和毕业生，特别是学生党员，因此，学生党支部建设任重而道远。作者所在的支部在开展党建工作中长期坚持引导党员想优秀、会优秀、能优秀的研究思路，从德育、人文、机制角度进行了相应的探索，并取得了一定的成效，希望能为其他支部建设提供参考。

参考文献：

[1] 广州航海学院.学校概况[EB/OL].[2019-11-06].http：//gzmtu.edu.cn/xxgk.htm.

[2] 许民强，刘益迎.航海类专业学生就业工作的思考[J].航海教育研究，2019，36（4）：1-6.

[3] 张书磊.基层党支部组织生活有效性路径探索—基于高校学生党员获得感视角的分析[J].延边教育学院学报，2018，32（3）：30-32.

反馈教学法下游泳教学三位一体教学改革的方法浅谈

麦健民

摘　要：近年来，随着国家对体育教育的重视，学习游泳的人数也逐年增多。游泳是一项典型的水上运动，在运动方式和教学方法上都与陆地运动有很大的区别，对于从没有接触过水上运动的学生来说，游泳既有趣又难学。这就要求游泳教师在开展游泳学习课程的时候要积极创新教学方式，构建游泳教学导向、激励与评价三位一体的教学模式。在陆地运动教学过程中，反馈教学法是比较实用的一种教学方法，教师在开展游泳教学时也可将反馈教学法运用到游泳教学中来，这样对于改革游泳教学具有非常深远的意义。

关键词：反馈教学法；游泳教学；三位一体；教学改革

游泳是一门典型的水上运动，凭借其不同于陆地运动的运动形式受到了人们的关注和喜爱。但是由于目前游泳教师的教学方法与教学意识的欠缺导致学生在课堂上的收获较少，这样既降低了教学成效，又打击了学生学习游泳的积极性。为了改善这种现状，就要求游泳教师应该积极地改进创新教学方法，在陆地运动教学中取得较大成绩的反馈教学法无疑为游泳教学提供了新的教学思路。在反馈教学法下推动游泳教学进行导向、激励和评价三位教学的改革，对提升游泳课的课堂效果具有重要意义。

1　反馈教学的含义

随着教育体制改革的不断推进和实施，高校在教学模式和教学方法上不断创新，高校体育教育作为素质教育的核心部分，从教学内容到教学模式都在不断进行改革和更新。游泳教学作为高校体育教学中的重要教学内容，对学生综合能力的培养和提升都具有重要作用。反馈教学是指科学地对控制论和系统论进行有机结合的综合性教学法。开展反馈教学可以营造和谐的课堂氛围，帮助学生通过教师的引导积极地进行学习，实现能力发展和知识运用。反馈教学可以在教师的教授与学生的学习之间构建起桥梁，实现信息的双向沟通，帮助教师及时得到课堂反馈，实现师生双方的良好互动。反馈教学既可以帮助教师实时掌握学生的学习情况，又可以帮助学生提升对学习的兴趣，在学习中得到获得感。反馈教学法中最重要的是信息反馈，信息反馈是保证教师所制定的教学目标得以实现和帮助教学有序开展的重要因素。通过信息反馈，教师可以实时根据学生的学习情况来对教学过程的开展进行相应的调整，从而取得更好的教学成果。[1]

在体育教学中，采用反馈教学法最重要的是帮助教师掌握学生完成体育运动的反馈，从而帮助教师及时根据学生的真实反馈来调整教学进程，使得教学能够实现教师与学生的"双赢"。在体育教学中采用反馈教学法，既可以弥补教师在开展教学过程中的缺陷，又可以最大限度地帮助学生提升学习效果。反馈教学的优点是能够帮助教师及时得到学生的反馈来弥补课程开展过程中的不足，还能帮助教师与学生之间开展良好的互动。在体育教学过程中，教师只有全身心投入到教学过程中，才能够确保教学过程中的反馈能够及时得到接收与处理，这在潜移默化中可以帮助教师提升对课程教学的重视度，从而为教师与学生之间开展良好的沟通奠定坚实基础。

2 反馈教学法在游泳教学中应用的原则

2.1 全面性原则

游泳不同于陆地运动，对于从来没有接触过游泳的学生来说游泳具有一定的危险性，这就要求教师在将反馈教学法运用到游泳教学中时一定要遵守全面性原则，即教师在开展游泳教学过程中不能忽视任何一名学生，在教学过程中要考虑全体学生的接受情况。由于游泳教学的特殊性，导致学生在学习游泳时必然会由于自身的接受能力和对教师讲授内容的掌握能力存在一定的差异，而导致游泳学习出现分层的情况。教师只有在教学过程中遵守全面性的原则，把握每一位学生的情况，才能及时地对教学进度进行调整，才能针对不同的学生做出的反馈来进行不同的教学评价。教师对待学生应该有耐心并且一视同仁，不能因为学生的动作不标准或者掌握不到位而做出具有主观色彩的评价。这就是说，教师在开展教学过程中不能因为大部分学生都掌握了游泳的技巧就片面地认为已经达到了教学目标，也不能因为部分学生对游泳的掌握情况不好就片面地认为教学没有成果。在游泳教学过程中教师要严格遵守全面性的原则，只有这样，才能确保教师做出的教学反馈是具有科学性和客观性的。

2.2 及时性原则

将反馈教学法运用到游泳教学过程中就要求教师要严格遵守及时性原则。教师在开展游泳教学过程中不仅要及时掌握学生的反馈，还要及时地对学生的反馈进行回应，随时对教学过程进行调整。只有教师及时掌握学生的反馈和对反馈及时回应，才能确保游泳教学课程能够顺利开展，为课程的良好衔接奠定基础。[2]教师在游泳课程开展的过程中应该对学生的掌握情况和游泳动作的熟练程度做到了然于心，课后应该对学生在学习过程中产生的想法做到及时掌握，通过对课程疑难点进行分析来激励学生进行游泳学习，帮助学生正确认识到自己的学习情况和树立学习游泳的自信心。通过这种双向的有效沟通，可以为学生学习游泳不断地注入新的动力。

2.3 主体性原则

开展游泳教学的目的是帮助学生掌握在水中运动的能力，学生通过对水中运动的能力的掌握来推动学生的身心得到健康的发展。每个人想要学好游泳都要经历对游泳动作分化、泛化与巩固的学习过程。这就要求教师在开展游泳教学时要严格遵守主体性的原则，要在设置合理的教学任务和教学目标的基础上，通过科学的评价活动帮助学生学会游泳。教师在开展游泳教学过程中应该综合学生听觉、视觉和动觉的反馈来激发学生学习游泳的主观能动性，引导学生自主对游泳动作进行积极学习。[3]在游泳教学过程中，如果教师尊重学生的主体地位，积极地与学生进行沟通并对学生的问题做到及时的回应，那么教学往往能够取得较好的效果。

3 反馈教学法下游泳教学三位一体改革方案

3.1 导向——善于运用反馈信息来树立教学目标

每个人都是单独的个体，对于学习的掌握能力和接受水平都具有客观的差异性，教师在开展游泳教学时要尊重学生的个体差异性。教师应该对学生的运动目的和身体素质等各方面有一个整体的了解与掌握，通过课前与学生进行沟通和反馈来对学生的情况有正确且全面的认识，只有这样才能确保游泳教学顺利开展。对于游泳教学来说，科学的教学计划是顺利进行游泳教学的基础，对于反馈教学法下的游泳教学具有不能忽视的影响。

具体来说，教师在游泳教学开展之前要对4个方面做好信息反馈。[4]首先，教师对自身要做到正确认知，对自己的身体素质、教育水平、知识结构等方面要有正确的反馈；其次，教师要对学生的情况有正确的反馈，学生的身体素质、游泳基础、思想状态等情况要有全面的认知；再次，教师要对课程内容进行反馈，包括教学的目的是什么、教学的内容是什么、评价学生的标准是什么等；最后，教师要对教学设备的信息进行反馈，包括游泳设备、教学环境、天气情况等的信息反馈。在游泳课程开展之前教师要和学生进行良好的沟通，分析学生学习游泳的目的和对游泳学习的兴趣所在，以此来得到学生相关信息的全面反馈。只有做到上述4点，教师才能够科学地制订教学方案，才能够确保制订的学习计划能够在接下来的游泳教学中积极地发挥导向作用。

3.2 激励——通过反馈的信息打造高效课堂

游泳是一项水上运动，与陆地运动相比，在运动方式和教学方法上都有很大的区别，对于习惯了陆地运动的学生来说学习游泳会或多或少地产生不适感，容易出现各种各样的问题。针对这种情况，教师应该及时给出相应的反馈，教师应该通过激励性手段来帮助学生建立学习游泳的信心，帮助学生保持良好的心态来进行游泳学习，努力激发学生的自身潜能。

激励性教学的形式多种多样，教师可以根据学生的具体情况来进行选择。例如，在进行基础热身运动时，有些教师习惯了发布命令一般指挥学生做运动，对于学生来说可能由于抵触这种教学方法从而导致缺乏学习游泳的积极性。针对这种情况，教师可以在布置教学任务时与学生进行良好的沟通，积极听取学生的意见，提高学生参与课堂教学的意识，为营造良好的教学氛围打下基础。在学习过程中，面对学生的学习情况，教师可以通过激励的话语来帮助学生恢复学习游泳的信心，但不可过分夸大，而是要在满足学生想要获得肯定的心的同时，还能帮助学生认识到自己的不足，以此来开发学生的内在潜力。[5]当学生在学习过程中出现问题犯了错误的时候，教师不可一味地指责学生，不能给学生泼凉水，而是应该与学生进行沟通，帮助学生掌握改进问题的动力和勇气。在游泳教学中，教师运用好激励的手段可以使教学过程中收到的信息反馈发挥出最大的作用，打造高效的课堂。

3.3 评价——通过反馈的信息提升教学质量

某种程度来说，评价与反馈是相同的，评价就是反馈，反馈就是评价。在游泳教学过程中，评价能够在反馈教学法中发挥出重要的作用。不同于以往的教学全部结束后的最终评价，在反馈教学法下的游泳教学应该更多地对学生学习过程中的每一次进步和问题都及时给出相应的评价。在反馈教学法下的游泳教学评价不仅要突破时间的局限，随时对学生进行评价，还应该突破传统的单向评价，即不只有教师对学生进行评价，还应该让学生之间进行互相评价，让学生自己进行自身评价，只有这样才能帮助老师及时掌握反馈出来的信息，提升教学质量，打造高效的游泳教学课堂。教师可以按照课前、课程进展中和课后来分别对学生进行评价。课前评价主要针对学生的学习心理和畏水情绪，通过对学生的心理的掌握能够帮助教师及时对课堂教学方式进行调整；课程中的评价主要针对学生的学习情况和动作掌握情况进行展开，通过课中情况可以帮助学生及时调整动作；课后评价则应该根据一节课中学生的掌握情况和学习途中遇到的问题进行评价，形成良好的信息反馈。[6]同时，评价的主体和方式也应体现多元化的特点，总而言之，通过评价体系来提升反馈教学下的游泳教学的质量具有非常重要的作用。

4　结语

将反馈教学法运用到游泳教学中对提升游泳课程的教学质量具有非常明显的效果，基于此，游泳教师应该注重将反馈教学法运用到游泳教学中，打造反馈教学下的导向、激励和评价的三位一体教学模式，激发学生在反馈教学模式下学习游泳的动力与兴趣，帮助学生安全高效地学到知识，学会游泳技巧，同时也能够推动游泳教学进行良性的改革以符合时代发展的需要。

参考文献：

[1]　钱光健.反馈教学法下游泳教学三位一体教学改革的探究[J].运动，2018（14）：84-85，152.

[2]　张昕.以提升体育教学专业学生创业能力为导向的三位一体游泳教学改革[J].才智，2017（27）：189.

[3]　张倩.渐进放松训练法对游泳初学者克服惧水心理的实验研究[D].重庆：西南大学，2020.

[4]　潘洪琴.高校游泳选修课游戏教学法教学效果研究[D].南京：南京体育学院，2020.

[5]　杨莉.分层教学在高校游泳教学中的实践应用[J].当代体育科技，2020，10（3）：168-169.

[6]　梁园.基于"课内外一体化"教学模式在高职游泳课中的应用研究[J].河北农机，2020（5）：58.

大湾区需求形势下的高校艺术设计专业教学改革研究

汪艳辉

摘　要:高校艺术设计专业要将教学改革作为重要契机,充分迎合社会行业需求,服务于地方经济的发展,培养出更多优秀的艺术设计人才,为设计工作的长效发展提供必要支持。艺术设计对于人才需求朝着多元化的方向发展,同时国家形势以及地方的发展状态都已经发生了很大的变化,需要有更多高素质和应用型艺术设计人才推动国家以及地方经济的发展。高校要认清教育形式和教学要求,加大对艺术设计专业教学的改革力度,运用创造性的教学方法逐步和国际教育接轨。

关键词:大湾区需求形势;高校;艺术设计专业;教学改革

艺术设计是高校的一个重要设计类专业,是培育学生设计意识、发展学生设计思维和完善学生设计方法技巧的专业体系,承担着培育优秀艺术设计人才的责任。而人才培育必须与需求相适应,做到与时俱进,所以高校在改革艺术设计专业教学的过程当中,首先需要做好市场需求的分析,了解社会行业对于设计类人才的具体要求和标准,实现以人为本和创新为首的创新应用型人才培育目标。结合大湾区的需求形势,为了更好地提高艺术设计人才培育质量,提升人才在社会相关岗位当中的竞争力,凸显学校特色,服务地方经济发展,必须在艺术设计专业教学方面进行全面变革,打造科学性和富有竞争力的教学模式。

1　全面改革教育理念,明确教学改革目标

艺术设计专业教学承担着培育学生艺术设计专业素质的重要责任,课程改革的最终目的是培育学生创新思维能力,增强学生学以致用的能力,为学生今后投入艺术设计事业打下坚实基础。基于这样的教学目标,教师在改革艺术设计专业教学的过程中,先要将改革教育理念作为基础和根本突破口。过去的教育模式显然已经难以推动如今艺术设计教学的发展,影响到艺术设计专业人才的培养,而且艺术设计内涵也不断被新的观念、材料与形式取代。再加上大湾区的整体需求形势发生了翻天覆地的变化,对于艺术设计人才素质素养的要求不断提高,因此必须把握艺术设计课程改革要求,明确人才培育的方向,以便在教学实践当中最大化发挥学生的内在潜能,促进学生专业素质与综合素养的发展。

首先,教师要树立以学生为中心的教育思想,认识到不管是课程学习还是专业教学改革,都需要把学生放在中心地位,考虑学生的实际需要,发挥学生的主观能动性。其次,教师要把满足地区经济发展需求和人才培育需要作为教学改革方向,认清当前大湾区对于艺术设计类人才的需求,了解当前企业发展建设对于优秀人才的标准,了解设计岗位的职责,在此基础上设置的教学改革方案才能与市场需求接轨。最后,教师要认识到创新的重

要性，把创新思想作为根本，认识到创新是各行各业发展的动力，也是教育事业持续发展的催化剂，从而用创新思想指导专业教学改革。

2 明确以赛促学思路，发挥竞赛教育价值

目前实践应用能力成为了企业选聘人才时的重要标准。对于高校艺术设计类专业来说，实践应用型人才是深得企业欢迎的，所以学校需要明确培养实践应用型人才的思路，合理引入专业技能竞赛活动来推动教学模式的改革，确立以赛促学和以赛促教的教育改革新思路。通过一系列的竞赛活动，能够显著增强学生的应用技能，让学生对自己所学专业有更加强大的自信心和学习动力，还能够促使学生逐步挖掘自身的创造潜能，为学生今后的就业与创业积累宝贵经验。

在落实以赛促学教学改革过程当中，首先需要根据艺术设计专业教学的具体特点选取适当的竞赛活动。通过对目前大湾区的艺术设计人才需求形势进行分析，可以把企事业单位组织的艺术设计竞赛作为一个重要选择。此类竞赛活动具有明确的主题，也对实用性有着极高要求，考察了学生的实践应用能力，提高了学生的实践素质与创新素养。除此以外，为了进一步拓展学生的实践应用能力，培育学生综合创新素养，也可以激励学生参加全国性的艺术设计竞赛和国际性赛事。这类比赛有着较长的参赛周期，对学生的综合素质有着很高要求，可以着重训练学生的知识应用能力与问题解决能力，还在很大程度上考验了学生的团队协作能力与创新素养，要求学生投入更多时间和精力，也需要教师给予更多的帮助与支持。为了提高学生的竞赛素养和实践应用能力，教师需要发挥好自身的指导作用，对学生进行竞赛技能的引导，同时引导学生在日常的学习当中积累基础知识和创新技能，从而在竞赛当中获得良好表现，累积更加丰富的实践经验。

3 运用现代教学手段，促进网络教学改革

伴随着网络的迅速发展，全新的社会发展形式给高校艺术设计专业教学提出了全新要求，需要高校在改革专业教学方面进行深入探究，加大对现代信息技术手段的应用，发挥现代技术优势，推动艺术设计、专业教学改革和现代技术的完美整合。如今大湾区的经济发展水平在不断扩大，对于现代信息技术手段的应用要求日益增加，需要在地区发展和经济事业建设当中适当引用网络技术方法。于是高校所培育的艺术设计人才也要掌握现代科技的应用技能，具备极高的创新素质。高校艺术设计专业教师要不断提高自身信息素养，将网络技术手段应用到日常的专业教学当中，增加教学改革动力，突出网络教学的重要优势。

第一，将专业课程教学与网络密切结合，根据如今全新的艺术设计理念和设计需求，从网络平台上获取丰富的材料，既帮助学生理解课程知识，又开阔学生眼界，让学生不断更新知识，改革设计思维。第二，把丰富多样的网络资源融入课堂讲解当中。比如在对艺术设计作品进行讲解时，会涉及名家作品的鉴赏内容，于是教师就可以从网络平台上搜集作品资源，罗列名家作品案例，用现代化手段进行讲解，用更加生动直观的方式提高学生的知识掌握水平。教师可以基于现代科技引入慕课教学模式、翻转课堂教学模式等，对教学模式进行全面变革，促进学生自主学习。第三，关注学生网络能力以及科技运用能力的提高，充分迎合市场对于人才的实际需要。比如学生要学会运用网络设计软件进行高水平

的艺术作品设计。

4　基于校企合作方法，提高教学改革质量

校企合作是一个双赢的教学过程，也是大湾区需求形势之下改革艺术设计专业教学的必然举措。通过有效发挥校企合作优势，可以促进企业为学校提供丰富的资金支持，给学生提供实践学习平台，增强学生的社会适应能力，促进学校就业水平的提高；可以促使学校培育出更多符合社会需求、满足企业岗位需要的优秀人才，为企业带来丰厚利润的同时，推动企业创新发展。首先需要基于校企合作打造高校艺术设计工作室模式，坚持校企合作育人。一方面企业能够为艺术设计工作室提供资金供给，用于购买新设备，并对学生的实践能力进行培养。从表面上看，这是企业单方面付出的过程，事实并非如此，因为这样可以提高人才培育的针对性，帮助企业节约二次培训的成本。另一方面，企业也能够为学生提供实习实训的平台，让学生有机会进行顶岗实习和接受企业实训，增强学生对工作岗位的提前适应能力，还有不少优秀学生可以与企业提前签约。这样企业可以获得丰富的优秀人才，高校也可以在很大程度上解决学生就业问题。

为了确保校企合作的顺利实现，高校需要积极优化师资配置，打造双师型教师队伍，最大化培育学生综合素养。高校可以激励教师利用挂职学习的方式，补充自身实践经验缺乏的缺陷，促进理论和实践的有效整合，而且教师也可以在企业学习当中获取最新信息和最新思想，了解企业的人才培育需要，以便把这些信息应用到改革教学之中，培育出更多应用型人才。

5　构建自主学习模式，培养学生自主能力

学生是学习的主人，应该确立学生的主体地位，为学生主观能动性的发挥提供良好的平台，这一点在教育事业的改革进程当中是不用怀疑的。高校艺术设计专业教学改革必须把培育学生自主能力、引领学生自主学习，作为教学重点和改革突破口，使得学生可以充分适应社会需求，为今后步入社会打下基础。过去在艺术设计实践当中，教师承担了过多的责任，使得学生长时间处在被动学习地位，不仅影响到学生对自主学习的认知，还让部分学生养成了依赖心理。为了有效扭转这一不良局面，教师需要在教学改革当中全力打造自主学习模式，为学生投入自主学习和探究提供坚实平台，让学生拥有最大化的学习自主权。一方面，教师要在课程教学当中大力推广小组合作教学模式，要求学生结成学习小组，共同就艺术设计知识难点进行探讨，或者是就某个主题进行艺术设计，鼓励学生进行创新艺术设计，考验学生的综合设计能力。另一方面，教师要积极组织社会实践活动，为学生提供自主实践和合作实践的平台，给学生提供展示自身才华和能力的机会。例如，教师可以带领学生参观艺术设计展览会，要求学生在参观完成之后撰写社会实践报告，归纳自己实践探究的学习感受，培养学生归纳总结的学习习惯，完善学生自主学习方法体系。

如今的社会对于人才需求已经发生了很大的变化，为了充分适应社会，高校也需要走转型发展的道路，将培育应用型人才作为重中之重。基于大湾区对于艺术设计类人才的迫切需求，高校必须全面改革艺术设计专业教学，解决毕业生就业困难以及企业人才稀缺的矛盾，逐步缩短艺术设计专业人才培养与市场需求之间的差距，促进学生实践应用能力和创新素质的发展。在具体的教学实践中，教师需要改革传统模式，对教与学的关系进行有

效协调和恰当处理，充分发挥学生的主观能动性。

参考文献：

[1] 李昕雨.校企合作背景下大学艺术设计教育的改革与探索[J].当代教育实践与教学研究，2018，（4）：52-53.

[2] 王振洪，邵建东.构建利益共同体，推进校企深度合作[J].中国高等教育，2018，（1）：71-73.

[3] 张小菊，鹿路，牛彦飞.浅议技能大赛对深化实践教学改革的促进作用[J].教育探索，2018，7（2）：38.

[4] 郭亚利.以实践能力培养为核心的实践教学体系构建与实践[J].实验室研究与探索，2017（7）：325.

[5] 明兰，廖建军.艺术设计专业项目化教学的改革与创新研究[J].中国电力教育，2019（4）：225-226.

将工匠精神融入应用型本科金工实训的实践与研究

张 杰 魏 安 陈海滨 陈杰新

摘 要：工匠精神的主要内涵是严谨、专注、坚持、精益求精、一丝不苟。应用型本科高校的实践实训教学中应该植入工匠精神。工匠精神的植入对于高校开展工程素质教育有着助力作用，使得金工实训课程安排更加完善。以培养创新能力为导向的金工实训课程，各个课程环节均需要工匠精神来构建。工匠精神的植入，能够促进我国应用型本科实践教学的长久发展，同时为我国从"制造大国"到"智造强国"的转变，输送更多具有较强综合工程素质的应用型人才。

关键词：工匠精神；应用型本科；金工实训；实践研究

1 引言

《国家中长期教育改革和发展规划纲要2010—2020》中对实践教学的强化提出了新标准及更高要求。而金工实训作为应用型本科院校实践教学中的重要组成部分，为本科院校培养具有较高综合工程素质的应用型人才奠定基础。现代金工实训教学中强调以设计能力及加工过程为主导，而非简单模拟验证理论知识。教学方式的转变需要植入工匠精神，工匠精神的引入能够推动金工实训教学发展，可以有效地帮助当代大学生们在提升专业知识的同时，提高工程素质水平。因此将工匠精神植入金工实训课程，全面提升本科院校大学生的工程素质及职业素养是迫切而又必要的。

2 工匠精神的内涵

从传统视角来看"工匠"指的是从事纯手工加工制造工作的手艺人。[1]伴随时代的发展，"工匠"内涵也不断演变，专注于某领域、针对此领域的产品研发或加工过程全身心投入，精益求精地完成整个工序的每个环节的劳动者，可称其为"工匠"。这些手工艺者追求完美，专注于自己的工作，并且努力做到最好。这些工匠不断在实现自我价值的过程中进一步追求社会价值的实现。工匠精神是职业精神范畴中的一种，传承与培育工匠精神具有深刻的社会意义。工匠精神的力量源自对品质的执着追求。作为一类基本的劳动品质，工匠精神已然成为了当代职业人士极为重要的素质及技能之一。主要体现在：从业者们对自身工作态度专注、脚踏实地，严把质量关；对生产加工中的全部工序认真管控，确保产品质量趋近完美；不断改善生产加工所用材料，不断提高操作技艺，合理规划科学的设计方案；以创新性、批判性的理念为主体，不断追求产品质量提升，使产品及服务具备业内领先水平。

综上所述，工匠精神不是一种虚而空的盲目追求，而是专注于高精尖品质的精神。

3 应用型本科院校金工实训课程中工匠精神培育面临的困境

3.1 金工实训中工匠精神融入不足

经过学生问卷调研分析与金工实训各工种实训教师访谈获悉，各工科专业学生还无法较深入地认识工匠精神的内涵。应用型本科院校金工实训课程体系中的通识基础课及实操训练课分别强调学生对金工基础理论知识的掌握和金工实践技能的提升。课程体系中并未涵盖工匠精神教育类基础课、基于工匠精神开发的实操训练课程，然而学生仅仅通过互联网、电视等媒介对工匠精神的了解非常碎片化，无法系统地了解工匠精神的内涵，缺乏对加工制造企业中工匠型技术能手的精神追求，进而使得学生对金工实训课程中职业素质课程的关注程度不够。

3.2 师资队伍工匠精神缺乏

金工实训课程指导老师自身是否具备工匠精神对金工实训课程的学生工匠精神的培育有着直观影响。[2]通过调研发现，目前金工实训师资队伍参差不齐，结构不合理，其中由高校应届毕业生直接进校授课占较大部分，由加工制造企业一线来的工程技术人员比例较少，前者具有丰富的理论知识但实操能力欠缺，没有过制造企业工作经历和实践经验，缺少精益求精、一丝不苟的工匠精神，在实施教学时无法将工匠精神言传身教给学生；而后者缺乏教学经验，内化工匠精神于金工实训课程的能力有限，必将影响教学环节的工匠精神植入。

3.3 课程教学环节中工匠精神重视度不够

课程教学实施过程围绕着教学目标进行开展。由于金工实训课程中各实训工种繁多，课程安排较为紧凑，因此很多指导老师在现行课程教学实施环节中，以金工基础知识和各工种实操能力培养为主体，而淡化了工程素质教育。通过走访调研发现：金工实训课程的安排，能较好地完成既定的理论知识和工程能力教学目标，使学生符合企业的岗位能力要求，但是也从部分加工制造企业反馈信息中显示，毕业生精益求精、一丝不苟、团队合作、吃苦耐劳等精神较为缺乏，即为工匠精神的缺失。

4 在应用型本科金工实训中植入工匠精神的必要性

4.1 应用型本科金工实训课程培养的特性

应用型本科以培养应用型、创新型人才为目标，这就意味着要求大学生们掌握相关理论和技术，并将之应用到实际的生产、生活中，最终成为一名有着优秀的职业技能以及良好的职业素养的人才。所以在培养应用型本科人才的教育过程中对工匠精神的植入是非常有必要的。例如，在数控加工中心实训实操之前，实训老师要求学生将待加工产品的图纸进行绘制并整理，数控加工中心实训的待加工零件相对复杂，尤其盘类带型腔零件的形状结构包括孔位都存在着细微区别，老师可以在教学过程中对学生提出更高的技术要求，安排学生分组讨论并分析加工工艺，以此把精益求精的工匠精神融会贯通于实际加工中。

4.2 社会发展对应用型本科人才的新需求

2015年国务院李克强总理签批了《中国制造2025》，随即国务院于2015年5月印发了全面推进实施制造强国的战略文件，当下我国正处于从制造业大国转变成制造业强国的关键时期。在此过程中，我国的产业经过了较大调整和变化，正处于变革及快速发展的关键阶段。在此背景下，应用型本科院校的学生也被社会赋予了更高的要求，对于学生的工程素质跟职业素养的培养提高到了一个新的层次。为了让学生适应现代化企业对人才的需求，实训教学中非常需要注入工匠精神。

5 工匠精神融入金工实训的实施路径

5.1 建立以目标为导向的教学体系

实践实训教学体系的构建首先需建立目标，各实践、实训教学环节均设立在教学目标的基础上。将工匠精神融入金工实训教学环节，需重点培养学生的独立思维以及动手能力。例如在数控加工中心实训教学中，可通过加工中心生产的实际产品案例，让学生们进行对照加工，通过过程检测来真正地使其从图纸、工艺分析、加工技能等方面，培养学生的独立操作及解决实际问题能力。专业实践教学之前，教师需组织学生进行一定形式的教育活动来培养学生的工匠精神，并要求其真正做到规范操作、强调细节及精益求精。

5.2 加强师资队伍的建设

金工实训指导老师具备工匠精神是培养学生工匠精神的保证。培育具有工匠精神的教师，应用型本科院校可采取以下措施：首先，积极推动双师型教师队伍的建设、聘请具有丰富一线技能工作经验技术能手开展工匠精神讲座、安排金工指导老师定期进行企业顶岗实践工作、组织老师定期进行工匠精神融入课题的教学研讨会。[3]其次，通过外聘、兼职等形式积极引入有丰富技能经验的企业人员进入金工实训老师队伍，通过传帮带等方式，努力践行工匠精神，在课堂上营造浓厚的工匠气息，让工匠精神逐渐耳濡目染于学生之中。

5.3 展开工程素质教育，创新工匠精神

老师在课程教学环节中须在兼顾教学目标中知识和能力培养的基础上，不断加强工程素质教育。在教学实施过程中，老师需要时时刻刻把工匠精神的培育放在举足轻重的地位，要以职业素养培育为导向，研究和分析学生必须具备的职业能力，在金工实训课程教学目标的确定、实践实操的开展等环节植入工匠精神，把控实践实训细节，包括课前准备、工具量具摆放、穿着、操作动作等都要体现出学生的追求完美、一丝不苟等职业精神。[4]通过积极营造崇尚工匠精神的课堂文化，利用课程思政、观看大国工匠纪录片和介绍身边优秀典范等多种形式，加强工匠精神的宣贯，务必使每位实训学生真正清楚工匠精神的内涵，为后续课程和工作奠定基础。

6 结语

应用型本科院校肩负着培养具有工匠精神的应用型、创新型人才的新时代使命。而工匠精神的培育是一个漫长的系统工程，并不可以一蹴而就。工匠精神是具体而非抽象的品质，可概括为严谨、专注、坚持、精益求精、一丝不苟，因此工匠精神不被一些大国工匠

而特有，而是能够涵盖到各个领域，并且普遍化存在的。应用型本科在金工实训课程中要始终贯穿工匠精神，将精益求精、一丝不苟的品质融入实践教学中去，理论结合实际，鼓励学生在实践中创新，通过不断的实践方能凝练工匠精神。

参考文献：

[1] 范浩阳，秦征.校企合作背景下高校科技人才工匠精神培育[J].人才资源开发，2020（21）：65-66.

[2] 闵宇锋.将工匠精神融入中职校钳工技能实训教学的实践与研究[J].内燃机与配件，2020（6）：292-293.

[3] 陈祥光，刘磊.航海类高职院校船舶电子电气技术专业学生工匠精神的培育[J].西部素质教育，2020，6（7）：68-69.

[4] 陈郁芬，李英哲.工匠精神融入工科生创新技能的培养[J].梧州学院学报，2020，30（3）：91-95.

虚拟现实语境下民间美术在创新创业教育中的应用研究

莫 灿

摘 要：随着人们对虚拟现实技术在教育领域的应用越来越感兴趣，文章回顾了近几年高校中虚拟现实的建设，讨论当下民间美术的创新创业思维，通过民间美术元素在虚拟现实广告设计中的应用实例来分析艺术设计学院的虚拟现实实训平台建设的基本原则，以阐述艺术设计学院虚拟现实实训平台的任务及学生培养模式的转变。

关键词：虚拟现实；沉浸式学习；民间美术；创新教育

1 引言

虚拟现实已不是一个新的概念，在过去的3年时间，其在中国变成了一项家喻户晓的技术，更为公众所接受，同样地，希望这项技术可以应用到教育领域。

因其高成本和极度专业化，在"VR元年"以前，大部分学校无法涉足虚拟现实领域。当下，经过大量虚拟现实公司的宣传和推广，虚拟现实得到了普及。通过调查发现，这几年很多高校都在上马虚拟现实项目，受访者来自全国各地的重点大学、一般本科和高职院校。很多人表示，所在单位上马的虚拟仿真项目基本上都是基于某个专业的效果程序，是已生成的应用程序，或是为某专业特定配置的虚拟现实仿真设备和应用程序。还有部分高校表示学校有兴趣在未来实施这类项目。少数受访者表示所在单位无意启动这类项目，原因有很多，最常见的是缺少足够的经费，以及缺少专业的技术团队或师资力量，另外，还担心项目建成后会流于形式。值得注意的是，这些教师或负责人都对虚拟现实项目表现出了足够的兴趣。

2 当下民间美术的创新创业思维

现代社会日新月异，高速发展，传统民间美术作为历史的产物，必然有其局限性，很难在今天还能适应社会的审美和实用需求。那么，对其就不能原封不动、照搬照抄地使用。笔者认为，必须用现代设计的理念和方法进行解构与重构，结合新技术，使之成为既有本土民间地域特色，又具有现代设计风味的创新产品。

如何让民间美术的形象重新焕发新的生机，利用新技术特别是虚拟现实技术是其中一条可行之路、创新之路。创新意识中最重要的是创新的愿望，同时要有正确的创新动机。借助虚拟现实技术重组民间美术元素、制作虚拟现实程序包能让传统的民间美术元素与现代设计形象重组，创造出更多、更美的图案和创意。另外，虚拟现实具有提高学生学习积极性的效能，通过虚拟现实，更能激起学生利用民间美术再创作的欲望。

虚拟现实创建项目可以转化为现实世界的产品和解决方案。由于有众多专门用于创建三维对象的应用程序，工程师、设计师、企业家等都可以在虚拟空间中创建内容，这可以提升他们面对2D电脑屏幕的体验，加之使用的设备具有复杂的触觉技术，比如Oculus Rift或HTC VIVE，还能为一些由电脑生成的成果增加动手操作的元素[4]。这种优势并不局限于3D设计——学生也可以通过3D绘画创造出超越传统的艺术作品。还可以把一个标准的二维绘画转换成移动的三维效果。

为什么要利用新兴技术创建新形式的广告？从两个方面来考虑，一是随着科技的发展，工作、生活和教育正在变得更加复杂，其相互联系，并日益数字化，人们对广告设计的形式有了新的要求，而虚拟现实效果是能提升广告吸引的新技术和新方式之一；二是展示、应用、保护和传承传统文化或民间美术的方式也在推陈出新。虚拟现实在这一领域可以说是具有得天独厚的优势，可以进一步提高普通大众的学习和体验，使他们更加沉浸和参与其中，让传统文化的保护和传承变得更容易实现[5]。

同时，从培养学生的角度出发，让学生沉浸在虚拟世界中，以积极、自制的方式学习，不仅可以体验虚拟物体，还可以了解整个流程；同时掌握一门新兴技术，提高其就业竞争力。既培养了学生的创新思维，又培养了其创业精神。整个虚拟现实的制作过程涉及较多软件和专业知识，制作过程将充分展现学生的个性，为学生提供更高的学习自主权。为了证实这一假设，需要进一步的实验证据，特别是虚拟现实应该是一种合适的广告方式。因此，本文进行了案例分析研究。

3　虚拟现实实训平台建设原则及其应用

本文以虚拟现实语境下民间美术元素在广告设计中的应用为例展开论述。

3.1　"厨师培养"原则

基于艺术设计学院的虚拟现实实训平台，笔者提出"厨师培养"原则。该原则的核心思想是培养学生制作展现虚拟现实内容程序的能力。平台就如同一个厨房，每一个虚拟现实应用程序就是一道道特色菜；学生不是来品尝或参观这个厨房的，而是通过这个厨房将菜做出来。在这个厨房里，民间美术的所有元素就是笔者可以利用的原料，制作虚拟现实应用程序所需的各种软件就是笔者炒菜的工具；在这里，笔者抛弃了原有传统的学习方法，不再是单独学习软件，而是在炒菜过程中掌握工具，增加学生与工具的互动和娱乐性学习，使学习过程更加活跃、有效和有意义，提高学生学习的注意力和主动性。

3.2　研究设计

本研究主要关注制作虚拟现实广告应用程序时，民间美术元素的应用对学生体验和任务表现的影响，其主要目的是测量学生在使用虚拟现实制作应用程序时的积极性和掌握知识体系的程度。

研究面向动漫设计专业三年级的学生，其已学习过MAYA、AE、PRO、PS等软件，对动画制作有一定的基础认识，制作过简单的视频广告，面对虚拟现实是一种全新的接触。尝试使用Unity制作具有虚拟现实效果的动画视频广告；体验虚拟现实制作的乐趣以及检测其掌握知识体系的能力。

3.3　制作过程

（1）设计思路。利用学AR技术，制作关于"环保与生命"题材的作品，结合现实与虚拟宣传"环保与美丽的生命"。

（2）设计方法。设计好衣服上的图案，通过使用手机APP"Seek More"扫描衣服上的识别图案来展示AR效果——三维动画。该作品将民间美术元素应用到AR艺术设计的有服装图案设计；衣服上的识别图画、海报（手绘及板绘）；运用Maya、Unity、Vuforia、Photoshop软件制作；环保创意道具（如旧弃的高跟鞋上种花、腐坏干枯的树枝、绿色爬藤植物，赋予生命力的色彩、校园路边捡的石头等），增加生动自然性，展后还可归还于自然。

为了实时展示环保与生命的主题，项目从民间美术图案中选取了若干有关蝴蝶和麋鹿的图案，通过PS板绘二维效果图，并制作蝴蝶、麋鹿模型和动画资源包。将Maya制作好的角色模型和动画的FBX文件，与音效文件和测试好的识别图等放入AR项目工程文件中，完成Vuforia测试图下的Unity文件。一切设置完成后，在Unity里安装打包好苹果或安卓文件，并与资源包文件里的苹果或安卓文件对应安放，最后编写代码上传服务器[6]。

（3）体验。参观者只要连接网络，通过扫码道具上的识别图案二维码，下载相关应用程序，手机上就可以显示蝴蝶在道具面前飞舞的动画。民间美术元素应用过程如图1所示。

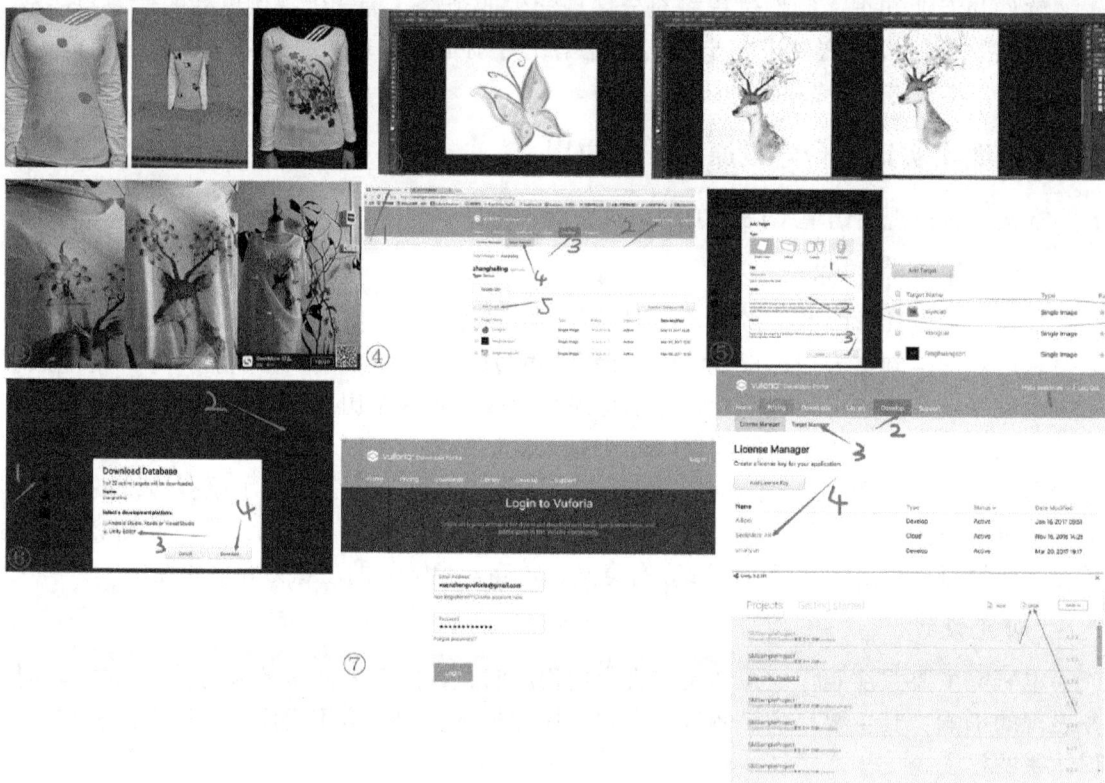

图1　民间美术元素应用过程

4　项目回访

笔者访问了参与虚拟现实广告制作的学生。他们认为这项新兴技术使他们的学习更加深入，沉浸其中。制作过程中，他们之前认为很难的一些软件变得有趣，学习也更为主动，对软件与理论知识也不再是枯燥无味地被动式接收。研究发现，首先该项目吸引并保持学生的注意力，激发了他们的学习兴趣。其次，整个学习制作活动与学生的个人目标和需求保持了一致。学生通过对成功的期望建立起了自信[2]。

同时，笔者也访问了参观者。他们对这种新形式制作的广告充满了好奇心并对其探究不断。这表明虚拟现实效果吸引了他们的注意力，促进其与不可观察的物质进行互动，表现出了高度的参与，并享受其中[7]。对虚拟现实的体验效果如图2所示。

图2　体验效果

5　结语

这是笔者第一次制作虚拟现实，并运用了部分民间美术元素测试学生在使用虚拟现实制作应用程序时的积极性和掌握知识体系的程度。为了证实这一假设，笔者还需要进一步的研究，特别是研究在制作虚拟现实广告的应用程序时，应用民间美术元素对学生体验和任务表现的影响。

目前，教育中的虚拟现实前景广阔。虽然还处于起步阶段，但已经出现了许多成功的程序，它们将为未来更多的虚拟现实制作铺平道路。

参考文献：

[1]　莫灿.传统民间美术是中国动画重新出发的突破口[J].美术教育研究，2018（18）：54-56.

[2]　莫灿.民艺在高校设计专业中的应用研究：以广州航海学院数字媒体艺术专业为例[J].设计，2018（17）：52-54.

[3]　欧跃发，黄春迪.云计算背景下的虚拟实现技术在高校中的应用[J].教育现代化，2014（1）：53-58.

[4]　祁彬斌，陈彩华，庞明勇.Haptics技术在教育教学中的应用研究[J].教育现代化，2015（1）：82-86.

[5]　卢明玉，张楠，刘依帆.情感教学与多媒体教学的结合[J].教育现代化，2015（5）：51-54.

[6]　郭涌.虚拟仿真教学课件设计开发研究：以《室内设计入门实务》仿真课件为例[J].教育现代化，2019，6（1）：99-103.

[7]　刘铉."互联网+"背景下创客教育在高校的应用探索[J].教育现代化，2019，6（13）：24-26.

浅谈"7S"在金工实训教学管理中的应用

张　杰　陈建平　李伯棠　陈杰新

摘　要：本文以广州航海学院为例，从 7S 管理的概述入手，剖析当下高校金工实训室所存在的教学管理问题，阐述了引入 7S 管理的必要性。以金工加工实训教学为例，探讨了在金工实训教学与管理中应用 7S 管理的具体实施方法。经过研究和实践得出，在金工实训室开展 7S 管理，使得金工实训室环境卫生得到有效改善、使得金工实训教学秩序更加有条不紊，并且提升金工实训教学质量，锻炼学生的综合素质。

关键词：7S 管理；金工实训；实践教学；教学管理

1　引言

金工实训室是开展金工实训教学的场所，是承担高等学校各理工类专业实践课程的重要实践平台之一。当前广州航海学院金工实训室在管理上存在较多问题，例如：管理制度相对不完善、实验耗材严重浪费、实验室环境卫生不整洁等。为达成金工实训室科学及规范化管理，提升金工实训室的管理水平，本文将 7S 管理模式引入对于金工实训室的管理，将实训室改造成为了一个较为接近企业现　场管理实际的实践环境，不仅有利于提升金工实训的教学质量，而且对金工实训教学效果提供了有力的保障。

7S 管理是源于 5S 的一种现代企业管理模式，有效地推动了企业的精益化管理。应用 7S 管理模式不但使生产现场中诸多不利因素或不良行为得以消除，而且提高了生产效率、产品质量和生产安全性，并降低生产成本。"7S"即整理（seiri）、整顿（seiton）、清扫（seiso）、清洁（seiketsu）、素养（shitsuke）、安全（security）、节约（saving）。随着工匠精神深入实践教学环节，7S 管理在高校实训室中也进行了推广，有效改善了实训教学质量和学生综合素质。

2　金工实训室管理现状分析

金工实训室是高校机械及近机械类等专业实践教学的重要场所，其按实训内容或工种来分，大致又可划分为普通车床、普通铣床、钳工、电焊及气割等传统加工实训室，及数控车实训室、数控铣、加工中心实训室及特种加工实训室等先进制造实训室。以广州航海学院为例，该校金工实训室创建于1977年，前身是文船技校实习工厂，占地面积近 1 700 m²，2019年经过校内机构调整后现隶属于校实验中心。经过近些年学校的支持和投入，实训室环境有了较大改善。虽然学校已经给予实训教学足够重视，但仍然存在着许多问题，使得金工实训室未充分发挥其价值。主要分以下三方面。

（1）随意摆放实训耗材、设备和仪器；未标清实训物料信息、实训室的垃圾没有得到及时清理。

（2）实训室里的设备未能及时定期地检查和保养维护，导致设备闲置时间较长，使得物料没有得到充分利用，从而影响了实训教学的质量。

（3）实训室的安全管理体制不尽完善、对设备的使用权限未进行有效管理、缺乏实训室管理的安全意识等，学生在使用设备的过程中容易发生意外，致使其人身安全得不到充分保障。

3 金工实训应用7S管理的必要性

金工实训的教学目标不能只注重学生专业技能的及工艺知识等的培养，也应强化非技术类素养的培养，从而全面提高学生综合素质。金工实训教学大多是机电工程类实践，实训环境类似于制造车间环境，非常适合也很有必要引入7S管理。

（1）开展7S管理是提高金工实训教学质量的需要。传统的金工实习教学模式侧重点在教授工艺知识和技能培训，不太关注于营造接近现代企业生产管理实际的实训环境，导致实训车间给人印象大多是"脏乱差"，使得学生们无法了解现代化车间管理应有的样子。而7S管理已然成为制造业普遍应用的有效管理手段之一，在金工实训室开展7S管理能营造一个安全、有序、整洁、文明的实训环境，从而有利于提高教学质量。良好的环境熏陶及教师的言传身教比起说教式教学，更能培养学生的综合素养。实施7S管理可以使得实训教学环境更加近似于现代企业生产车间管理实际情况，使得学生提前适应现代企业管理文化，并能培养其"安全、节约"等良好的意识，进而有利于提升学生非技术类素养及使得学生更加适应于企业的需求。

（2）开展7S管理是保障金工实训教学顺利进行的需要。金工实训教学涉及许多危险的加工设备，以及众多人员对象，安全管理的压力巨大。可利用实施持续不断的7S的安全管理，不断排除安全隐患，保障实训设备及相关人员的人身安全，进而更有益于保证实训教学的顺利开展。而且通过7S的节约管理，避免了不必要的材料消耗，节约教学成本，使得在相对有限的成本下促进金工实训教学内容更趋丰富，从而保障金工实训教学良性循环。

4 7S管理在金工实训室的具体实施

4.1 金工实训室7S管理

整理：首先将所有物品根据各实训室所属功能进行分类，其次将必要品及非必要品分别标记，最后清理掉所有非必要品，留下必要品。改变物品杂乱无章状态，扩大实训空间，塑造清爽有序的实训场所。

整顿：将实训室划分为不同的区域，把留下来的必要品，制定统一摆放方法、在指定位置将其摆放整齐，并加以醒目标识，如标识牌。目的在于实现实训设备及物品标识明确，摆放整齐，科学布局，取用方便。

清扫：在每次实习结束后做好实训室的卫生工作，使其日常性保持干净卫生的环境。目的在于保持实训环境的干净整洁，稳定设备设施及环境质量、可较大程度降低实训工伤。

清洁：是对前面三项活动的持续与深入，是形成金工实训车间文化的开始。建立健全各类工种区域相应清洁规范及相应的评价标准，并明确老师的责任及奖罚机制，且将学生的清洁活动表现纳入实训成绩评价。目的在于保证整理和整顿的品质，自觉养成习惯，将整理、整顿及清扫内化为全员的自觉行为，并坚持不懈地推进下去。

安全：坚持开展安全教育。金工实训教学势必会涉及机床操作等存在发生安全事故可能性的环节。所以在开展教学过程中，不仅要使学生人身安全得到保证，而且同时要着力培养学生安全的意识和相关安全技能。目的在于建立安全实训的环境，所有的教学都应该建立在安全的前提下，确保人员安全、实训室安全，构建平安校园。

素养：培养师生养成良好的工作习惯，并遵守规则和纪律，培养积极主动的精神、认真负责的工作态度和敬业精神。目的旨在培养师生养成遵守规则、讲究程序的职业习惯，营造团队协作精神，提高全员整体素质。

节约：促使学生养成节约的行为习惯，减少浪费，在学生心中牢牢树立起经济和环保意识。在实训室里，规范学生爱惜设备及设施，合理下料设计，减少耗材的产生，培养学生料回收循环利用废旧物料的意识。

4.2 "7S"在金工实训室的具体措施

以广州航海学院实验中心金工实训室为例，实训老师在正式实训之前都会要求学生整理着装、整顿班级队形，上课开始前和结束后列队进行点名，全过程规范教学秩序。且每次上课前集中进行实训动员教育、实训室安全教育与操作安全教育以培养学生安全意识，并要求每个学生经规定的操作考核合格后才允许独立进行操作。金工加工实训时，指导教师要求学生将此次实训所需物品摆放在指定位置。将刀具按照规格依次放置于机床旁刀具架，量具、夹具等摆放于机床旁工作台的指定区域内，材料放置于物料架上。实训结束后，指导教师要对实训情况进行总结，点评等。学生应该按教师要求把已经使用完毕和未使用的刀具、辅具、清扫用具等整理后摆放于指定位置。充分保证实训室环境秩序及学生实训安全，使学生逐渐养成整理的习惯。

将名称标识等分门别类地悬挂或者张贴在数控设备的明显位置，同时将铁屑、毛坯、废料等进行明显的标识，张贴注意事项、安全警示、宣传标语、管理制度等，时刻提醒相关人员注意安全。金工加工实训时，指导教师和学生必须穿着统一的标识的工作服、鞋、帽。

每天金工加工实训结束后，指导教师要求学生必须进行设备的清扫、润滑，机床周边卫生的清扫，做到设备及实训室地面保持整洁干净。机床的清扫及日常保养均要依据作业指导书来进行，做到机床、工装夹具等设备设施无灰尘、无油渍、无锈蚀、无污垢；清扫设备时要做到不损坏设备引发安全事故。

实训指导老师引导学生养成实训前后进行机床及设备保养维护，实训后清洁清扫设备及场地的习惯；养成自觉遵守和执行实训室安全纪律跟管理制度的习惯；养成实训完成后设备复位、物料归位、实训区清洁卫生等工作习惯；养成实训前检查设备，离开实训室后关闭设备电源、气源、水源及关闭门窗等的习惯。

金工加工实训前，指导教师必须带领并要求学生检查设备是否能够正常运作，有无安全隐患。在实训时，要求学生严格按照设备的操作规程规范操作，不得私自开启设备，乱操作。指导教师在实训教学中，需时刻宣贯安全操作意识，并紧盯学生们的实际操作，如遇到安全隐患，必须立即制止并采取相应安全措施。

金工加工实训课程中涉及的毛坯、刀具及辅料的使用量较大，需要师生一起践行节约精神。指导老师应科学制定实训计划，合理安排实训内容，提高数控设备、刀具的利用率。实训时，学生定人定额领用物料。实训结束后，实训剩下的材料及余料应及时收集放在规定位置留给后续实训使用，以做到材料的循环利用。

5 金工实训中心应用7S管理的效果

在金工实训中心各实训室推行7S管理后，实训室的环境面貌得到明显改善、教学质量得到一定提升、在教学经费的节约方面也效果明显。

5.1 改善了金工实训室的形象

通过推行7S管理，改变了过去实训室内学生实训用物品随意放置，卫生状况不尽如人意的现象，促使实训用具放置规范、卫生整洁，有效改善了实训室形象。

5.2 提高了实训教学质量

7S管理首先规范实训行为，缩短学生拿放工具时间，降低了学生实训操作失误率，提高了教学质量；其次提升学生职业素养，丰富学生现代车间管理知识。相比较推行7S管理前，实训过程操作失误及损坏工具的概率有所降低，且金工实训教学的学生作品达成率和作品质量均有显著的提高。

5.3 有效避免浪费

进行7S管理节约行为，在保证教学需要的基础上避免了无谓的浪费，不仅减少实训室工量具及耗材等领用随意的现象，同时可避免实训用耗材规格选用不合理。从而使得各工种学生实训作品变得更丰富多样的情况下，耗材使用经费并无显著提高。

6 结束语

在金工实训教学与管理中总结了实际存在的问题，分析了应用7S管理的必要性，提出了具体应用措施并开展了相关实践，且取得了显著的效果。实施7S管理不但有助于营造一个规范、整洁、安全并近似于现代企业车间管理的实训环境，而且有助于提高实训教学质量并保障金工实训教学顺利开展。通过开展7S管理，有效规范学生金工实习的实训行为、促进养成良好的职业习惯，显著提高学生综合素养，所以在金工实训管理与教学中应当引入7S管理，并使之成为行之有效的管理手段。

参考文献：

[1] 吴新良，曾海泉，刘建春.7S管理在工程训练中的应用研究与实践[J].实验科学与技术，2015，13（4）：175-177+218.

[2] 沈鹏.高校开放实训室管理中7S管理的应用方向[J].电脑知识与技术，2019，15（29）：136-137.

[3] 李晨.高校实验实训室7S管理规范化探索[J].海峡科学，2020（1）：81-83.

[4] 黄法，陈铁牛.6S管理在高职院校数控技术专业实训室应用探索[J].科技资讯，2018，16（13）：139+141.

[5] 杨丹，陈劲，周克清.7S管理在安全工程专业实验室管理中的应用[J].教育教学论坛，2019（48）：11-12.

新工科背景下多层次、模块化、开放式金工实训教学改革

张 杰 魏 安 陈海滨 李伯棠

摘 要: 新工科教育改革对高等学校的工程素质教育提出了新要求,而金工实训作为培养学生工程实践能力的重要一环,应主动适应新工科教育的建设,改革并创新教学模式,加强学生创新思维与工程意识的培养。本文以广州航海学院为例,对金工实训教学过程中存在的现状进行分析,提出构建多层次、模块化、开放式的金工实训教学体系,通过教学理念革新、教学内容调整、教学模式改革,提高金工实训课程的教学质量。通过提高学生的工程实践能力、完善学生的知识结构、养成学生的工程素质,达到提升学生能力的目的。

关键词: 新工科;工程素质;金工实训;教学改革

1 引言

金工实训教学环节以真实工业环境为背景,以产品全生命周期为主线,以"增强实践能力、培养学生工程意识和创新精神、提高综合素质"为课程教学目标,通过正确操作设备及产品的生产加工过程,磨砺学生形成严谨、一丝不苟、认真规范的工作态度[1]。以工程应用为支撑的金工实训课程提供了重要的培养学生的实践能力的平台。金工实训课程必须革新教学方法,合理设置教学考核内容及考核方法。

为贯彻落实教育部"新工科研究与实践项目指南"和广州航海学院实施"OBE教学理念"精神,针对目前广州航海学院应用人才培养的现状,以工程技术能力培养为根本,以完善实践教学体系和改革实践教学模式为目标,通过开展分层次、模块化、开放式金工实训教学改革,构建贯穿金工实习全程,由简单到复杂,由单一到综合,逐层提高,能力进阶的模块化项目式教学,提高金工实训中心开放程度,提升学生分析及解决问题能力和综合创新素养,使学生在校期间能够接受与现代企业接轨的金工训练,以提高我校人才培养质量,更好地为国家和地方经济发展服务。

2 金工实训教学现状分析

金工实训以培养学生的工程实践能力为目标[2],但传统的金工实训实践教学存在学生学习积极性不高,教学内容陈旧和教学模式单一等问题。以广州航海学院为例,分析其现有金工实训教学模式的不足。

2.1 金工实训前理论知识储备不足

金工实训课程由于理念、模式等诸多原因,较少开展专门面向金工实训的通识理论课。而进行金工实训的学生大多是较低年级的学生,机械制图、材料、公差等基础知识相对薄弱,直接进行实操训练,大多学生一知半解,无法满足理论指导实践,实践证实理

论，从实践中再学习的初衷。

2.2 教学模式较为单一化

在实践教学环节中，由于课程时间、教学设备等原因，较多实训仅是演示性教学，学生走马观花，不利于其技能提升及工程意识的培养。参加实训的学生普遍存在不爱听课，也没有动手操作的积极性，未意识到金工实训的重要性。传统的金工实训课程安排为班级授课制，实训教学的实施多由老师主导，实训的时间、内容、进度等固定化、形式化，缺乏分层次教学手段，没有照顾学生专业的差异性，且很少进行工种之间的联动实训，不利于因材施教。

2.3 新工科建设培养人才的创新践效应不足

金工实训只是偶尔协助学校师生加工制作科研项目或实践教学用品，开放程度较低且被动，无法充分利用教学资源，学生也难以利用其进行科技创新等活动，不利于激发和培养学生的创新思维。

3 新工科背景下金工实训教学改革

3.1 金工实训课程设置

金工实训作为培养学生工程实践能力的重要一环，应主动适应新工科教育的建设，改革并创新教学模式，加强学生创新思维与工程意识的培养。为此，金工实训中心根据广州航海学院目前设置的专业，设计实践教学内容时，考虑专业之间差异与学生基础不一，根据"OBE教学理念"精神，打破原有的各实训工种均等分配课时的实践教学模式，以如图1所示"分层次、模块化"项目式教学培养模式，采用以项目为导向，分层次、多模块交错融合，进阶式提升学生的综合工程实践能力，通过实训内容侧重点不同及难度的不同，进行因材施教及个性化能力培养。

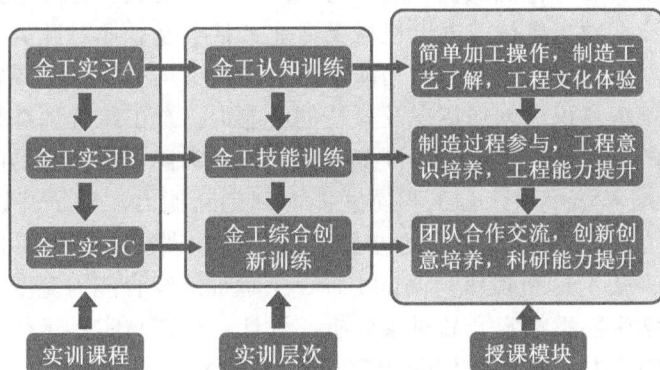

图1 "分层次、模块化"项目式教学模式

根据全校现有的工科专业学科背景及其不同训练需求，将金工实训教学划分为金工认知训练、金工技能训练、金工综合创新训练3个层次和对应于3个层次的若干个模块。每个模块中包含难度不同的若干训练项目，供全校各专业实训时使用，也供全校学生根据自己的兴趣爱好和自身发展的需求进行选修。

（1）金工认知训练

金工认知训练主要面向电气工程等一周实训课时的工科专业，属于基础训练内容，带有科普的性质，可灵活运用多种方法和形式开展，其目的是使学生在具体的实验设备中体会机械产品的结构及其生产技术，拓展学生的知识面。现代大学生与社会接触少，根本谈不上接触工程实践，通过金工认知训练帮助学生建立工程概念，体验工程文化，了解产品的加工工艺和制造方法。根据现代科学技术的发展趋势和社会对人才的需求，结合金工实训中心的工程实践教学条件，确立以先进制造技术见习、钳工与创意制作实训等实训为实践主体，结合图片、多媒体等多种形式的金工认知训练[3]。金工认知实训通过网上已有慕课精品课程，内容涵盖机床构造、焊接技术、数控技术等。学生先根据慕课内容自主学习，然后由专业指导老师讲解，学生再进行实际操作训练（如制作圆规等模型），以达到训练目标。通过金工认知训练，使学生了解了工程的规划、设计、组织实施、运行和管理等，强化了工程意识，为后续课程打下基础。

（2）金工技能训练

金工技能训练主要面向机器人工程、能源动力与工程等两周实训课时的工科专业。当前大学生很少接触工程实际，缺乏实践动手能力，无法满足社会及企业对应用型、技能型人才的要求。金工技能训练可以强化学生的动手能力，确立以金工实训概述、实训安全教育、常用量具及工具使用、零件成本分析等课程为基础理论，结合"慕课"教学案例视频、《大国工匠》等多媒体资源，通过传统的制造技术（焊、车、铁、刨、磨床、钳工）等技能训练、结合现代制造技术认知训练（数控车削、数控铁削、数控电火花等）。通过金工技能训练，使学生掌握基础的工具、仪器、设备等的使用方法以及相关加工工艺操作的基本技能，通过学生的动手实践、培养其严谨、一丝不苟的学习态度和工作作风，提升其工程能力。

（3）金工综合训练

金工综合训练主要面向轮机工程、船舶与海洋工程、机械工程等三到四周实训课时的工科专业。此类专业多数为机械或者近机械类专业，社会及企业对此类专业毕业生的解决工程实践能力及创新能力要求较高。而当前本科生较少参与教师科研课题，很难接触到工程实际问题，缺乏工程意识、创新意识及科技创新能力。金工综合训练是在金工技能训练的基础上建立起来的，其让学生在动手训练的前提下，掌握分析问题的能力，并通过实践活动来解决问题，培养学生的综合工程实践能力和创新能力。除了开设金工技能训练项目，根据不同专业的课时安排及专业的差异化，选择性训练项目主要是CAD/CAM训练、数控自动编程实训、3D打印机操作与调试实训、工程训练综合能力竞赛、毕业设计等。金工综合训练旨在使学生熟悉特定产品对象分析、设计、制造与实际运行的完整过程，培养初步的工程综合应用能力，培养学生的创新意识及创新精神。

3.2 加强实训项目开放，逐步提升指导老师的工程能力

加强金工实训实验室的开放。由于课内实践学时有限，部分学生在进行创新设计性实践项目时会遇到一些难以解决的问题。开放实训室后，学生可在课余时间进一步分析、讨论并最终解决这些问题，既提高了学生的积极主动性，又培养了学生分析、解决问题的能力。金工实训中心选任具有丰富工程实践经历的师资队伍担任开放式实训项目教学工作，

并用"请进来"的方式引进理论基础扎实，工程实践能力强和富有责任心的生产一线工程师担任兼职指导老师[4]。同时，为了保证教学质量和教学模式的先进性，利用课余时间组织金工实训老师与校外企业进行深层次的工程交流与探讨。

4 结语

通过开展分层次、模块化、开放式金工实训教学改革，构建贯穿金工实习全程，由简单到复杂，由单一到综合，逐层提高，能力进阶的模块化项目教学，提高金工实训中心开放程度，提升学生分析及解决问题能力和综合创新意识，使学生在校期间能够接受与现代企业接轨的金工训练，形成可以推广的教学成果与经验。

参考文献：

[1] 葛新锋，栗伟周，秦涛.分层次，多模块，开放式工程训练课程思政教学探索与实践[J].高等职业教育：天津职业大学学报，2021（1）：68-72.

[2] 叶晓勤.新工科背景下工程训练中心创新人才培养探究[J].实验技术与管理，2019（7）：15-19.

[3] 金璐.面向新工科的示范性工程训练中心建设与管理研究[J].现代商贸工业，2019（2）：10-12.

[4] 严剑刚.新工科背景下热处理实训教学改革探讨[J].上海第二工业大学学报，2021（3）：34-36.

虚拟现实技术在金工实训课程教学改革中的应用

陈杰新　魏　安　陈海滨　张　杰　李伯棠

摘　要：随着现代科学技术的迅速发展，虚拟现实技术具有的沉浸式体验和良好人机交互特点，越来越多地应用到复杂的实验教学或职业培训等现代教育领域中。传统的金工实训，如车床加工零件等，不但具有一定危险性，还需要消耗大量材料，实验教学过程也具有一定抽象性。基于此，项目小组对"金工实训"课程改革进行探讨，介绍了虚拟仿真技术在"金工实训"课程教学中的应用，并指出了虚拟仿真实训教学的优点。教学实践表明：虚拟现实技术应用到"金工实训"中，不仅可以提高教学课程的生动性，还能降低实训成本，提高实训效率。

关键词：虚拟现实；金工实训；教学改革

1　引言

虚拟现实技术是一门综合多媒体技术、计算机视觉、计算机图形学、网络技术、机械工程、人机交互技术以及人工智能技术等综合研究领域的新兴交叉学科，它的应用范围越来越广。虚拟现实技术三大特征包括想象性、交互性和沉浸感，其中沉浸感是最为主要的特征[1]。虚拟现实技术可以利用计算机技术营造一种逼真的模拟环境，借助传感头盔、数据手套等专业设备，可以让人通过触觉、听觉和视觉等行为感知体会到逼真的沉浸感，如同身临其境[2-3]。目前，虚拟现实技术越来越多地应用在高校实验实训教学当中。

当前，国外许多科研机构和科技公司对虚拟机床仿真技术开展了大量研究和实验。比如日本Sony公司FREDAM的系统[4]，能够对球头铣刀加工自由曲面进行三维仿真。Winkes PA等[5]提供了一种用于装配过程的故障检测的虚拟现实的装配规划流程。Harun GÓKÇE[6]为数控车床的3D仿真软件开发了对象建模和交互算法。基于2D多边形的建模用于对工件和切削工具进行建模。在旋转扫掠二维工件模型的同时，对二维刀具的几何形状进行线性扫掠，得到3D图像。国内起步较晚，很多高校及研究机构在虚拟金工设备上也做了大量的研究，其中蔡宝等人[7]提出了在Unity3D下车床加工的仿真方法，开发了基于虚拟现实设备zSpace的虚拟现实车床仿真系统，杨洋等[8]利用UG软件建模，采用Unity 3D开发引擎，开发了车床主轴箱虚拟拆装系统，让学生先按照车床主轴箱正确的拆装工艺进行模拟拆装。林忠等[9]研究了基于圆台离散的工件建模方法和实时仿真显示技术，并使用OpenGL和VC++编程实现了数控车床的虚拟加工仿真过程。丁爽等[10]融合现代数学工具MATLAB、工程CAD/CAM软件UG以及仿真软件VERICUT设计并实践基于实际制造过程的五轴数控机床虚拟加工实验。杨勇[11]结合HTC VIVE虚拟设备，成功设计了一套全新的虚拟数控仿真系统，对该仿真系统的切削效率和仿真环境的真实感方面进行改进，极大地提高了交互效率。

2 虚拟现实技术在金工实训教学中的意义

现代社会的发展要求高校不仅需要培养的专业技能人才，还需要培养更多具有创新思维和实践能力强的创新型人才。目前我国工程技术人员的专业基础知识和基本理论比较扎实，但创新精神和综合创新素质不高，原创创新成果少，工程技术上的模仿性创新也不够，拥有知识产权核心技术的产品数量和发达国家相比差距较大。金工实训是应用型高校实验教学的重要一环。传统的金工实训课程教学存在资源利用率低、教学方式落后等问题，通过金工实训课程改革，在课程中融入虚拟现实技术，可提高实训教学质量，增强学生对课程的兴趣，培养更多社会需求的技术型人才。

3 金工实训教学中存在的问题

3.1 先进教学设备资源缺乏，资源利用率较低[12]

随着社会发展，先进制造等智能制造实训课程越来越多地出现在金工实训当中。实训基地投资较高，很多先进制造设备价格昂贵，需求量大，导致很多高等职业院校难以建设。此外，部分精密设备仪器设备稍有操作不当很容易出现刀具与工作台发生碰撞导致刀具断裂以及设备损坏等情况，要求操作者有较高熟练水平，如五轴数控加工中心。很多新手在没有熟悉设备操作的情况下，不能亲自动手操作。这些资源利用率受限无疑让学生实训能力不能得到很好的提升，也不利于师生之间交流。

3.2 传统教学原理较为抽象，学生难以理解

传统的多媒体基础原理教学内容大多较枯燥，概念抽象且难以理解，不能充分调动学生在课堂中的积极性，无法形成良好的师生互动机制。学生在学习过程中对知识的缺乏理解，导致实训教学质量不高。例如在机加工的工艺过程中，虽然一些复杂零件图只有二维图纸，但需要有较强的二维空间想象能力，而一些学生对机械零件的空间想象不足，不能很好地在二维和三维之间进行转换。此外，一些学生对某些实习工种缺乏知识储备，也是原因之一。

3.3 具有一定危险性，消耗大量材料

每年金工实训课程中，由于学生数量多，实习的工种多，需要消耗大量的金属材料。并且在机加工过程中，经常出现清除铁屑无专用工具，操作者未戴护目镜，发生刺割事故及崩伤眼球，或者防护保险装置、防护栏、保护盖不全或维修不及时，造成人身伤害，或者由于操作不当损坏机器设备等[13]。

4 虚拟现实技术在金工实训教学中应用优势

与国外的一些发达国家相比，我国的虚拟现实技术发展相对较晚，正因如此，国内一些科研机构及重点高校，在虚拟现实技术领域做了大量的研究，尤其是将 VR 技术应用到金工实训教育相关领域。VR 技术在金工实训教学中的应用在一些场地受限、高端设备较少的高校当中有着明显的优点。

4.1 节约成本，不受时间、场所及设备限制

在传统上的金工实训教学中，部分高校由于高端设备昂贵、设备数量受限以及实训材料消耗较大，学生大部分时间都在学习理论知识，或者观摩指导老师操作设备，亲自动手操作的时间和机会较少，导致学生在掌握理论知识后不能及时操作训练，影响其实操能力的提升。相对传统的实训模式，通过计算机模拟出来的虚拟实训情景，学生可以随时随地不受限制地在虚拟环境中进行重复操作，大大增加了实训时间和机会，从而提高实训效果。此外，虚拟仿真加工系统引入，一定程度上节约了购买高端设备和新建实训场所的成本。

4.2 增强立体感，提高学生对课程的兴趣

相对传统教学，虚拟现实技术优势明显，利用其沉浸式特点可以营造一个逼真的3D学习环境，使得学生操作如身临其境，有利于师生互动，极大提高学习的积极性。借助虚拟现实技术，可以很好地开展探究性教学工作，在教师引导、组织和服务教学过程的基础上，充分发挥学生的主观能动性，让学生真正成为课堂教学活动的主导者和参与者。在虚拟环境中，通过构建高逼真度的虚拟模型，学生可以随意通过人机交互的方式以局部、旋转等视角观察机件运转全过程，还能拆解和装配虚拟机器设备各个部件，尤其对一些复杂结构的部件反复剖析研究，加深了解机器设备工作原理，提高了学生对课程的兴趣，从而大大提高实训的效果。

4.3 有利于培养学生创新思维

在金工实训当中，一些项目由教师示范，学生观摩学习，缺乏亲自动手过程，学生被动接受知识，学生的创造性思维得不到很好的提高。虚拟现实技术运用在金工实训中，其想象性的特征能突破传统培训的教学思维。在虚拟空间中，可以突破环境的束缚，拓宽认知范围，结合书本的理论知识操作虚拟模型，还能根据所学习吸收的知识，发散拓宽思维，对实训项目进行升级改造，提高实训效果。

4.4 真实模拟高端设备操作，降低实操可能出现的风险

针对一些初学者，对高端设备了解较少，对如五轴数控加工中心等操作不熟练。经常因为对编程代码不熟练，或者对机器设备缺乏操作经验，引起刀具磨损、机床损坏的风险，严重时甚至造成人身生命安全问题。虚拟仿真系统可以有效解决这个难题，初学者可以事先把编好的加工程序在虚拟系统中运行，通过数据手套和传感头盔模拟操作真实的实训情景，经过反复操作训练确认无误后，再到真实设备中进行操作，提高初学者实操水平，大大降低了操作风险。

5 结语

随着社会的发展和科技的不断进步，作为一项新兴技术，虚拟现实技术将越来越成熟，应用范围将越来越广，它能够突破时间和空间限制，让学生随时随地获得沉浸式的体验与更直观的感受。合理利用并融合到金工实训教学当中，它能弥补传统教学中存在的一些不足，加强资源优化共享，提高金工实训训练效果。在未来的金工实训教学当中，应突破传统教学思维，合理利用虚拟现实技术的优势，优化和改革金工实训教学模式，培养更

多应用型、创新型人才。

参考文献：

[1] 宋殿义，张炜，龚佑兴，等.基于虚拟现实技术的实践教学初探[J].高教学刊，2020（20）：114-116.

[2] 萱旻昊.虚拟现实技术的应用研究[J].电脑迷，2019，1（1）：61.

[3] 汝晓艳.虚拟现实技术在机械设计与制造中的应用[J].南方农机，2020，51（9）：136.

[4] 张津，王林，马立新.数控加工仿真系统的研究现状[J].机床电器，2006（4）：5-7.

[5] WINKES P A，AURICH J C.Method for an enhanced assembly planning process with systematic virtual reality inclusion[J].Procedia Cirp，2015（37）：152-157.

[6] 蔡宝，石坤举，朱文华.基于虚拟现实技术的车床仿真系统[J].计算机系统应用，2018，27（5）：86-90.

[7] 杨洋，曲晓海，李晓春，等.车床主轴箱虚拟拆装系统在拆装实训教学中的应用[J].装备制造技术，2013（7）：254-255.

[8] 林忠，黄陈蓉.数控车床虚拟加工的仿真技术与实现[J].机械设计与制造，2008（9）：165-167.

[9] 丁爽，吴伟伟，戴敏，等.融合现代工具的五轴数控加工虚拟实验教学设计[J].中国教育技术装备，2020（6）：45-48.

[10] 杨勇.基于虚拟现实的数控车床切削过程动态仿真研究[D].成都：电子科技大学，2019.

[11] 杜坤.虚拟现实在高校实验教学中的应用[J].软件，2019，40（12）：70-72.

[12] 周玉昕.虚拟数控加工系统的切削仿真及加工结果评价研究[D].广州：广东工业大学，2013.

[13] 梁洁.基于虚拟现实的高校实验教学改革研究[J].现代计算机（专业版），2020（11）：67-70.

四、海工装备类专业产学研合作

有别于研究型人才的培养，在海工装备类专业人才培养过程中，积极争取政府、行业、企业的支持和参与，在政府主管部门管理下，多方共同参与人才培养的全过程，如培养目标的制定、培养方案的论证、培养质量的评价以及实习就业的合作等。

生产实习是智能制造工程专业的一门关键实践课程。围绕智能制造工程的培养目标，梳理了目前生产实习的流程和内容，针对教学与实习内容脱节、实习内容陈旧等薄弱环节，从产教融合的角度出发，提出了相应的改革建议。

卫星测量、数字化测量等新技术在港口航道与海岸等非测绘专业中应用越来越广泛，因此，航务工程学院开设了现代测绘技术的选修课程，成立该课程教学改革的研究项目，探讨校企合作培养本科应用型人才，经过多年的实践，结合专业特点，因材施教，积累了一定的经验总结。

结合大学本科港口航道与海岸专业等非测绘专业的"现代测绘技术"课程教学，分析目前课程的教学现状，探讨技能竞赛活动与校企协同育人的教学改革研究，研究优化教学内容、强化实践教学方法与手段、加强校企合作建设校内外实验实训基地和培养双师型师资队伍等内容，以培养出具有港口航道与海岸行业特色的应用型人才。

航海类学生党员毕业后更多的是服务于海洋建设中，建设海洋强国是时代赋予航海类学生的历史重任。由于航海类工作具有涉外性，使得航海类人才在无形中扮演着"民间外交官"的角色。在对外远洋工作中，肩负着传递国家文化软实力的发展水平、弘扬中国特色社会主义发展道路体系和中国特色社会主义核心价值观的时代使命。航海类学生党员将是新时代海洋强国战略可塑的领头者和中坚力量，从事海上工作的航海类工作者，必须克服枯燥无味的生活模式，亟需精神上的支柱。由此加强航海类学生党员培养，不断加强引导思想建设，提升党性修养，是培育新时代海洋强国战略建设者和社会主义事业接班人的需要，更是不断提高党的凝聚力和国内外的影响力的需要。

当前形势下，大学生就业问题成为关系到社会经济发展和国家稳定的综合性问题，航海类专业由于其工作的特殊性呈现的就业问题尤为突出。因此，航海类毕业生的就业问题是一个重要的社会问题，本文以广州航海学院航海类专业毕业生作为调查对象，对其进行问卷式的调查，以此探讨新形势下的就业现状和航海教育体制改革，并提出相关的对策和建议。

基于工业机器人系统的创新实践探索与实现

林勋涛 苏 发 赖冠宇

摘 要：本文通过 CRP-S80-V2 控制系统和 ESTUN 伺服系统之间的连接，构建一个工业机器人系统，经过绘制电气原理图、电路接线图及设备正确接线后试运行，来研究工业机器人系统的电路控制，并进一步了解和掌握工业机器人电路系统、控制系统和伺服系统方面的相关知识，可实现学生创新实践活动的开展。

关键词：工业机器人；控制系统；伺服系统；创新实践

1 引言

工业机器人通常由执行机构、驱动系统、控制系统和传感系统四个部分组成[1-2]。执行机构是机器人的主体，用于完成工作任务，从功能上可分为手部、腕部、臂部、腰部和基座[3]；驱动系统是向执行系统各部件提供动力的装置，根据动力原理可区分为电力驱动、液压驱动、气动驱动装置[4]；控制系统指的是可以通过预先编写好的程序控制调整执行机构使之达到设想的运行状态[5]，并且可以接收检测装置反馈信息的一个闭环管理系统[6]；传感系统是机器人的重要组成部分，一般分为内部传感器和外部传感器，使得机器人对外部环境有适应能力，从而能表现出机器人的智能化。本文的创新实践研究主要是利用 CRP-S80-V2 工业机器人控制系统和 ESTUN 伺服系统组成的一个工业机器人系统，通过绘制相关的电气原理图、电路接线图、设备接线后试运行及在线编程[7-8]，来研究工业机器人的系统组成，实现创新活动的实现。

2 工业机器人系统硬件

系统硬件设备主要有 CRP-S80-V2 工业机器人控制系统和 ESTUN 伺服系统。

2.1 CRP-S80-V2 控制系统

CRP 控制系统采用了当前世界流行的开放式软硬件平台，具备各种控制模块、传感感应模块、检测模块及机器设备的安全连接方式，采用模块化的方式设计软件，简化操作难度，在特定环境、针对不同的机器构造，能够提升设备的功能性，控制系统主要包括示教器、CRP-S80-V2 机箱、BK 板、I/O 板。

（1）示教器

示教器可通过人工操控调整，写入程序，调整参数进行控制机器人运动的控制设备，在使用的过程中可以操控机器人根据设计要求执行各种指令。[9]也可以通过程序编写导入控制机器人自动运行，并且可以修改机器人的系统参数、速度参数、操作参数等。[10]特别注意：示教器的模式开关选择示教模式，并且保证机器人处于通电状态，为达到安全稳定的效果，急停装置的使用必须配合电路设计。

（2）CRP-S80-V2机箱

CRP-S80-V2机箱为CRP控制系统的信号传输中枢以及为控制系统提供电源。该机箱连接I/O板、BK板、驱动系统，并通过电缆连接传输信号或接收反馈信号，并且可以通过连接示教器对各个信号进行观察控制。

（3）BK板

BK板通过配套的机器人专用端子信号线缆与主机MXT接口连接。它的作用是将机器人的信号进行转接，并通过BK板内置的抱闸控制模块，使机器人安全运行。

（4）I/O板

I/O转接板主要是通过I/O信号X00-X22和Y00-Y22进行转接，可通过Y00-Y07进行继电器转接输出，进而控制机器人。

2.2 ESTUN伺服系统

ESTUN伺服系统由伺服驱动和伺服电机组成。

（1）伺服驱动

伺服驱动用于接收上位机控制指令并控制伺服电机进行运动，同时为伺服电机提供电源的驱动装置。各端子记号有各自功能，能为伺服驱动提供电源。比如其中CN1为输入与输出用连接端子，其与CRP伺服控制系统的S80-V2机箱的J1端子连接，是输入与输出用连接器，控制系统和伺服系统通过该接口传输接受指令输入信号或反馈信号。

（2）伺服电机

伺服电机是执行指令控制的装置，通过连接编码器线和电源线可以反馈编码器信息给驱动或者上位机和接通电源。并且可以通过输出轴将缓速器或者其他机械结构安装在伺服电机上，并进行工作。

3 工业机器人系统的搭建及运行

通过计算机语言可以预先根据设计任务要求编写好所需程序通过控制器对执行机构进行控制，而执行机构同时也会将位置，速度等信息反馈回给控制器，在这个过程中，外部传感器也会将外部环境的信息传送至控制器进行控制。因此机器人系统属于闭环控制系统。机器人系统示意图如图1所示。

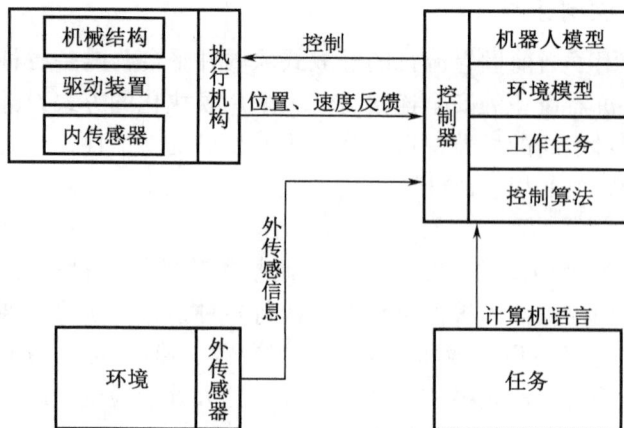

图1 机器人系统组成图

利用CRP-S80-V2：C业机器人控制系统和ESTUN伺服系统搭建的工业机器人系统实物连接示意图如图2所示。

在此工业机器人系统基础上，进行了创新实践的活动，可以形成三种控制伺服系统运作的方法。

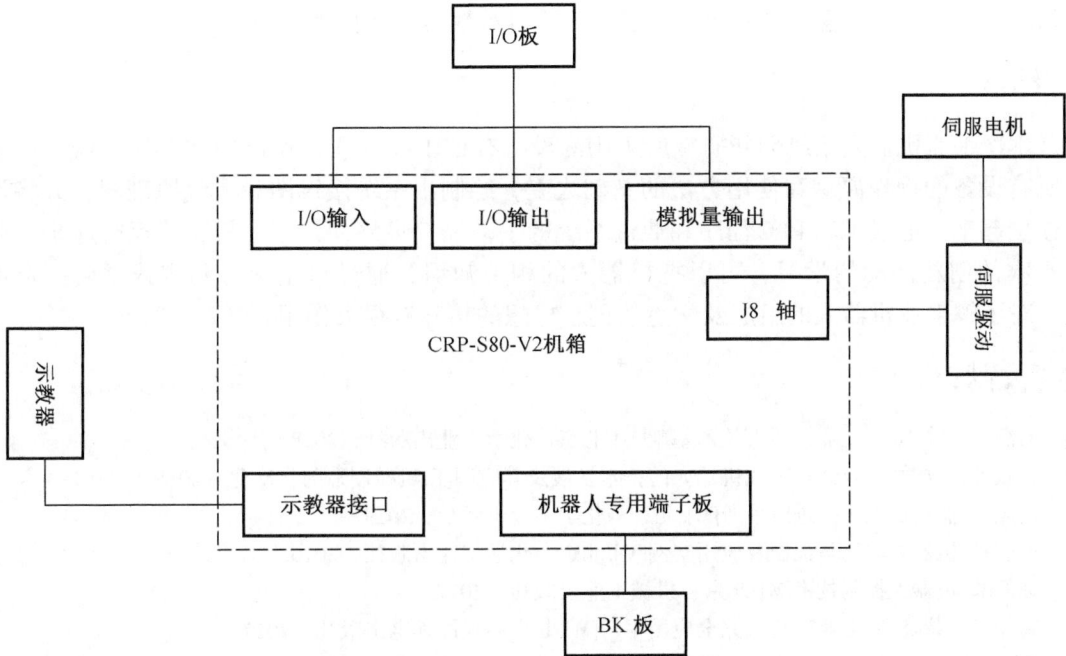

图2 工业机器人系统实物连接示意图

3.1 单独通过伺服电机运行

首先需要固定伺服电机，因为电机在转动时会产生振动，避免在使用过程中电机出现意外情况；随后确定所用电缆是否正确配线，配线不正确可能会导致伺服电机运动异常，从而使电机损坏。通过电机配套的运行表，可施行寸动模式，此时电机可以实现顺、逆时针转动，也可以通过改变内部参数来实现速度/扭矩等混合模式。

3.2 通过示教器控制伺服电机单体的试运行

首先需按照电气原理图和连接图完成整体的连线，在操作过程中需提前确定控制系统中设定的控制指令是否正确，伺服电机能否按照指令正常运行，确定参数是否设置正确，检查完毕后可以进行控制运行，进行手动操作时要提前了解《手动操作安全规范手册》，做到安全第一，并且注意，由于厂家系统PLC程序是同时输入输出S80-V2机箱的J1-J8的8轴的控制以及报警信号，而本次设计仅使用J1轴进行控制，且本次使用的伺服系统低电平有效，因此把J1以外其余7个触电调至高电平即可。同时需要获得管理员权限在示教器时更改伺服参数，将不用到的J2-J8驱动信号删除。完成操作后，报警方可解除。

在完成以上操作后，示教器无警报的前提下，先将模式旋至示教模式，按下示教器显示屏的"伺服下电"，此时伺服系统开始通电，系统将通过读取编码值来计算伺服电机此时的坐标位置，按下停止按键，解除禁止机器人动作。此时就可以通过示教器编写PLC程序[11-14]，进而控制电机运行[15]，让机器人完成理想动作。

3.3 通过其他方式提前编写PLC程序，并通过U盘导入示教器

将存放提前编号PLC程序的U盘插入主机箱的USB接口；点击〈文件操作〉→〈从U盘内导入〉；分别将参数、程序、用户PLC读入系统；等待弹出完成界面，出现后按下确定系统重启后拔下U盘；导入PLC程序后，重启示教器可运行用户PLC程序。

4 结语

本次工业机器人系统创新研究所采用的设备有CRP控制系统和ESTUN伺服系统，在了解所有设备的操作原理和使用方法的基础之上，绘制出系统接线图和电气原理图，并将设备连接起来，通过编写PLC程序和通过系统的手动操控最终使伺服电机正确运行起来。通过本次的创新活动的学习，可以把机器人的相关知识，通过自主学习和实践得到一定加强，对了解工业机器人的组成及学生的创新思想的培养有很大作用。

参考文献：

[1] 杨润贤，曾小波.工业机器人技术基础[M].北京：化学工业出版社，2018.

[2] 骆敏舟，方健，赵江海.工业机器人的技术发展及其应用[J].机械制造与自动化，2015（1）：1-4.

[3] 黄凤.工业机器人实操进阶手册[M].北京：化学工业出版社，2019.

[4] 黄志坚.机器人驱动与控制及应用实例[M].北京：化学工业出版社，2016.

[5] 陈万米.机器人控制技术[M].北京：机械工业出版社，2017.

[6] 龚仲华，龚晓雯.工业机器人完全应用手册[M].北京：人民邮电出版社，2017.

[7] 双元教育.工业机器人工作站电气系统控制[M].北京：高等教育出版社，2019.

[8] 刘伟，李飞，姚鹤鸣.焊接机器人操作编程及应用[M].北京：机械工业出版社，2017.

[9] 龚仲华.工业机器人编程与操作[M].北京：机械工业出版社，2016.

[10] 季文超.PLC技术在工业机器人控制系统中的应用分析[J].大众标准化，2020（18）：190-191.

[11] 邵欣，李云龙，檀盼龙，等.PLC工业机器人应用[M].北京：北京航空航天大学出版社，2017.

[12] 王桂娜，於星，陶燕.工业机器人创新实验室的构建[J].科技创新导报，2009（31）：127.

[13] 卞洪元.基于PLC控制的工业机器人系统的研究与实现[D].南京：东南大学，2005.

[14] GEORGE C, SARAH F, PHILIP W. Identi¬fying the key organisational human factors for Introducing human-robot collaboration in industry: an exploratory study [J]. The International Journal of Advanced Manufacturing Technology, 2015, 81（3）: 2143-2155.

[15] ALBERTO B, ERNESTO G, JUKKA K, etc. Hard material small-batch industrial machining robot[J]. Robotics and Computer Integrated Manufacturing, 2018, 54（12）: 185-199.

非测绘专业应用型人才培养之现代测绘技术

黄维章　赵园春

摘　要:卫星测量、数字化测量等新技术在港口航道与海岸等非测绘专业中应用越来越广泛,因此,航务工程学院开设了现代测绘技术的选修课程,成立该课程教学改革的研究项目,探讨校企合作培养本科应用型人才,经过多年的实践,结合专业特点,因材施教,积累了一定的经验总结。

关键词:非测绘专业;现代测绘技术;选修课程;课程改革

现代测绘技术发展中,卫星测量、摄影测量、数字地形图测绘、数字航道测绘等测量新技术随着科技的发展取得了重大的突破,使得现代测绘跟传统测绘的作业方式、理论方法和数据处理方法等截然不同。数据采集和处理的自动化、数据传输的网络化、数据应用的多样化,数字化测绘与3S技术的应用已经成为了当前建设行业的主流。因此,必须立足于企业对人才的需求,校企合作进行人才培养,才能培养具有一定现代测绘技术的交通土木类应用型人才。

1　现代测绘技术在非测绘类专业中的应用

资深测绘专家提出,当代的测绘业将以建立空间数据基础设施(SDI)为主,为用户提供4D产品,即:DEM(数字高程模型)、DOM(数字正射影像)、DRG(数字栅格图形)、DLG(数字线划矢量图形)。[1]以此为标志,我国的传统测绘产业开始了向现代测绘技术产业的过渡。交通土木类相关专业工程建设不但应用传统的测绘技术,更加需求以"3S"技术(GNSS、RS、GIS)为代表的现代测绘技术。

1.1　港口航道与海岸工程专业

广州航海学院作为海类院校,响应国家提出建设海洋强国战略,重点构建港口与航运类专业、船舶与海洋工程类专业、水运工程类专业集群。港口航道与海岸工程专业离不开海洋地形图测绘、海底工程施工测量、竣工测量及运行监测,水上的测量工作与陆上测量存在许多不同之处,导致水上定位多数应用GNSS技术,测量水深应用水下声学定位系统,如,单波束和多波束测深技术、侧扫声呐系统等。水下遥感测绘系统、激光水下定位也应用于海洋工程的精确定位。

1.2　道路桥梁与渡河工程专业

我校开办路桥专业已经有20多年的历史,2019年招收本科层次的学生,为适应应用型本科专业培养人才的需要,传统工程测量技术显然不足。路桥工程测量主要有勘测设计、施工、竣工及运行监测等方面测量工作。数字化测绘技术在公路工程勘察设计中的应用能够实现对传统测量方面缺陷的有效克服,比如应用CASS软件,不仅支持AUTOCAD,同时还能与测绘工作有效结合在一起，很多功能能够有效应用在公路工程勘察设计中[2]。当前以 GNSS 技术为代表的 3S 技术，结合全站仪器设备实施的数字测绘已成路桥专业测量的主要手段，同时摄影测量技术的发展，特别是测绘软件方面的研究开发，在数字正射投影图 DEM 基础上绘制数字地形图成为可能。

1.3 工程管理专业

该专业重点培养具备从事工程项目规划、工程估价、研究开发和项目运营管理的能力，能在国内外工程建设领域从事项目决策和全过程管理的应用型高级专门人才。对于现代先进的工程管理平台手段——BIM 技术，如果建筑信息模型的数据还是停留在传统测量技术，效率太低，往往要借助于现代测绘技术，进行大数据的采集和处理，同时工程规划、项目全过程管理、项目竣工结算计量工作也离不开数字化测绘技术。

2 交通土木类非测绘专业开设现代测绘技术的必要性

交规划发〔2020〕75 号文，关于《交通运输部关于推动交通运输领域新型基础设施建设的指导意见》，提出以数字化、网络化、智能化为主线，推动交通基础设施数字转型、智能升级，建设便捷顺畅、经济高效、绿色集约、智能先进、安全可靠的交通运输领域新型基础设施。在打造融合高效的智慧交通基础设施方面，打造智慧公路、智能铁路、智慧航道、智慧港口、智慧民航、智慧邮政、智慧枢纽，推进新能源新材料行业应用。在助力信息基础设施建设方面，推进第五代移动通信技术（5G）等协同应用、北斗系统和遥感卫星行业应用，加强网络安全保护，推进数据中心、人工智能的建设和应用。

由此可见，智慧交通、智能建造是未来交通土木类专业发展的主要方向，应用的测绘技术先进与否，将关系到工程建设的未来发展需要。在测量学科科技进步、新仪器新方法日新月异的大环境下，面对高校转型发展的实践探索中[3]，作为交通土木工程未来建设和管理的高校学生，在他们的专业知识结构中，必须具备与智慧交通、智能建造相匹配的测绘知识与技能，掌握一定的新的现代测绘技术，才能适应国家建设对人才的需求，也给学校在新的时代培养人才提出新的要求，因此在交通土木类非测绘专业开设现代测绘技术是非常必要的。而学校给予工程测量课程的课时只有 36 课时，还包括实验课时，要在工程测量课内来解决现代测绘技术的教学是不可能的，经学院和测量教学团队的研究，联合行业企业开设现代测绘技术选修课。

3 校企合作开设现代测绘技术选修课

3.1 教学内容

经过多年的教学经验体会，现代测绘技术课程一直使用《测绘学概论》为教材，已经与课程人才培养目标不适应。教学内容必须进行改革，因此学院联合广州邦鑫勘测科技股份有限公司成立科研项目，学院教师与企业一线工程技术人员共同编制现代测绘技术讲义，重点突出现代测绘新理论的讲解和新技术的应用，让学生容易理解和掌握，以适应人才培养目标的需要。课程教学重点内容涉及摄影测量、实时卫星定位技术及工程应用、水深测量技术及工程应用等。课程的计划学时为 30 学时，1.5 学分。

3.2 合作编写教材

开设现代测绘技术选修课，校企合作编写了《现代测绘技术》讲义，内容如下：测绘技术发展前沿，包括测绘技术和测绘仪器的发展历程等；摄影测量，包括摄影测量基本原理，成图方法，地面立体摄影测量；测量误差理论，包括测量误差的来源、测量精度指标的计算等理论知识；NTS技术与工程应用，包括工程数字测图、施工放样等内容；实时卫星定位技术及工程应用，包括卫星测量的定位原理方法，工程应用如工程测图、工程监测等方面的应用；变形监测测量技术及工程应用，重点精密水准测量和角度测量、变形监测测量技术；水深测量技术及工程应用，包括水深测量技术和数据的后处理、水深图或水下地形图测绘等；CASS软件成图技术及工程应用。

3.3 合作教学实施

现代测绘技术课程的教学对老师的要求很高，授课的老师要同时具备测绘基础理论和其他如物理、计算机技术、工程实践等能力素质。为了解决师资的问题，从邦鑫企业公司聘请兼职教师，这些教师是企业的核心技术人员，具有高级工程师及以上的职称，实践经验丰富，校企教师联合授课。

3.4 改善仪器设备条件

现代测绘技术所使用的仪器基本上是高精密度的电子仪器，如，全站仪、电子水准仪、GNSS接收机、数字成图软件等，学校的投入配置基本满足教学所需。但一些投入较大的仪器设备，学校是不能及时配置到位的，如，多波束测深系统设备。为解决此类情况，学校在企业中建设校外实验实践基地，利用企业的仪器设备资源，组织实践基地授课，效果良好。

3.5 合作改革考核方式

校企联合制定课程考核方式，包括综合笔试、测量比赛、实验项目、大学生创新训练研究项目、企业项目实践、编写学术论文等形式，引导学生进行研究型学习，培养学生之间的合作精神。

4 结语

学校将建设面向华南、面向海洋，服务区域经济和行业发展，建设特色鲜明的高水平应用型大学——广州交通大学。培养出专业基础扎实、应用能力强、综合素质高、具有国际视野和社会责任感、服务生产管理一线的应用型高级专门人才。现代测绘技术对非测绘交通土木类专业的应用型人才培养越来越重要。经过多年的实践，开设现代测绘技术选修课，能解决工程测量课程课时不足的问题，校企合作教学能够解决师资、设备、教学方式等难题。总之，今后继续对校企合作办学进行更加深入的探索和实践，以进一步推进交通土木类专业测绘课程的教学改革，培养出适应社会行业企业需求的应用型高级专门人才。

参考文献：

[1] 上海海上安全监督局海测大队.九十年代沿海港口、航道测绘的发展 [J]. 中国测绘, 1999（7）：27.

[2] 杜海星. 公路工程勘察设计中现代测绘技术的应用 [J]. 建材与装饰, 2018（4）：223.

[3] 杨李. 工程测量教学体系改革创新的探索与实践 [J]. 山东农业工程学院学报, 2017, 34（8）：34-35.

技能竞赛活动与校企协同育人的教学改革研究

黄维章　赵园春　丁丛芳

摘　要：结合大学本科港口航道与海岸专业等非测绘专业的现代测绘技术课程教学，分析目前课程的教学现状，探讨技能竞赛活动与校企协同育人的教学改革研究，研究优化教学内容、强化实践教学方法与手段、加强校企合作建设校内外实验实训基地和培养双师型师资队伍等内容，以培养出具有港口航道与海岸行业特色的应用型人才。

关键词：现代测绘技术；技能竞赛活动；教学改革

1　前言

工程测量是笔者单位港口航道与海岸工程、土木工程、道路桥梁与渡河工程等专业开设的一门重要的专业基础课程，重在培养学生掌握测绘基础理论知识和技能，培养学生的在实际工程中分析与解决问题的能力，为后续专业课程的学习及工作奠定重要基础。同时，为弥补工程测量课程在课时和教学内容上的不足，学院开设了现代测绘技术选修课程，本文针对该课程的理论教学和实践教学过程，结合学校教学与企业行业测绘技能竞赛活动，研究校企协同育人的一系列教学改革的做法。

2　现代测绘技术课程的教学现状

现代测绘技术主要有空间技术、卫星遥感技术、地面数字测量技术、地理信息技术及与之相配套的计算机技术、通信技术及专家系统技术，即当前测绘领域的5S技术[1]。测绘技术的发展由光电测绘仪器为主要工具的经典测绘与以"3S"技术（GNSS、RS、GIS）为主的数字化测绘，向在网络运行环境下的实时快速有效的信息化测绘技术的转变。因此，迫切需要研究探讨现代测绘技术课程的教学内容和教学方法改革，从而改善课堂和实践的教学效果，提高教学质量，适应行业企业对测绘人才的社会需求。

港口航道与海岸工程专业是学校传统具有港口航道行业的特色专业，卫星测量、海洋航道水深测量、电子海图测量等现代测绘技术是该专业的重要支撑测绘技术，为满足现代测绘技术课程的教学内容落实，学校方面给予经费和政策的支持，采购了部分实践教学的仪器设备，仍然满足不了课程教学的需求，需要考虑改革以适应教学要求。本文结合校企合作技能竞赛活动，从优化课程的教学内容，强化实践教学方法与手段，加强校企合作建设校内外实验实训基地和培养双师型师资队伍等内容进行改革，以培养出具有港口航道与海岸行业特色的应用型人才。

3　校企合作技能竞赛活动的教学改革思路

（1）优化理论教学内容。现代测绘技术是多学科融合下的综合应用，在设置课程内容方面也需要以现代测绘的特点、专业需求方向等进行课程内容的重新组合和选取，压缩部分传统内容，强调现代测绘内容及工程应用[2]。整合传统测绘教学内容，突出与技能大赛、课题及工程实践相结合的内容作为重点和核心知识。如控制测量与卫星静态测量相结合，四等水准测量与竞赛活动内容的二等水准测量相结合，以及大学生大创无人机课题项目与摄影测量内容相结合等。

（2）强化实践教学方法和手段。现代测绘技术的实践教学不但要进一步完善数字化测绘技术，还要充分使用信息化手段进行教学，如GNSS RTK技术与CASS工具软件的使用，完成数字地形图的测绘。实践教学中使用信息化工具软件，结合工程实际应用进行讲授，如模拟工程放样、施工测量模拟动画、全站仪模拟器、GNSS RTK教学模拟器、实际工程案例视频等，可在学生使用的智能手机中安装APP教学软件，让学生随时可以演示学习。另外，需要探讨港口航道与海岸工程专业等非测绘专业本科生在技能取证方面培训考核，要求本科生毕业时取得中级或高级测量工职业技能证书，研究制定与本科生相适应的测绘技能鉴定标准，适应应用型本科人才的培养目标。

（3）加强校企合作，建设标准化校内外实践实训基地。建立学院测绘协会，组织协会的同学组建测绘兴趣小组，积极参与校内和省级技能大赛的活动，参与行业、企业在高校举办的测绘技能竞赛活动，如参与中交四航、中交广航局的测绘技能竞赛。通过校企合作激发学生们学习测绘技术的兴趣，参赛的学生可以利用课外时间进行实训的强化训练。校外企业在校内的竞赛活动后留下的比赛场地、点位和数据，成为建设标准化校内实践实训基地的基础。

（4）测绘职业素养培育改革。广州邦鑫勘测科技公司承诺每年在航务学院支持举办一次校内的测绘技能比赛活动，同时在航务学院成立了勘测联合网的校园记者站实践基地，聘请学生参与企业的文化生产活动，如学生应聘企业参加国家各级技能大赛现场的摄影记者，全程跟踪参与比赛过程和比赛项目，开拓了学生的专业眼界，显著提高学生的学习兴致和动力。组织学生到企业参观工程测量技能成果展示、学术报告会议及新设备新技术展示等活动，拓展学生对测绘专业认同感，开阔视野，提高学生的专业兴趣和热情，提升学生的专业综合素质。

4 校企协同育人的师资队伍建设

中交四航、中交广航局在笔者单位举办企业内部的测绘技能竞赛，联合校内的专业教师全程参与，如比赛项目的内容讨论、校内比赛场地的选定、比赛过程的观摩，并聘请教师对参赛选手的测绘技能专门培训。通过专业教师的参与，大幅度促进双师型师资队伍的建设，教师从活动交流中体会到企业需要怎样的测绘人才、课堂教学实验如何设计、仪器设备的配备以及实验实习基地如何建设等。

校企合作，是指社会企业深入学校之中，将自身所需求的人才能力、水平和要求告知给学校，让学校能够做到定向培养学生，避免了额外企业培训的时间和空间，达到更好的教学效果[3]。在校企合作的环境下，学校与企业开展深度合作和交流，利用企业的优势，在企业之中建设校外实训基地，如与广州邦鑫勘测科技公司合作，建立水上测量校外实验实训基地，组织专业教师到企业调研，邀请企业专家传授多波束水深测量系统、三维图像声呐系统、侧扫声呐系统、无人机航摄和数据处理系统、3D激光扫描仪等高新勘测技术装备，以及GNSS RTK技术、激光全站仪等现代测绘技术。教师积极与企业联络、交流，进行深入的学习和培训，将自身的经验传授给学生，达到学生、教师、学校与企业的多方共赢效果。未来，华测导航公司将联合学校建立校内无人机内业数据处理工作室，测绘协会将组织教师学生深入中海达、徕卡公司等企业参与一些摄影测量的项目，这些举措进一步提升校企合作协同育人的培养人才理念。

5 结束语

现代测绘技术作为一门前沿的学科课程，仪器设备更新快，测绘技术手段综合性强，要求课程教学内容要不断创新，教学方法与手段不断提高。通过教学实践，不断提高技能竞赛活动与校企协同育人的教学改革水平，同时结合学生学习实际，制定更加完善的校企合作机制，建立长期、稳定校企合作关系，为行业企业培养具有港口航道与海岸行业特色的现代测绘技术应用型人才，其他大土木类的专业也可借鉴。

参考文献：

[1] 方源敏，陈杰.现代测绘地理信息理论与技术[M].北京：科学出版社，2016.

[2] 陈志兰.测量技术"高速"发展背景下工程测量专业建设实践研究[J].长沙航空职业技术学院学报，2015，15（3）：25-28.

[3] 姜子辰，华兴.校企合作环境下的工程测量教学改革[J].科技经济导刊，2019，27（4）：102-103.

新时代航海类毕业党员与校企无缝链接的创新培养研究

田慧玉　董宏杰　程博宇　吴成结

摘　要：航海类学生党员毕业后更多地是服务于海洋建设中，建设海洋强国是时代赋予航海类学生的历史重任。由于航海类工作具有涉外性，因此航海类人才在无形中扮演着"民间外交官"的角色。在对外远洋工作中，肩负着传递国家文化软实力的发展水平、弘扬中国特色社会主义发展道路体系和中国特色社会主义核心价值观的时代使命。航海类学生党员将是新时代海洋强国战略可塑的领头者和中坚力量，从事海上工作的航海类工作者，必须克服枯燥无味的生活模式，急需精神上的支柱。由此加强航海类学生党员培养，不断加强引导其思想建设，提升其党性修养，是培育新时代海洋强国战略建设者和社会主义事业接班人的需要，更是不断提高党的凝聚力和国内外影响力的需要。

关键词：新时代；航海类毕业党员；校企；创新培养

1　背景

继党的十八大提出海洋强国战略后，党的十九大再次提出要加快海洋强国战略的实施。同时，广东在改革开放前沿，港珠澳大桥的正式开通，标志着粤港澳大湾区建设正式接过经济特区建设的接力棒，作为改革开放的新试验田，粤港澳大湾区的建设进入新阶段、新起点，这是新时代对广东的新考验、新机遇和新挑战。广东地区是中国通往世界的窗口之一，也是海上丝绸之路最重要的起点和桥头堡，新时代下正处于"一带一路"倡议、海洋强国战略与粤港澳大湾区建设的多重组合机遇期。多重战略的实施与推进离不开航运业的托举，更离不开优质航海类人才资源的培养支撑。航海类学生毕业党员作为本专业毕业中的佼佼者，是新时代海洋强国战略的领头羊和中坚力量。加强航海类毕业党员的教育管理工作，为海洋强国战略建设输气换血，是培养新时代海洋强国战略建设者和社会主义事业接班人的需要，是不断提高党的凝聚力和国内外的影响力的需要。

2　研究的价值

2.1　政治意义

海员是海洋强国的基石，海洋强国战略的推进及完成需要航海教育源源不断地为国家培养和输送高素质的航海人才。我国是一个贸易大国，也是航运大国，船员对于促进对外贸易和国民经济发展起到至关重要的作用；航海类毕业党员在船员工作中无形中扮演着文化大使的角色作用，弘扬中国特色社会主义发展道路和中国特色社会主义理论体系，践行新时代中国特色社会主义思想。因此，培养高素质航海类毕业生党员为着力点、出发点、落脚点，充分发挥了作为基层党组织的战斗堡垒作用，及作为海事院校服务战略布局的支点作用。

2.2 社会意义

有助于航海类院校通过教育自查发现自身存在的问题，建立国家忧患意识，完善、优化航海类学生党员培养方案，培养出除满足STCW公约马尼拉修正案对高级船员提出的实践能力的要求，还能为国家航运建设做贡献的具有中国特色社会主义特质的优秀航海人才。

2.3 经济意义

高校教育和航运企业联合培养党员，巧妙融合了企业的资本优势和高校的教育资源整合，很好地实现了社会资源的最有效配置。

3 航海类毕业党员的现状

3.1 航海类学生毕业党员意识淡薄

高校毕业学生党员中预备党员占比高，党龄相对较短，整体处于预备期考察期中，思想上还需加强理论学习，容易被社会不良因素所诱导，个别毕业党员思想站位不够清晰，党性需加强、党组织观念和理想信念与党员意识淡化，易于受多元文化、新鲜事物、新知识的影响。

3.2 航海文化的传承出现断层

航海文化是支撑航运业发展的支点，是航运业软实力最为核心部分，但现阶段航海类高校教育中航海文化氛围淡薄，航海文化的传承出现明显的断层，且扩大的趋势不断加强。而航海类毕业生党员整体年轻，容易受多元文化、新鲜事物和各种各样的思潮影响，导致个别航海类毕业党员对航海文化信念不够坚定。

3.3 存在"四难"现状

航运企业由于船员工作特殊性存在对航海类毕业生党员管理教育难，开展党组织的活动难，考察和转正流程难，按时收缴党费难的"四难"现状。

3.4 工作岗位的特殊性

远洋船舶往来于全世界的各大港口、海上信号不畅、靠岸社交交际等特点决定了船上工作岗位是具有很强的流动特性，工作环境具有极强的封闭性特点，海上工作强度大和工作内容枯燥性，导致了海员党员学习教育活动的滞后性、党员组织活动开展的多方面困难。

3.5 社会市场经济的影响

由于人们生活水平大幅度的提高，对于职业的要求也提高，选择工作的舒适度是一项极为重要的标准，故自然对于航海远洋工作认为是枯燥无味的工作。从之前海上工作的高就业高回报的行业到至今陆上专业直逼海上薪资付出不看回报，对航海类毕业党员来说无疑会产生一定的影响，理想上看起来分量并没有那么重了，但是普遍上对海上工作也不再是那么的向往了，加之近些年来航海业的不景气，造成航海类毕业党员远洋的理想信念不坚定、不明确的现象时而出现。

3.6 航运业的特殊性

由于航运工作的涉外特殊性，船员从事远洋工作内容，导致航海类毕业生党员在长期的海上漂泊或者靠岸到其他国家港口停泊劳作。而航运企业没有相对应完善的党组织，没办法按要求如实具体地对航海类毕业生党员进行切实的考察，严格规范航海类毕业生党员的言行举止，按要求加强实质性地教育管理，故导致党员存在个别的流失，缺乏一定的党组织活动，难以满足党员发展的需求，难以更好地接受党组织的培养教育。

4 对策

（1）高校教育和航运企业联合培养党员，巧妙融合了企业的资本优势和高校的教育资源整合，很好地实现了社会资源的最有效配置。

（2）高校建立航海类毕业生党员的跟踪系统，实现航海类毕业生党员从校园毕业到航运企业的全程追踪，构建毕业生党员培养体系的反馈机制，实现双向培养体系的健康和平稳运转。

（3）航海类高校院校党组织专门成立校企合作对口基层党组织，加强党组织建设，加强毕业党员跟踪，加强对党员的考察，避免党员的流失，为航运经济建设培养出优秀和先进的人才。

（4）提出架构党员联合培养体系反馈综合系统和毕业党员培养成果保障机制的设想，全方位地排除党员发展培养方案盲区。建立航海类的模范毕业生党员奖励机制，高校党组织加强在航运企业中毕业生党员船员的考察，对积极参加党组织举办的活动、有坚定的思想站位、强烈服务海洋意识、组织性未松懈的船员党员加以奖励，以便激发激励着其他航海类毕业生党员船员学习，强化航海类毕业生党员积极参加党组织的各项活动，提高远洋工作的责任感和奉献精神，不断加强党员意识，履行党员义务和权力，严格要求自己，发挥先锋模范作用，做好文化软实力传播作用。

（5）成立基层党组织。倡导校企合作培养党员新模式，实现毕业党员从校园到上岗就业中学习教育的无缝衔接，创新党员培养模式。

根据正式党员人数超过3名可成立基层党支部的相关政策，考究就实际情况成立临时党小组，加强海员党员思想政治引领、强化党知识理论建设，定期开展理论学习，充实党员的精神生活，提高其思想境界，平衡工作与在文化软实力的传递、弘扬中国特色社会主义发展道路和中国特色社会主义理论体系，在船上开展多种形式的党建知识活动的可行性具有一定难度。

同时，校企基层党组织定期组织举行党员民主生活会，可通过港口停靠会议或者视频会议；举办党员学习活动，要求企业党员职工积极参加，以党性标榜自己，在工作岗位创先争优，在岗位中发挥党员光辉的身份，起到企业员工中的先锋模范作用。

（6）搭建毕业党员培养体系成果保障机制。摸索校企合作培养毕业党员新模式，把学校党员培养工作延伸到企业工作岗位，确保高校毕业航海类毕业党员从校园到企业组织关系的顺利转移。

（7）开设公众号。通过新媒体技术，搭建航海类毕业党员自主学习平台公众号，采用视频学习、知识答题和小组学习研讨等形式。改变传统的党员管理流程，变原有固定党员汇报、会议、联系人考察等模式为自我管理、自我教育、自我约束、自我服务为主的新型方式。

（8）宣传印发报刊简报，并定期出刊，定点港口派发。加强航海类毕业党员在船上理论学习，提高理论基础，坚定理想信念。

5 总结

我国是贸易大国，也是航运大国，船员对于促进对外贸易和国民经济发展至关重要；航海类毕业党员在船员工作中扮演着文化大使的作用，弘扬中国特色社会主义发展道路和中国特色社会主义理论体系，践行新时代中国特色社会主义思想。而远洋船舶往来于全球各大港口，船岸联系不畅等特点决定了船上工作岗位具有很强的流动性，工作环境具有封闭性等特点，导致了党员学习教育活动的滞后、党员组织活动开展的多方面困难。

因此，第一、考量校企合作模式联合培养党员的可行性，帮助企业补齐党建短板、提升党员学习教育活动组织能力，做好毕业党员的接收工作，实现党员从校园学习到上岗就业的无缝对接，进而加强航海类毕业党员管理建设；第二、建立航海类毕业党员跟踪系统，实现航海类毕业党员从校园毕业到企业的全程追踪，构建毕业党员培养体系反馈机制，实现培养体系的健康、平稳运转；第三、企业与高校牵手培养党员，巧妙融合了企业的资本优势和高校的教育资源整合，实现了社会资源的最有效配置；第四、探讨航海类毕业党员培养方案中融合航海文化传承的可行性，优化、创新航海类专业毕业党员培养方案。

参考文献：

[1] 靳超英，张润香.高校"3+1"教育模式下毕业班党员教育和管理研究[J].山西青年，2020（14）：110+112.

[2] 金玲.从创先争优角度谈如何提高毕业生党员在就业工作中的先进性作用[J].中国校外教育，2013（22）：31.

[3] 吴娴."校企合作"模式下高职院校学生党员教育管理创新[J].西部学刊，2019（14）：112-114.

[4] 仇小梅.新形势下校企合作班学生党员发展与管理的实践与探索[J].劳动保障世界，2017（29）：29-30.

新形势下航海类毕业生就业问题探讨

王群朋　闫　爽　石绍锟　陈弘帽

摘　要:当前形势下,大学生就业问题成为关系到社会经济发展和国家稳定的综合性问题,航海类专业由于其工作的特殊性呈现的就业问题尤为突出。因此,航海类毕业生的就业问题是一个重要的社会问题,本文以广州航海学院航海类专业毕业生作为调查对象,对其进行问卷式的调查,以此探讨新形势下的就业现状和航海教育体制改革,并提出相关的对策和建议。

关键词:航海类;毕业生;就业

2019年1月,习总书记在天津港码头考察时再次强调,经济要发展,国家要强大,交通特别是海运首先要强起来。海运作为世界贸易的主体,离不开航海类专业人才的培养和输出,航海类学生的培养与就业不仅关系到毕业生的切身利益,也关系到社会政治稳定与和谐的大局,更关系到交通强国、航运强国战略的顺利实施。目前,航海类毕业生在当前的经济环境中处在一个竞争激烈的状态,每年航海类毕业生约有7 000人,而实际从事船上工作的不足1/3,这对航海类高校的就业工作提出了严峻的考验,高校和政府部门应该完善相关的政策文件,推进航海类专业人才培养模式改革,以此促使航海类毕业生积极投身航海事业。

1　航海类毕业生的就业现状

1.1　航运业形势不佳

当前,在世界经济增长放缓等因素影响下,航运市场受到巨大冲击,直接导致航运企业缩减人才需求计划。另外,由于国际国内航运市场的大趋势,大型航运企业趁机转型升级,船舶运输能力增加,但船舶总艘数降低,进而对航海类毕业生的需求造成一定影响。

1.2　毕业生人数增加

根据2020年全国航海类专业毕业生就业工作大会的报告,近年来航海教育规模不断扩大,航海教育培训机构和航海类高校毕业生人数逐年增加,给航海类专业毕业生就业工作带来严峻挑战和巨大压力。

1.3　学生思想不够稳定

多数航海类专业学生在入学时,对行业属性和行业前景未做深入了解,更未进行过相应的职业规划,随着对专业的片面了解,开始对以后就业的上船工作产生抵触情绪,选择不上船、少上船或者直接转专业。究其原因主要在于航海类专业学生没有正确地认识到航运业的发展趋势,没有正确地把握好自己的发展方向,更没有很好地把自己的主观愿望和客观实际结合起来。

1.4　学生就业主动性不强

上就业之间的收入差距越来越小，加之大学生中独生子女偏多，家长也不支持学生上船，选择上船的学生越来越少。另外，许多学生就业观念还停留在"船员市场"时期，并未主动提升自身综合素质和寻找就业机会。因此，学校应加强学生就业指导，呈现给学生多元化的就业渠道，提高学生选择航海就业的积极性。

2　调查组织和实施

2.1　调查目的

随着粤港澳大湾区的推进建设，华南航运市场对航海类人才的需求不断增加，但是多数航海类毕业生不愿意选择海上工作。所以探清航海类毕业生的就业去向，如何培养航海类学生的专业兴趣，以及如何做好航海类学生的职业规划和就业指导成为了一个亟待解决的重要问题。

我们对广州航海学院近三年毕业的航海类毕业生的就业情况进行了调查，了解航海类毕业生走上社会的就业情况，对工作单位的满意情况，从事船上工作或者航海类工作的比例、考研和考公务员的比例等，为学校在培养航海类学生的方式方法上提供借鉴和指导。

（1）本次调查选取100名毕业的学生，以问卷的方式进行调查，围绕广州航海学院的航海类毕业生，对其就业工作情况进行问题的设计。

（2）问题采取渐进的方式不断深化，所有的问题围绕主题，相互关联不断深入，从而可以明确我们想要统计的内容。

（3）我们通过单选、多选等多种不同的形式，具体实际的对各方面的因素按其重要性、规律性进行问题设计，争取设计出科学的问卷。

3　调查结果分析

3.1　从事航海类工作人数比例较低

根据问卷统计分析，毕业后尚未找到工作的毕业生有10人，占比10%。从事船上工作的毕业生有24人，占比为24%。从事与专业相关陆上工作的毕业生有26人，占比为26%。从事非航海类工作的毕业生有33人，而选择读研深造的有7人。由此可见，航海类专业毕业生选择从事航海类工作的比例仅为50%，选择上船工作的更少，可以表明航海类工作越来越不受毕业生的喜爱。

3.2　航海类人员专业技能欠缺

从事航海类专业的毕业生普遍认为自己在校期间学到的专业技能不能满足工作的需要，在校期间学校的实践教学环节及船上实习管理不够规范，培养模式有待完善，高校应该重视学生在校专业技能的培养，使其更好地适应工作的需要。航海类毕业生船上工作的必备条件是通过海事局组织的船员适任考试，广州航海学院毕业前的海证通过率在30%左右，这也是目前全国航海类高校的现状，没有海证也是很多毕业生不能入职航海类工作的主要原因之一。

3.3 航海类毕业生（船员）受关注度较低

航海类毕业生主要就业方向为船上工作，工作环境封闭枯燥，相关政府部门及社会各界对海员关注度偏低，忽视对海员的关怀和权益的保护。海员常年在船上工作，他们不能及时了解法律法规的更新，在维护自身权益方面难免会遇到障碍，海员的许多权益保障易被社会所忽视。同时，许多船员劳务外派公司为了赚取更多的经济利益，压榨船员的劳动报酬，使船员产生负面情绪，船员与雇主之间没有情感和信任，造成了船员队伍的严重流失。

4 提出相关的对策建议

（1）航海类专业教师在日常授课中要培养学生的专业兴趣，教学内容应该及时更新贴合实际，采取案例教学或实践教学等方式，不局限于理论。在课堂上为学生讲述正能量的专业特色，加强师生间的沟通交流，积极引导学生从事航海类相关工作。关于航海类毕业生的海证通过率问题，建议高校对教师和学生实行奖励机制，每位教师对口所属班级，要求航海类教师应不断获取新知识和最新的考证信息，提高学生的考证通过率。

（2）航海类学校要制定科学合理的人才培养机制，完善实习安排，航海类学生应该学习完成相关的专业课之后安排船上实习，可以使航海类学生在船上真正学到工作中的专业技能，理论联系实践，进一步加深对专业知识的理解和应用。这样的船上实习安排也给学生潜移默化的接受过程，避免了因过早安排上船实习造成的抵触情绪。

（3）由于航海类工作的特殊性，越来越多的航海类毕业生不愿从事船上工作，建议航海类学生尽早制定人生的职业规划目标，拓宽多元化的就业渠道，树立起热爱专业、献身专业的信念，不提倡跨专业就业，可以继续深造考取航海或交通类研究生，考取公务员、船公司和港口企业等单位，在陆上继续从事航海类的相关工作，为我国的航海事业贡献力量。

（4）目前海陆薪酬差距不断缩小，留住高素质船员队伍的最有效方式就是提高船员待遇，同时进一步完善船公司的企业文化，使船员在船上工作有家的归属感。船员作为特殊职业与岸上单位接触较少，社会各界要关注船员的权益保护，向海员提供法律咨询服务，提高船员关注度，对高校的航海类毕业生也会产生积极正面的影响，可在一定程度上提高航海类毕业生就业率。

5 结语

面对当前严峻的就业形势和就业压力，高校应深入调查了解航海类毕业生的就业状况，分析存在的问题及原因，以便采取行之有效的应对措施促进航海类毕业生就业。当前形势下，传统航海教育已不再适合航海类人才的培养模式，需要社会、高校和政府部门的共同努力，推进航海教育的体制改革，使越来越多的航海类毕业生投身到航海事业。

参考文献：

[1] 田芯，李格雅.航海类专业大学生职业规划的影响因素分析[J].航海教育研究，2018（1）：25-29.

[2] 徐中利，孔定新，胡蓉，等.高职院校航海类毕业生从事海员职业择业率研究[J].教育现代化，2018,

5（53）：321-323.

[3] 齐壮，杨柏丞，王焕新，等.中国航海类毕业生海上职业前景研究[J].航海教育研究，2018，35（4）：21-25.

[4] 郭兴华，李伟，夏剑东.航海类毕业生就业情况调查研究与分析：以南通航运职业技术学院为例[J].科技创新导报，2018，15（9）：216-217.